Physique Chimie

PROGRAMME 2006

5e

Collection Incandesciences

W0318046

Collection dirigée par **Nicolas CHEYMOL** et **Michaël HOFF**

Carine BEAUVAIS
Académie de Paris

Thierry FINOT
Académie de Paris

Félix GRAVRAND
Académie de Lyon

Séverine JUILLET
Académie de Lyon

Valérie LAMBERT
Académie de Paris

Vincent MAS
Académie de Montpellier

Anne PUECHBERTY-LEBLANC
Académie de Créteil

Bérengère VILLARD
Académie de Paris

MAGNARD
www.magnard.fr

Faire de la physique-

La physique-chimie constitue une nouvelle matière que tu vas découvrir en classe de 5e et suivre durant tout le collège. Elle va te permettre de découvrir peu à peu le fonctionnement du monde qui t'entoure, et les techniques que les scientifiques utilisent pour améliorer nos conditions de vie.
Cette « matière » est donc très concrète. Tu vas apprendre à observer, à te questionner, à manipuler, afin de comprendre les phénomènes qui t'entourent : la lumière qui te permet de voir, les circuits électriques que tu utilises sans cesse dans ta vie quotidienne et l'eau qui est omniprésente et nécessaire à la vie.
Cela va aussi être l'occasion d'aborder des sujets d'actualité : la protection de l'environnement, la santé, la sécurité dans la vie de tous les jours, la météorologie... mais aussi de découvrir comment les scientifiques ont fait évoluer les connaissances au cours de l'Histoire.

Ce manuel t'aidera et guidera ton travail tout au long de l'année. Il a été conçu et écrit pour te fournir des documents et des activités que tu pourras étudier en classe, à la maison ou au CDI. Son mode d'utilisation est simple. Prends le temps de le feuilleter pour comprendre son organisation.
Tu trouveras ci-contre une présentation générale du manuel et de ses différentes rubriques, puis, dans les deux pages suivantes, son sommaire et les différents thèmes que tu aborderas sous la conduite de ton professeur.

Un manuel organisé en 3 parties

Les trois parties du manuel sont repérées par un logo.

- **Circuits et courant**
- **Eau et mélanges**
- **Lumière et ombres**

Des logos pour repérer des informations utiles

- pour t'indiquer qu'une recherche Internet est utile pour obtenir une information
- à la fin des exercices, pour t'indiquer une expérience simple et amusante que tu peux faire chez toi
- pour t'inciter à être vigilant et manipuler sans danger

Des fiches « Méthode »

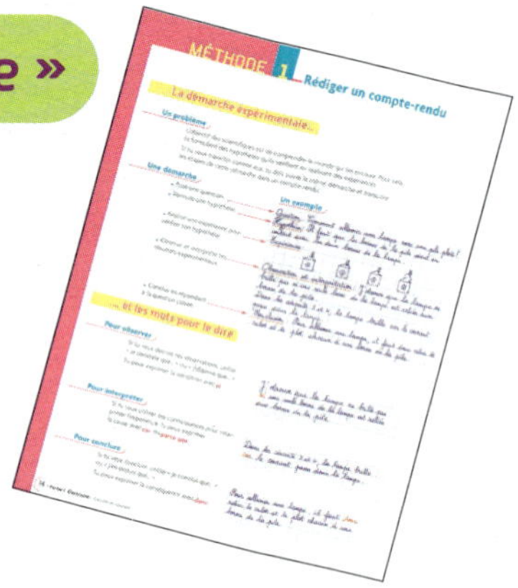

Pour t'aider à :
– construire un raisonnement
– représenter et schématiser
– tracer des courbes
– faire des conversions
– faire une recherche d'informations

Des annexes

- Un lexique pour revoir facilement les définitions importantes
- Un index pour naviguer efficacement dans ton manuel
- En début et en fin d'ouvrage, des aide-mémoire consultables à tout moment

chimie en 5e

TOUS LES CHAPITRES ONT LA MÊME ORGANISATION

1. Une ouverture de chapitre

– pour introduire le thème et les objectifs du chapitre
– pour observer et s'interroger à partir de documents liés à ton quotidien

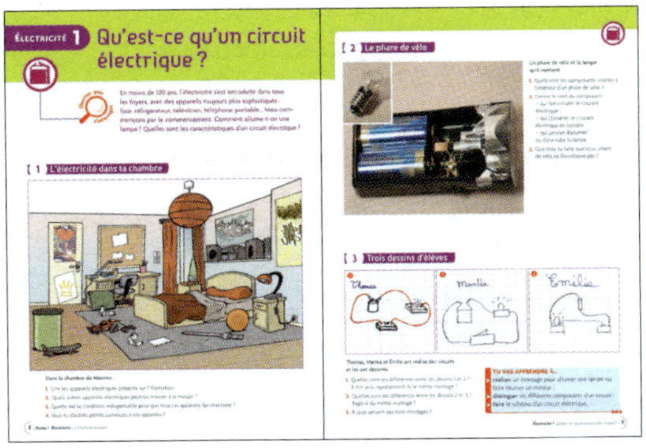

2. Des activités variées

– pour résoudre les problèmes posés en exploitant des documents ou en proposant et en réalisant des expériences
– pour suivre les étapes d'une démarche scientifique
– pour utiliser le bon vocabulaire à l'aide du mini-dico

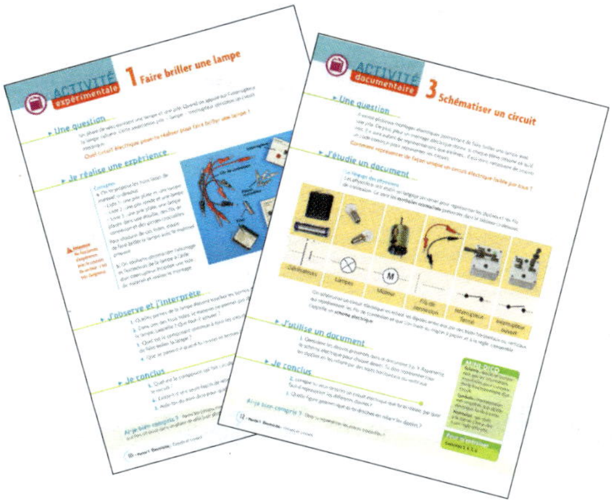

3. Une page « L'essentiel »

– pour identifier les notions à retenir, par des phrases et par des schémas

4. Des exercices nombreux classés et variés

– pour vérifier tes connaissances
– pour utiliser et appliquer ces connaissances
– pour découvrir le monde qui t'entoure

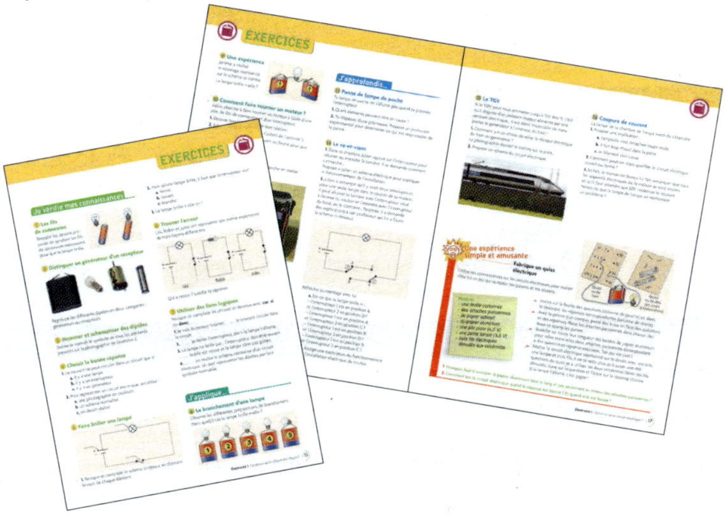

5. Des pages *Sciences Mag*

– pour un travail en classe, seul ou en groupe
– pour découvrir l'histoire des sciences et les applications en lien avec les autres disciplines (histoire, SVT, technologie, géographie...)
– pour aborder des grandes questions de société : la santé, la sécurité, le développement durable...

Sommaire

Électricité : Circuits et courant

Chimie : Eau et mélanges

Optique : Lumière et ombres

Annexes

Méthodes

Techniques expérimentales

PROGRAMME DE PHYSIQUE-CHIMIE POUR LA CLASSE DE 5e

D'après le *Bulletin officiel* de l'Éducation nationale, Hors-Série, n°6, 19 avril 2007

A. L'eau dans notre environnement. Mélanges et corps purs.

Correspondance avec le manuel	Connaissances	Capacités
	L'EAU DANS NOTRE ENVIRONNEMENT	
Chimie 1	L'eau est omniprésente dans notre environnement, notamment dans les boissons et des organismes vivants.	*Réaliser le test de reconnaissance de l'eau par le sulfate de cuivre anhydre ; décrire ce test.* *Réinvestir le test de reconnaissance de l'eau par le sulfate de cuivre anhydre pour distinguer des milieux qui contiennent de l'eau de ceux qui n'en contiennent pas.*
	MÉLANGES AQUEUX	
Chimie 3 et 4 Chimie 4	Mélanges homogènes et hétérogènes. L'eau peut contenir des gaz dissous.	*Faire la distinction à l'œil nu entre un mélange homogène et un mélange hétérogène.* Décrire, schématiser et réaliser une décantation et une filtration. Récupérer un gaz par déplacement d'eau. *Réaliser le test de reconnaissance de dioxyde de carbone par l'eau de chaux.*
	MÉLANGES HOMOGÈNES ET CORPS PURS	
Chimie 3 et 4	Une eau d'apparence homogène peut contenir des substances autres que l'eau.	Illustrer par des exemples le fait qu'une eau d'apparence homogène peut contenir des substances autres que l'eau. Réaliser une évaporation. *Réaliser et décrire une chromatographie.*
Chimie 4	La distillation d'une eau minérale permet d'obtenir de l'eau quasi pure.	Décrire une distillation. Interpréter des résultats expérimentaux en faisant appel à la notion de mélanges (présence de différentes couleurs sur un chromatogramme, existence de résidus solides).
	LES CHANGEMENTS D'ÉTATS DE L'EAU, APPROCHE PHÉNOMÉNOLOGIQUE	
Chimie 1 et 2 Chimie 2	Les états physiques de l'eau. Propriétés spécifiques de chaque état physique de l'eau : - forme propre de l'eau solide (glace) ; - absence de forme propre de l'eau liquide ; - horizontalité de la surface libre de l'eau ; - compressibilité et expansibilité de la vapeur d'eau qui occupe tout le volume qui lui est offert.	Illustrer les trois états physiques de l'eau par la buée, le givre, le brouillard, les nuages. Identifier et décrire un état physique à partir de ses propriétés. Respecter sur un schéma les propriétés liées aux états de la matière (horizontalité de la surface d'un liquide...). Réaliser, observer, schématiser des expériences de changements d'état. Utiliser le vocabulaire spécifique aux changements d'état : solidification, fusion, liquéfaction, vaporisation.
Chimie 6 et 7 Chimie 1	*Les changements d'état sont inversibles.* *Cycle de l'eau.*	
Chimie 2	Unités de masse et de volume 1 L = 1 dm3 ; 1 mL = 1 cm3. La masse de 1 L d'eau est voisine de 1 kg dans les conditions usuelles de notre environnement.	Maîtriser les unités et les associer aux grandeurs correspondantes. Mesurer des volumes avec une éprouvette graduée ; mesurer des masses avec une balance électronique.
Chimie 6 et 7	Lors des changements d'état la masse se conserve et le volume varie. Nom et symbole de l'unité usuelle de température : le degré Celsius (°C). *Un palier de température apparaît lors d'un changement d'état pour un corps pur.* L'augmentation de la température d'un corps pur nécessite un apport d'énergie. La fusion et la vaporisation d'un corps pur nécessitent un apport d'énergie. *La température d'ébullition de l'eau dépend de la pression.* Températures de changements d'état de l'eau sous pression normale.	*Prévoir ou interpréter des expériences en utilisant le fait que le changement d'état d'un corps pur sous pression constante se fait sans variation de masse mais avec variation de volume.* Utiliser un thermomètre, un capteur pour repérer une température. *Tracer et exploiter le graphique obtenu lors de l'étude du changement d'état d'un corps pur.* *Observer l'influence de la pression sur la température d'ébullition de l'eau.*
	L'EAU SOLVANT	
Chimie 3 et 5	L'eau est un solvant de certains solides et de certains gaz. L'eau et certains liquides sont miscibles.	Réaliser (ou tenter de réaliser) la dissolution d'un solide dans un liquide ou le mélange de deux liquides. *Utiliser une ampoule à décanter.*
Chimie 5	La masse totale se conserve au cours d'une dissolution.	Utiliser le vocabulaire spécifique à la dissolution, à la miscibilité : solution, corps dissous *(soluté)*, solvant, *solution saturée*, soluble, insoluble, liquides miscibles et non miscibles, distinction dissolution et fusion.

B. Les circuits électriques en courant continu. Étude qualitative.

Correspondance avec le manuel	Connaissances	Capacités
	QU'EST-CE QU'UN CIRCUIT ÉLECTRIQUE ?	
Électricité 1	Les expériences ne doivent pas être réalisées avec le courant du secteur pour des raisons de sécurité. Circuit ouvert, circuit fermé. Une pile, une batterie d'accumulateurs, un générateur *(de tension)* alimenté par le secteur,	Mettre en œuvre du matériel (générateur, fils de connexion, interrupteur, lampe ou moteur) pour allumer une lampe ou entraîner un moteur. *Tester le comportement d'un circuit dépourvu de générateur.*

	une photopile sont des générateurs. Un générateur transfère de l'énergie électrique à une lampe, à un moteur, qui la convertissent en d'autres formes. Une photopile convertit de l'énergie lumineuse en énergie électrique.	
Électricité 2	Danger en cas de court-circuit d'un générateur.	Repérer sur un schéma la boucle correspondant au générateur en court-circuit.
	CIRCUIT ÉLECTRIQUE EN SÉRIE	
Électricité 1	*Symboles normalisés d'une diode, d'une diode électroluminescente (DEL), d'une résistance.*	Réaliser à partir de schémas des circuits série pouvant comporter un générateur, des lampes, des interrupteurs, un moteur, *une DEL, une diode et des résistances.* Passer du circuit au schéma normalisé et inversement.
Électricité 3	Les dipôles constituant le circuit série ne forment qu'une seule boucle. Influences sur le fonctionnement d'un circuit, de l'ordre et du nombre de dipôles autres que le générateur. Certains matériaux conduisent le courant électrique. Les métaux sont des conducteurs : le verre, l'air, la plupart des matières plastiques sont des isolants. Un interrupteur ouvert se comporte comme un isolant ; un interrupteur fermé se comporte comme un conducteur.	
Électricité 2	Le corps humain est conducteur. Le sens conventionnel du courant. *Le comportement d'une diode ressemble à celui d'un interrupteur selon son sens de branchement.* Le générateur transfère de l'énergie électrique à chacun des dipôles placés en série.	*Identifier les situations d'électrisation-électrocution et en énoncer les effets.*
	CIRCUIT ÉLECTRIQUE COMPORTANT DES DÉRIVATIONS	
Électricité 4	*Circuit avec dérivations.* *Distinction du court-circuit d'un générateur de celui d'une lampe dans un circuit avec dérivations.* *Le générateur transfère de l'énergie électrique à chacun des dipôles placés en dérivation.*	*Réaliser à partir de schémas des circuits simples comportant notamment des lampes et des DEL en dérivation, en se limitant, outre l'interrupteur, à un générateur et à trois dipôles.* *Passer du circuit au schéma normalisé.* *Identifier des montages avec dérivations et les boucles correspondantes contenant le générateur.* *Identifier la situation de court-circuit d'un générateur dans un circuit ; conséquences.* *Identifier la situation de court-circuit d'un dipôle récepteur ; conséquences.*

C. La lumière : sources et propagation rectiligne.

	Connaissances	Capacités
	SOURCES DE LUMIÈRE ; ENTRÉE DE LA LUMIÈRE DANS L'ŒIL	
Optique 1	Le Soleil, les étoiles et les lampes sont des sources primaires ; la Lune, les planètes, les objets éclairés sont des objets diffusants. Pour voir un objet, il faut que l'œil en reçoive de la lumière. Le laser présente un danger pour l'œil.	Réaliser des expériences dans diverses situations mettant en jeu des sources de lumière, des objets diffusants et des obstacles opaques.
	PROPAGATION RECTILIGNE DE LA LUMIÈRE	
Optique 2	*La diffusion permet de visualiser le trajet d'un faisceau de lumière.* La lumière se propage de façon rectiligne. *Modèle de rayon de lumière.* Ombre propre, ombre portée *et cône d'ombre.*	Visualiser des faisceaux de lumière. Réaliser des visées. Schématiser : - un rayon de lumière par un trait repéré par une flèche indiquant le sens de la propagation ; - un faisceau de lumière. Prévoir et vérifier expérimentalement la position *et la forme* des ombres dans le cas d'une source ponctuelle. Interpréter les ombres propre et portée ainsi que l'existence d'un cône d'ombre en figurant des tracés rectilignes de lumière. Interpréter les résultats expérimentaux en utilisant le fait qu'une source lumineuse ponctuelle et un objet opaque déterminent deux zones : une source éclairée de laquelle l'observateur voit la source, une zone d'ombre de laquelle l'observateur ne voit pas la source.
Optique 3	Description simple des mouvements pour le système Soleil – Terre – Lune. *Phase de la Lune, éclipses.*	Tracer des schémas où figurent l'œil de l'observateur et les rayons qui y pénètrent. *Identifier les phases de la Lune et les éclipses sur des situations réelles ou virtuelles.* *Prévoir le phénomène visible par un observateur terrestre dans une configuration donnée du système simplifié Soleil-Terre-Lune.*

ÉLECTRICITÉ 1 Qu'est-ce qu'un circuit électrique ?

Observer pour s'interroger

En moins de 120 ans, l'électricité s'est introduite dans tous les foyers, avec des appareils toujours plus sophistiqués : four, réfrigérateur, télévision, téléphone portable... Mais commençons par le commencement. Comment allume-t-on une lampe ? Quelles sont les caractéristiques d'un circuit électrique ?

1 L'électricité dans ta chambre

Dans la chambre de Maxime...

1. Cite les appareils électriques présents sur l'illustration.

2. Quels autres appareils électriques peut-on trouver à la maison ?

3. Quelle est la condition indispensable pour que tous ces appareils fonctionnent ?

4. Vois-tu d'autres points communs à ces appareils ?

2 Le phare de vélo

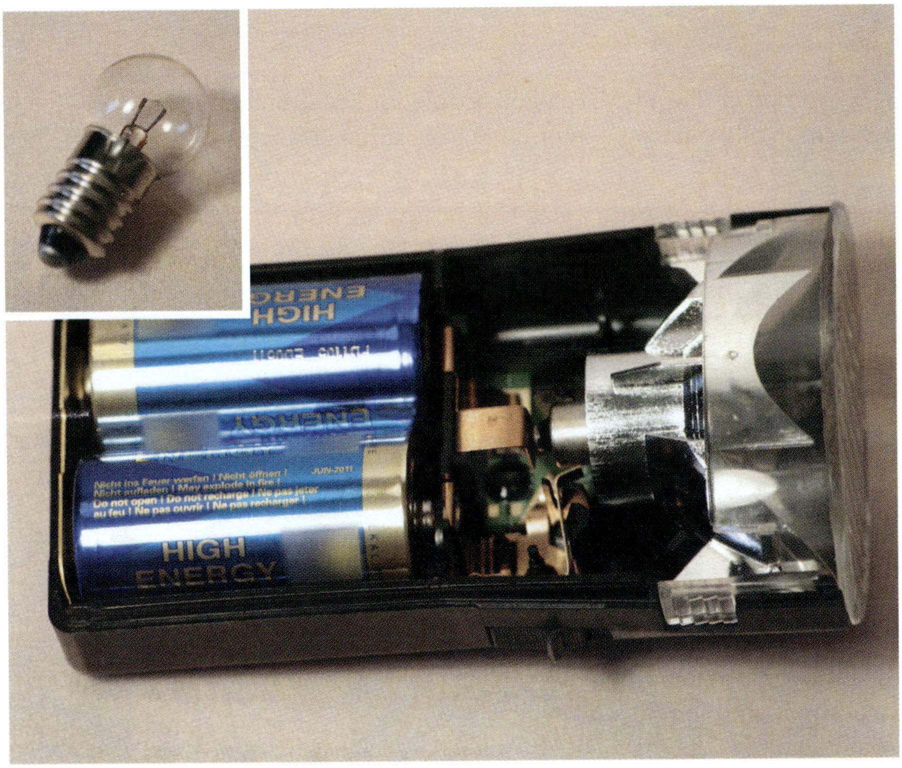

Un phare de vélo et la lampe qu'il contient.

1. Quels sont les composants visibles à l'intérieur d'un phare de vélo ?
2. Donne le nom du composant :
   – qui fait circuler le courant électrique ;
   – qui convertit le courant électrique en lumière ;
   – qui permet d'allumer ou d'éteindre la lampe.
3. Que dois-tu faire quand un phare de vélo ne fonctionne pas ?

3 Trois dessins d'élèves

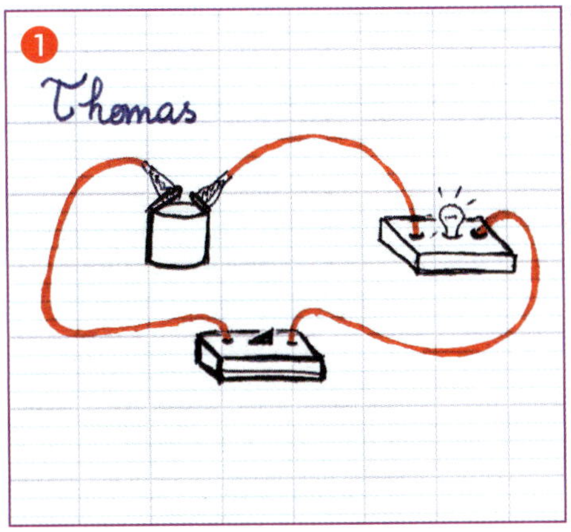

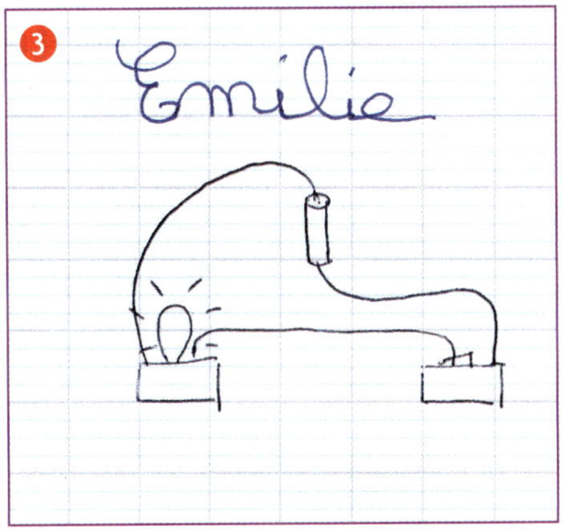

Thomas, Mantia et Émilie ont réalisé des circuits et les ont dessinés.

1. Quelles sont les différences entre les dessins 1 et 2 ? À ton avis, représentent-ils le même montage ?
2. Quelles sont les différences entre les dessins 2 et 3 ? S'agit-il du même montage ?
3. À quoi servent ces trois montages ?

TU VAS APPRENDRE À…

- **réaliser** un montage pour allumer une lampe ou faire tourner un moteur ;
- **distinguer** les différents composants d'un circuit ;
- **faire** le schéma d'un circuit électrique.

ACTIVITÉ expérimentale

1 Faire briller une lampe

▸ Une question

Un phare de vélo contient une lampe et une pile. Quand on appuie sur l'interrupteur, la lampe s'allume. Cette association pile – lampe – interrupteur constitue un circuit électrique.

Quel circuit électrique peux-tu réaliser pour faire briller une lampe ?

▸ Je réalise une expérience

Attention
Ne fais jamais d'expérience avec le courant du secteur : c'est très dangereux.

Consignes

a. On te propose les trois listes de matériel ci-dessous.
- Liste 1 : une pile plate et une lampe.
- Liste 2 : une pile ronde et une lampe.
- Liste 3 : une pile plate, une lampe placée dans une douille, des fils de connexion et des pinces crocodiles.

Pour chacune de ces listes, essaie de faire briller la lampe avec le matériel proposé.

b. On souhaite commander l'allumage et l'extinction de la lampe à l'aide d'un interrupteur. Propose une liste de matériel et réalise le montage.

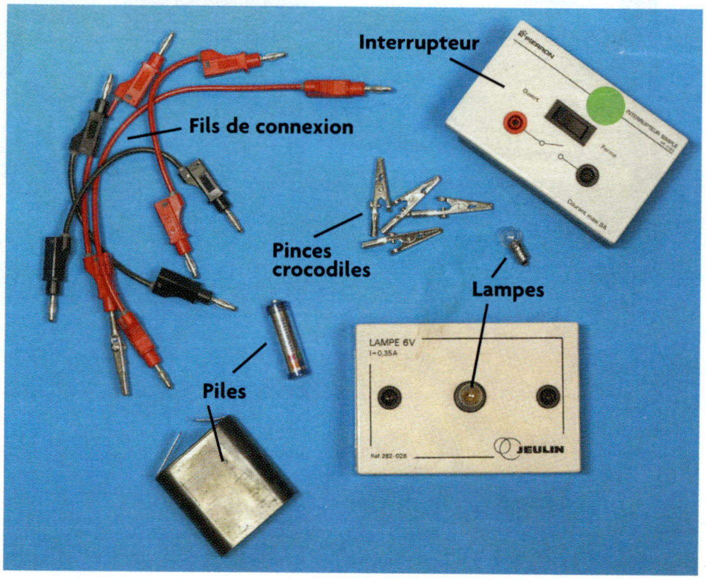

▸ J'observe et j'interprète

1. Quelles parties de la lampe doivent toucher les bornes de la pile plate ?

2. Dans une des trois listes, le matériel ne permet pas de faire briller la lampe. Laquelle ? Que faut-il ajouter ?

3. Quel est le composant commun à tous les circuits qui permet de faire briller la lampe ?

4. Que se passe-t-il quand tu ouvres et fermes l'interrupteur ?

▸ Je conclus

5. Quel est le composant qui fait circuler le courant électrique dans le circuit ?

6. Existe-t-il une seule façon de relier ce composant à la lampe ?

7. Aide-toi du mini-dico pour qualifier le circuit lorsque la lampe brille.

MINI-DICO

Borne : point de branchement d'un composant électrique. Ex. : lames de la pile plate (borne + et borne –), plot et culot d'une lampe.

Courant électrique : ce qui circule à travers des appareils électriques et permet de les faire fonctionner.

Circuit ouvert : circuit dans lequel le courant électrique ne circule pas.

Circuit fermé : circuit dans lequel le courant électrique circule.

Ai-je bien compris ? Parmi les circuits électriques que tu as réalisés, quel est celui que l'on retrouve dans un phare de vélo (voir photographie p. 9) ?

Pour m'entraîner

Exercices 1, 8, 9, 13

2 Découvrir les composants d'un circuit électrique

ACTIVITÉ expérimentale

▸ Une question ...

Les magasins de bricolage regorgent de matériel électrique. On y trouve notamment des piles de toutes formes, des lampes de tailles différentes... mais aussi d'autres composants électriques très utiles.

Peux-tu classer ces composants et décrire leur fonction ?

▸ Je réalise une expérience ...

Consignes

– Regarde le matériel proposé sur la photographie ci-contre. Propose un premier classement de ce matériel.

– Réalise un circuit permettant de faire briller une lampe avec la pile plate. Utilise une douille, des fils de connexion et des pinces crocodiles.

– Remplace la pile par les différents composants proposés sur la photographie.

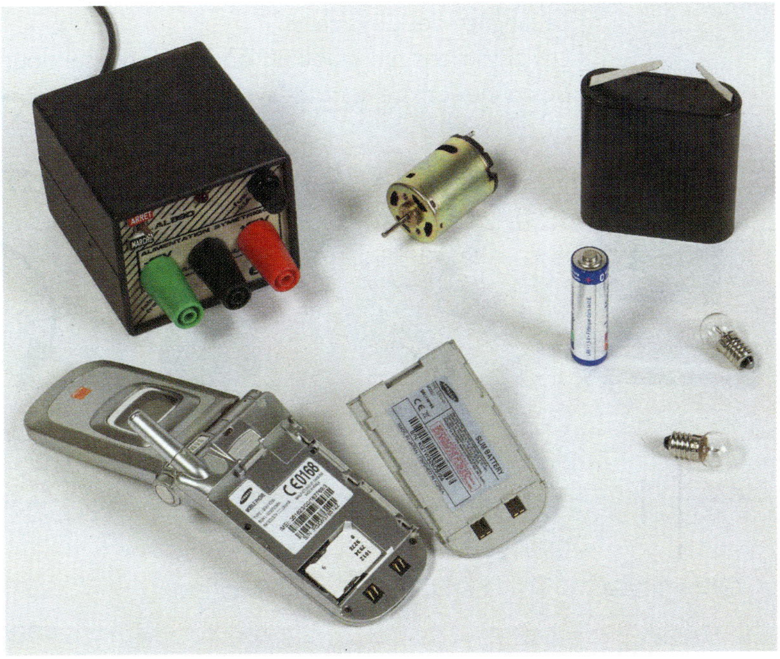

▸ J'observe et j'interprète ...

1. Combien de bornes possède chaque élément présenté ?

2. Note les composants avec lesquels la lampe brille et ceux avec lesquels elle ne brille pas.

3. La pile est-elle le seul composant qui permette d'allumer la lampe ?

▸ Je conclus

4. Quel nom général donne-t-on aux piles, lampes, moteurs... ? Aide-toi du mini-dico.

5. Classe les dipôles étudiés en deux catégories : récepteur ou générateur. Aide-toi du mini-dico.

MINI-DICO

Borne : point de branchement d'un composant électrique. Ex : lames de la pile plate (borne + et borne -), plot et culot d'une lampe.

Dipôle : composant comportant deux bornes.

Générateur : dipôle qui fait circuler le courant électrique dans un circuit.

Récepteur : dipôle qui utilise le courant électrique pour fonctionner.

Pour m'entraîner

Exercice 2

Ai-je compris la démarche ? Que se passe-t-il si on remplace maintenant la lampe par un autre dipôle récepteur comme un moteur ?

ACTIVITÉ documentaire 3 Schématiser un circuit

▸ Une question

Il existe plusieurs montages électriques permettant de faire briller une lampe avec une pile. De plus, pour un montage électrique donné, si chaque élève dessine ce qu'il voit, il y aura autant de représentations que d'élèves... Il est donc nécessaire de trouver un code commun pour représenter les circuits.

Comment représenter de façon unique un circuit électrique lisible par tous ?

▸ J'étudie un document

Le langage des physiciens

Les physiciens ont établi un langage universel pour représenter les dipôles et les fils de connexion. Ce sont les **symboles normalisés** présentés dans le tableau ci-dessous.

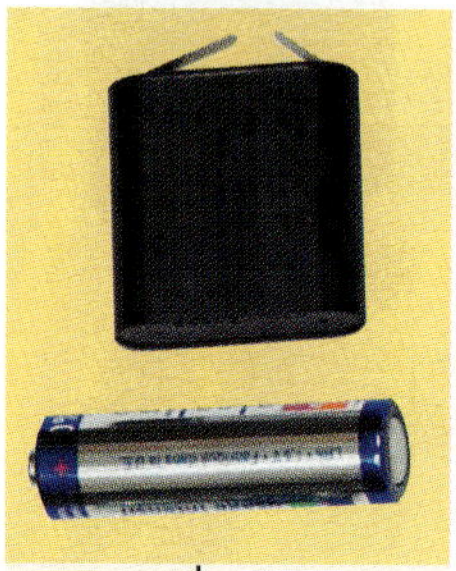			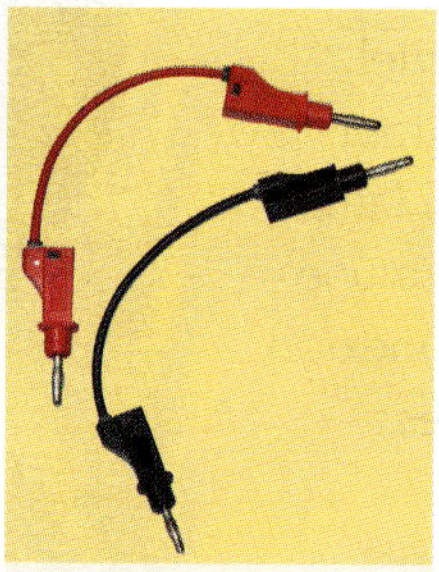		
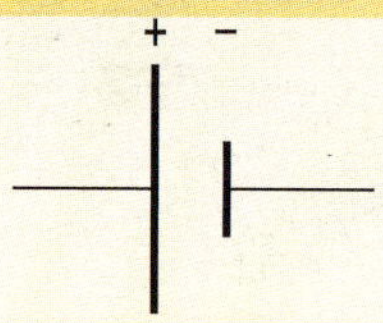	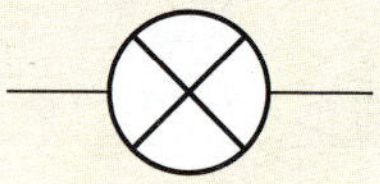	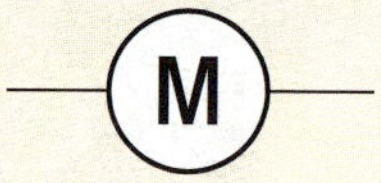	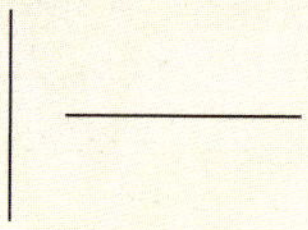		
Générateurs	Lampes	Moteur	Fils de connexion	Interrupteur fermé	Interrupteur ouvert

On schématise un circuit électrique en reliant les dipôles entre eux par des traits horizontaux ou verticaux qui représentent les fils de connexion et que l'on trace au crayon à papier et à la règle. L'ensemble s'appelle un **schéma électrique**.

▸ J'utilise un document

1. Considère les dessins présentés dans le document 3 p. 9. Représente le schéma électrique pour chaque dessin. Tu dois représenter tous les dipôles en les reliant par des traits horizontaux ou verticaux.

▸ Je conclus

2. Lorsque tu veux dessiner un circuit électrique que tu as réalisé, par quoi faut-il représenter les différents dipôles ?

3. Quelle figure géométrique as-tu dessinée en reliant les dipôles ?

MINI-DICO

Schéma : dessin ne comportant que les informations essentielles pour comprendre le fonctionnement d'un circuit.

Symbole : représentation très simplifiée d'un dipôle électrique, facile à tracer.

Normalisé : qui obéit à la norme, c'est-à-dire à une règle officielle.

Pour m'entraîner

Exercices 3, 4, 5, 6

Ai-je bien compris ? Dois-tu représenter les pinces crocodiles ?

L'ESSENTIEL

1 Réalisation d'un circuit électrique

- Pour allumer une lampe avec une pile, il faut réaliser un **circuit électrique**. On relie une des **bornes** de la pile au **plot** central de la lampe, l'autre borne au **culot** de la lampe.
On peut utiliser des fils de connexion et une douille pour réaliser ces liaisons.
- On peut commander l'allumage de la lampe en introduisant un **interrupteur** dans le circuit.
– Quand on ferme l'interrupteur, la lampe brille. On dit que **le circuit est fermé**.
– Quand on ouvre l'interrupteur, la lampe s'éteint. On dit que **le circuit est ouvert**.

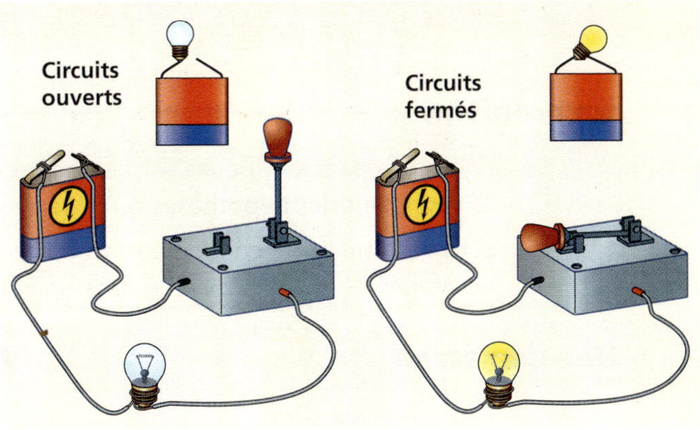

2 Les dipôles, composants des circuits électriques

- Tous les composants du circuit ont **deux bornes** : ce sont des **dipôles**.
- On distingue :
– les **dipôles générateurs** : ce sont les dipôles nécessaires pour faire circuler le courant dans le circuit (pile, batterie, photopile qui transforme l'énergie lumineuse en énergie électrique...) ;
– les **dipôles récepteurs** : ce sont les dipôles qui utilisent le courant pour fonctionner (lampe, moteur...) en transformant l'énergie électrique fournie par le générateur sous d'autres formes (lumière, mouvement...).
- Un circuit électrique doit comporter au moins un générateur.

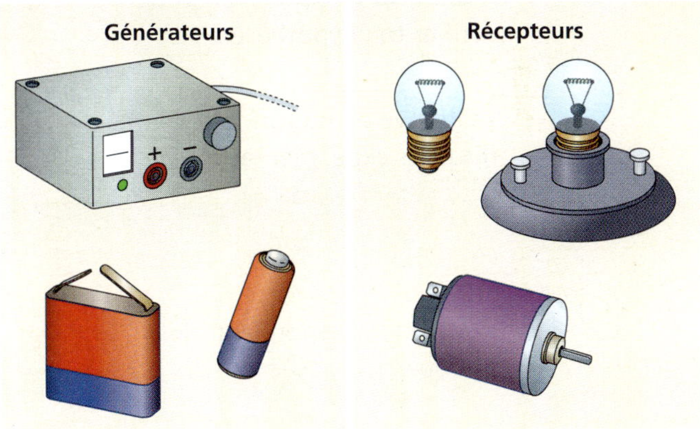

3 Schématisation d'un circuit électrique

- Chaque dipôle est représenté par un **symbole normalisé**. Tous ces symboles sont présentés à la fin du manuel.
- Un circuit électrique est représenté par un **schéma électrique** : les symboles des dipôles sont reliés entre eux par des traits horizontaux ou verticaux qui représentent les fils de connexion.

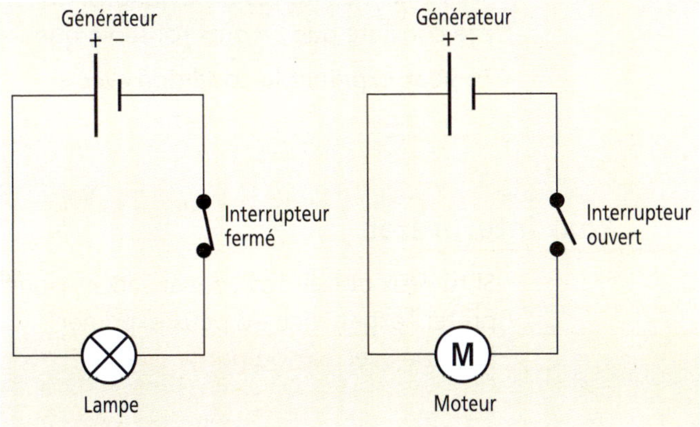

Attention
Ne fais jamais d'expérience avec le courant du secteur : c'est très dangereux !
Utilise toujours une pile pour faire tes expériences.

JE DOIS ÊTRE CAPABLE DE :
- **réaliser** un circuit électrique pour faire briller une lampe ;
- **utiliser** un interrupteur ;
- **expliquer** le rôle des différents dipôles d'un circuit ;
- **schématiser** un circuit électrique.

MÉTHODE 1 Rédiger un compte-rendu

La démarche expérimentale...

Un problème

L'objectif des scientifiques est de comprendre le monde qui les entoure. Pour cela, ils formulent des hypothèses qu'ils vérifient en réalisant des expériences.

Si tu veux travailler comme eux, tu dois suivre la même démarche et transcrire les étapes de cette démarche dans un compte-rendu.

Une démarche

- Pose une question.
- Formule une hypothèse.
- Réalise une expérience pour vérifier ton hypothèse.
- Observe et interprète tes résultats expérimentaux.
- Conclus en répondant à la question posée.

Un exemple

Question : Comment allumer une lampe avec une pile plate ?

Hypothèse : Il faut que les bornes de la pile soient en contact avec les deux bornes de la lampe.

Expériences :

Observation et interprétation : J'observe que la lampe ne brille pas si une seule borne de la lampe est reliée aux bornes de la pile.

Dans les circuits 3 et 4, la lampe brille car le courant passe dans la lampe.

Conclusion : Pour allumer une lampe, il faut donc relier le culot et le plot chacun à une borne de la pile.

... et les mots pour le dire

Pour observer

Si tu veux décrire tes observations, utilise « je constate que... » ou « j'observe que... ».

Tu peux exprimer la condition avec **si**.

J'observe que la lampe ne brille pas **si** une seule borne de la lampe est reliée aux bornes de la pile.

Pour interpréter

Si tu veux utiliser tes connaissances pour interpréter l'expérience, tu peux exprimer la cause avec **car** ou **parce que**.

Dans les circuits 3 et 4, la lampe brille **car** le courant passe dans la lampe.

Pour conclure

Si tu veux conclure, utilise « je conclus que... » ou « j'en déduis que... ».

Tu peux exprimer la conséquence avec **donc**.

Pour allumer une lampe, il faut **donc** relier le culot et le plot chacun à une borne de la pile.

Je vérifie mes connaissances

1 Les fils de connexion

Recopie les dessins proposés en ajoutant les fils de connexion nécessaires pour que la lampe brille.

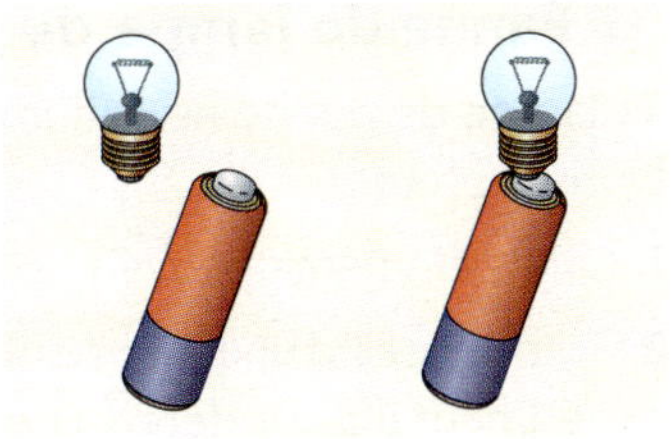

2 Distinguer un générateur d'un récepteur

Regroupe les différents dipôles en deux catégories : générateurs ou récepteurs.

3 Nommer et schématiser des dipôles

Donne le nom et le symbole de tous les éléments présents sur la photographie de l'exercice 2.

4 Choisir la bonne réponse

1. Le courant ne peut circuler dans un circuit que si :
- **a.** il y a une lampe.
- **b.** il y a un interrupteur.
- **c.** il y a un générateur.

2. Pour représenter un circuit électrique, on utilise :
- **a.** une photographie en couleurs.
- **b.** un schéma normalisé.
- **c.** un dessin stylisé.

5 Faire briller une lampe

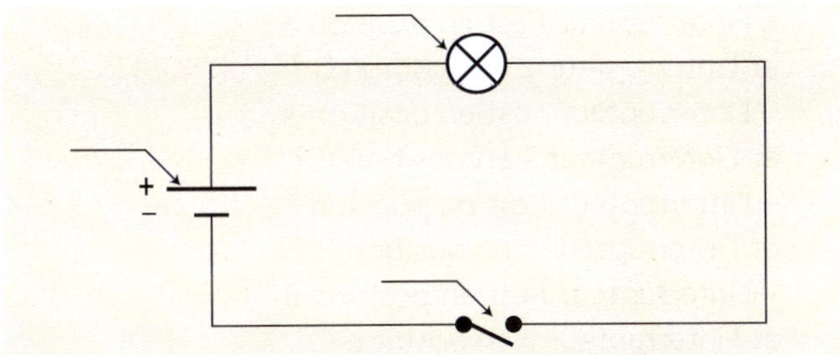

1. Recopie et complète le schéma ci-dessus en donnant le nom de chaque élément.

2. Pour qu'une lampe brille, il faut que l'interrupteur soit :
- **a.** fermé.
- **b.** ouvert.
- **c.** branché.

3. La lampe brille-t-elle ici ?

6 Trouver l'erreur

Léa, Robin et Jules ont représenté une même expérience de trois façons différentes.

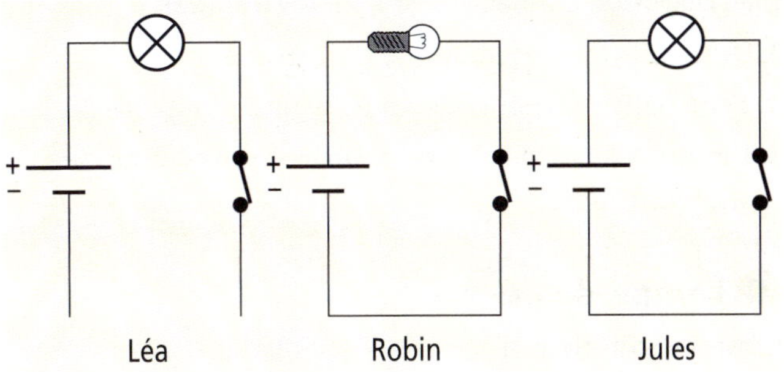

Qui a raison ? Justifie ta réponse.

7 Utiliser des liens logiques

Recopie et complète les phrases ci-dessous avec **car**, **si** ou **donc**.

1. Je vois le moteur tourner, ... le courant circule dans le circuit.

2. ...... je ferme l'interrupteur, alors la lampe s'allume.

3. La lampe ne brille pas : l'interrupteur doit être ouvert ...... la pile est neuve et la lampe n'est pas grillée.

4. ...... on réalise le schéma normalisé d'un circuit électrique, on doit représenter les dipôles par leur symbole normalisé.

J'applique...

8 Le branchement d'une lampe

Observe les différentes propositions de branchement. Dans quel(s) cas la lampe brille-t-elle ?

EXERCICES

9 Une expérience

Jérôme a réalisé le montage représenté sur le schéma ci-contre.

La lampe brille-t-elle ?

10 Comment faire tourner un moteur ?

Adèle cherche à faire tourner un moteur à l'aide d'une pile, de fils de connexion et d'un interrupteur.

1. Dessine l'expérience qu'elle doit réaliser.

2. Schématise l'expérience en t'aidant de l'activité 3.

3. L'interrupteur doit-il être ouvert ou fermé pour que le moteur tourne ?

11 Lampe de poche

Observe l'intérieur d'une lampe de poche et réalise le schéma électrique correspondant.

12 Un circuit pour maquette

Abi veut réaliser un circuit électrique pour faire tourner le moteur de sa maquette de bateau. Il décide d'utiliser les dipôles représentés ci-contre.

1. Donne le nom de chaque dipôle.

2. Combien de fils de connexion Abi doit-il prévoir ?

3. Fais le schéma électrique du montage qu'Abi devrait réaliser.

J'approfondis...

13 Panne de lampe de poche

Ta lampe de poche ne s'allume pas quand tu pousses l'interrupteur.

1. Quels éléments peuvent être en cause ?

2. Tu disposes d'une pile neuve. Propose un protocole expérimental pour déterminer ce qui est responsable de la panne.

14 Le va-et-vient

1. Dans sa chambre, Julien appuie sur l'interrupteur pour allumer ou éteindre la lumière. Il se demande comment ça marche...
Propose à Julien un schéma électrique pour expliquer le fonctionnement de l'installation.

2. Julien a remarqué qu'il y avait deux interrupteurs pour une seule lampe dans le couloir de sa maison. Il peut allumer la lumière avec l'interrupteur situé à l'entrée du couloir et l'éteindre avec l'interrupteur du fond, ou le contraire... Perplexe, il a demandé des explications à son professeur qui lui a fourni le schéma ci-dessous.

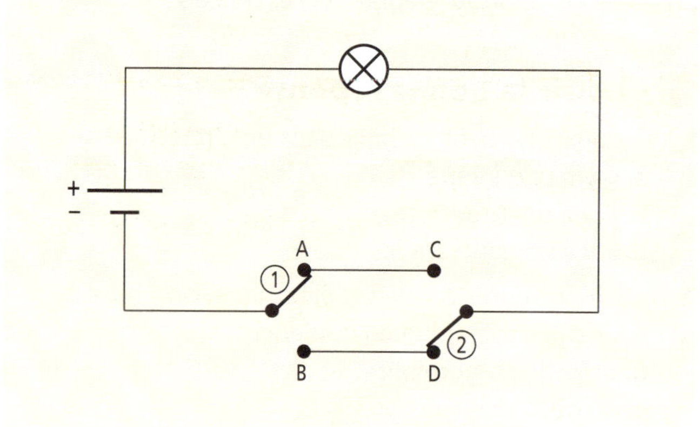

Réfléchis au montage avec lui.

a. Est-ce que la lampe brille si :
– l'interrupteur 1 est en position A et l'interrupteur 2 en position D ?
– l'interrupteur 1 est en position A et l'interrupteur 2 en position C ?
– l'interrupteur 1 est en position B et l'interrupteur 2 en position D ?
– l'interrupteur 1 est en position B et l'interrupteur 2 en position C ?

b. Rédige une explication du fonctionnement de l'installation électrique du couloir.

15 Le TGV

Si le TGV peut nous emmener jusqu'à 300 km/h, c'est qu'il dispose d'un puissant moteur alimenté par une centrale électrique... Il est donc impossible de transporter le générateur à l'intérieur du train !

1. Comment a-t-on choisi de relier le moteur électrique du train au générateur ?
La photographie devrait te mettre sur la piste...

2. Propose un schéma du circuit électrique.

16 Coupure de courant

La lampe de la chambre de Soraya vient de s'éteindre.

1. Propose une explication :

a. l'ampoule s'est détachée toute seule.

b. il fait trop chaud dans la pièce.

c. le filament s'est cassé.

2. Comment peut-on alors qualifier le circuit électrique : ouvert ou fermé ?

3. En fait, la maman de Soraya lui fait remarquer que tous les appareils électriques de la maison se sont éteints et qu'il faut attendre que EDF rétablisse le courant. Penses-tu que la lampe de Soraya ait réellement un problème ?

Une expérience simple et amusante

Fabrique un quizz électrique

Utilise tes connaissances sur les circuits électriques pour réaliser chez toi un jeu qui va épater tes parents et tes copains.

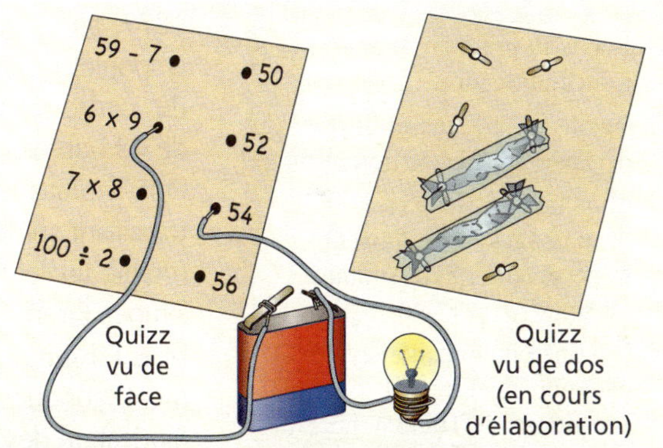

Matériel
- *une feuille cartonnée*
- *des attaches parisiennes*
- *du papier adhésif*
- *du papier aluminium*
- *une pile plate (4,5 V)*
- *une petite lampe (3,5 V)*
- *trois fils électriques dénudés aux extrémités*

→ Inscris sur la feuille des questions (colonne de gauche) et, dans le désordre, les réponses correspondantes (colonne de droite).

→ Avec la pointe d'un compas, perce des trous en face des questions et des réponses. Passe les attaches parisiennes dans chacun des trous et écarte les pattes.

→ Scotche sur toute leur longueur des bandes de papier aluminium pour relier entre elles deux attaches parisiennes correspondant à des questions et réponses associées. Ton jeu est prêt !

→ Réalise le circuit électrique représenté sur le dessin avec une pile, une lampe et trois fils. Il ne te reste plus qu'à poser une des questions du quizz et à utiliser les deux extrémités libres des fils dénudés : l'une sur la question et l'autre sur la réponse choisie. Si la lampe s'allume, c'est gagné !

1. Pourquoi faut-il scotcher le papier aluminium tout le long et pas seulement au niveau des attaches parisiennes ?

2. Comment est le circuit électrique quand la réponse est bonne ? Et quand elle est fausse ?

SCIENCES mag

La **lampe électrique**

L'électricité est une source d'énergie très utilisée. Elle se transporte sur de longues distances et se convertit en d'autres formes d'énergie : à la maison, elle devient lumière, son, chaleur, mouvement, ou froid. Elle joue encore un rôle essentiel dans l'industrie, les hôpitaux, les transports ou les communications… Mais c'est surtout à travers l'éclairage électrique que l'on réalise le rôle sans cesse grandissant pris par l'électricité dans notre quotidien.

1. Décris la première lampe à incandescence.
2. Quelle a été l'amélioration décisive dans cette invention ?
3. Cherche dans le texte les passages qui montrent la persévérance de Thomas Edison.
4. @ Cherche dans l'encyclopédie ou sur Internet d'autres inventions de Thomas Edison (il y en a une centaine…).

HISTOIRE

La découverte de la lampe

Jusqu'à la fin du XIXe siècle, on s'éclairait avec des bougies ou des lampes à pétrole. Ce type d'éclairage provoqua de nombreux incendies.
C'est l'une des raisons pour lesquelles les savants ont cherché à inventer un nouveau type de lampe, utilisant l'électricité. Depuis le début du XIXe siècle, on savait qu'au passage d'un courant électrique, un fil s'échauffait et devenait incandescent, ce qui produisait de la lumière. Malheureusement, le fil brûlait trop rapidement pour que ce dispositif soit utile.
L'Américain Thomas Edison essaya de résoudre ce problème. En 1879, après un an de recherches, il plaça le filament dans une ampoule au sein de laquelle il avait réussi à faire le vide : le filament de carbone resta incandescent, sans brûler, pendant plus de 48 heures.
Puis Thomas Edison améliora cette première lampe à incandescence en travaillant sur le filament. Il testa plus de 6 000 espèces de plantes pour retenir finalement des filaments en bambou calciné. Des millions de lampes furent fabriquées sur ce modèle.
Mais Edison ne s'arrêta pas là : il continua ses recherches pour finalement fabriquer un filament artificiel qui supplanta le bambou dans la fabrication des lampes.

Le développement de l'éclairage électrique

Pour que la lampe électrique soit vraiment utile, il faut faire parvenir l'électricité jusque dans les foyers. C'est chose faite en 1882 (toujours grâce à l'esprit d'entreprise de Thomas Edison) avec la mise en service à New York de la première usine électrique au monde. Elle va alimenter 1 200 lampes, éclairant 85 maisons, bureaux et boutiques…
Ce n'est qu'un début : très vite, d'autres installations électriques vont suivre, participant au grand mouvement d'urbanisation de cette fin du XIXe siècle. L'éclairage électrique va devenir le symbole du confort domestique et publique. L'ère de l'électricité est née…

SCIENCES mag

TECHNOLOGIE

Les différentes lampes aujourd'hui

Aujourd'hui, le filament de carbone de la lampe à incandescence est remplacé par un filament de tungstène, ce qui permet de le chauffer beaucoup plus (le tungstène ne fond que vers 3 400 °C) et d'avoir une lampe plus lumineuse. Pour augmenter la durée de vie de la lampe, l'ampoule, vide jusqu'alors, est remplie d'un gaz inerte (argon, krypton, néon…), qui empêche le filament de brûler.

C'est en cherchant à fabriquer des lampes de très petite taille et très brillantes pour l'extrémité des ailes des avions que les ingénieurs ont mis au point les lampes à halogène. On y remplace le gaz inerte par un autre gaz de la famille des *halogènes* (iode, brome…). La durée de vie de la lampe ainsi que sa luminosité sont encore augmentées.

1. Observe la photographie de la deuxième lampe et dis quelle est la partie de la lampe qui produit la lumière.
2. En quel matériau est réalisé le culot ? le plot ? l'ampoule ? le filament ?
3. Reconnais la lampe halogène et la lampe à incandescence sur les deux photographies ci-dessus.
4. Quel type de gaz contiennent ces deux lampes ?

SÉCURITÉ

Pourquoi ne faut-il pas toucher les lampes des lampadaires halogènes avec les doigts ?

Lorsqu'elle est allumée, la température d'une ampoule dépasse 500 °C. Il ne faut donc pas la toucher pour ne pas se brûler.

Lorsqu'elle est éteinte, il vaut mieux également éviter de la manipuler avec les doigts, afin de préserver sa durée de vie. En effet, les doigts déposent des impuretés à la surface de l'ampoule de verre. Sous l'effet des températures élevées, ces impuretés pénètrent dans le verre et le fragilisent. L'ampoule risque alors plus facilement d'éclater lorsqu'elle chauffe beaucoup.

C'est pourquoi il faut manipuler les lampes halogènes avec des gants…

ÉLECTRICITÉ 2

Conducteurs, isolants : une question de sécurité

Observer pour s'interroger

Certains matériaux permettent le passage du courant électrique. Ainsi, un être humain peut lui aussi être traversé par un courant électrique. C'est parfois une chance (on utilise cette propriété en médecine avec les pacemakers), mais le plus souvent un danger : chaque année, l'électricité tue environ 200 personnes en France.

1 Le cordon secteur

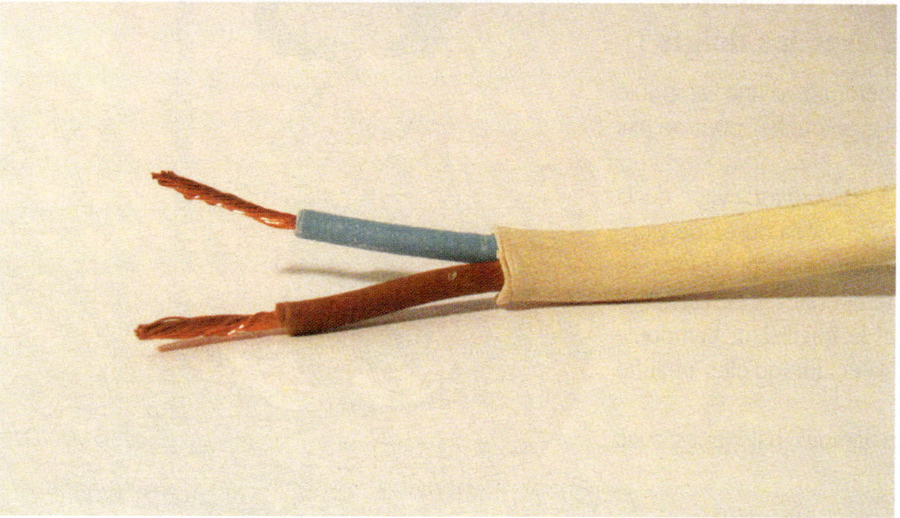

On a coupé le cordon d'alimentation d'un appareil électrique.

1. Décris l'aspect extérieur d'un cordon d'alimentation.
2. Qu'y a-t-il en réalité à l'intérieur ?
3. À ton avis, le choix des matériaux a-t-il une importance ? Pourquoi fabrique-t-on le cœur du fil en métal et la gaine en plastique ?
4. Y a-t-il un danger à couper un cordon débranché ?

2 Les dangers liés à l'eau

ÉLECTRICITÉ + EAU = DANGER

- N'utilisez jamais d'appareils électriques si vous avez les mains mouillées ou les pieds dans l'eau : les risques d'électrocution sont plus importants.
- Rappelez-vous que vous ne devez pas pouvoir toucher un appareil électrique depuis votre baignoire ou votre douche.
- Ne branchez jamais de convecteurs ou radiateurs dans la salle de bains s'ils ne sont pas spécifiquement prévus pour cet usage ; les projections d'eau peuvent être dangereuses.
- N'utilisez jamais d'eau pour éteindre un feu d'origine électrique : prenez un extincteur à poudre.

Les « règles à suivre » sur www.edf.fr

1. En lisant cet extrait de site Internet, qu'apprend-on sur les dangers de l'électricité en présence d'eau ?
2. Existe-t-il des appareils électriques conçus spécialement pour les salles de bains ? Lesquels ?

3 Électricité et incendie

INCENDIE DANS UN IMMEUBLE PARISIEN

Deux hommes sont morts, mercredi 3 janvier, dans un incendie d'origine accidentelle qui s'est déclaré dans un immeuble du XIe arrondissement à Paris. Selon les premiers éléments de l'enquête, l'incendie est dû à l'explosion d'une petite bouteille de gaz qui se serait produite à la suite d'un court-circuit.

Le Monde, 05/01/01

Les pompiers éteignent un incendie dans un immeuble parisien.

1. Quelles hypothèses sont envisagées pour expliquer l'incendie de l'immeuble ?
2. Cite différentes causes possibles de départ d'incendie dans les habitations.
3. Cherche la définition d'un *court-circuit* dans le lexique.
4. Que faut-il faire en cas d'incendie ?

TU VAS APPRENDRE À...

- **reconnaître** les matériaux qui laissent passer le courant électrique ;
- **identifier** les dangers des installations électriques.

ACTIVITÉ expérimentale 1 Classer différents matériaux

▸ Une question ...

Quand on ouvre un circuit à l'aide d'un interrupteur, le courant ne circule plus : la couche d'air située entre les deux bornes de l'interrupteur l'empêche de passer ! Le courant électrique ne peut donc pas circuler dans tous les matériaux.

Quels sont les matériaux qui laissent passer le courant électrique ?

▸ Je réalise une expérience ...

Matériel

Une pile
Une lampe dans sa douille
Des fils de connexion
Des pinces crocodiles
Divers objets à tester

Consignes

– Propose un circuit électrique permettant d'insérer les différents objets et de déterminer si ces objets laissent passer le courant électrique.
– Pour chaque objet, indique le matériau qui le constitue et observe si le courant passe ou non dans l'objet. Tu pourras présenter tes résultats dans un tableau.

▸ J'observe et j'interprète ...

1. Schématise le montage qui permet de tester le caractère conducteur ou isolant d'un matériau. Aide-toi du mini-dico.

2. Comment vois-tu si l'objet testé laisse ou non passer le courant ?

▸ Je conclus

3. Classe les matériaux étudiés en deux catégories : conducteurs ou isolants.

4. Est-ce la forme de l'objet ou bien la nature du matériau qui importe ? Sur quelle observation t'appuies-tu pour répondre à cette question ? Doit-on parler de « forme isolante » ou de « matériau isolant » ?

Ai-je compris la démarche ? Quel montage peux-tu faire au préalable pour vérifier le bon fonctionnement des dipôles utilisés (lampe, pile) ?

MINI-DICO

Matériau : matière constituant un objet.

Conducteur : matériau qui laisse passer le courant électrique.

Isolant : matériau qui ne laisse pas passer le courant électrique.

Pour m'entraîner

Exercices 1, 7, 8, 15

2 Tester si l'eau est conductrice

ACTIVITÉ expérimentale

▸ Une question

Dans la salle de bains, les appareils électriques sont installés loin des robinets pour des raisons de sécurité, car la présence d'eau augmente le risque électrique.

L'eau est-elle un liquide conducteur ou isolant ?

▸ Je réalise une expérience

Consignes

a. Réalise l'expérience proposée sur la photographie après avoir établi la liste du matériel nécessaire. Recopie le tableau ci-dessous et note l'éclat de la lampe. Refais l'expérience en ajoutant diverses proportions de sel dans l'eau. Note à chaque fois l'éclat de la lampe dans le tableau.

b. Répète ces expériences en remplaçant la lampe par une DEL. Complète le tableau.

	Éclat de la lampe	Éclat de la DEL
Eau du robinet		
Eau légèrement salée		
Eau très salée		

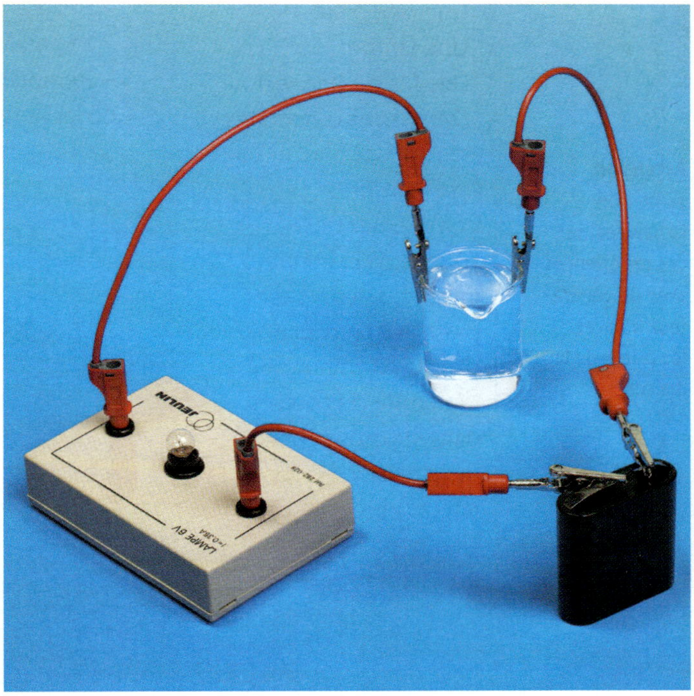

▸ J'observe et j'interprète

1. À la question « l'eau est-elle conductrice ? », quelle réponse peux-tu donner après l'expérience a ?

2. Cette réponse change-t-elle après l'expérience b ?

3. Du point de vue électrique, quel est l'effet d'un ajout de sel dans l'eau ?

▸ Je conclus

4. L'eau est-elle conductrice ou isolante ?

Ai-je compris la démarche ? Pourquoi peut-on dire que l'eau est conductrice, mais que c'est un « moins bon conducteur » que le métal ?

MINI-DICO

Conducteur : matériau qui laisse passer le courant électrique.

Isolant : matériau qui ne laisse pas passer le courant électrique.

DEL (Diode électroluminescente) : lampe qu'un courant de faible intensité suffit à faire briller.

Pour m'entraîner

Exercice 2

ACTIVITÉ expérimentale 3 Les risques de l'électricité pour le corps humain

▸ Une question ...

L'électricité a amélioré de façon spectaculaire notre quotidien. Toutefois, elle présente aussi de grands dangers. Pour le comprendre il faut observer le comportement du corps humain par rapport à l'électricité.

Le corps humain est-il conducteur ou isolant ?

▸ Je réalise une expérience ...

Matériel
- Une pile plate
- Une lampe
- Des fils de connexion
- Des pinces crocodiles

Consignes
– Réalise un circuit pour faire briller la lampe.
– Intercale un morceau de papier dans le circuit et observe la lampe.
– Remplace ensuite le papier par ta main, sèche puis mouillée, et observe la lampe.

⚠ Attention
Tu ne dois jamais réaliser ces expériences avec un générateur ou avec les prises de la maison.

Information complémentaire
Le schéma ci-contre indique les effets du passage d'un courant dans le corps humain. L'intensité du courant dans le corps dépend de la tension du générateur : plus celle-ci est grande, plus le courant est intense.

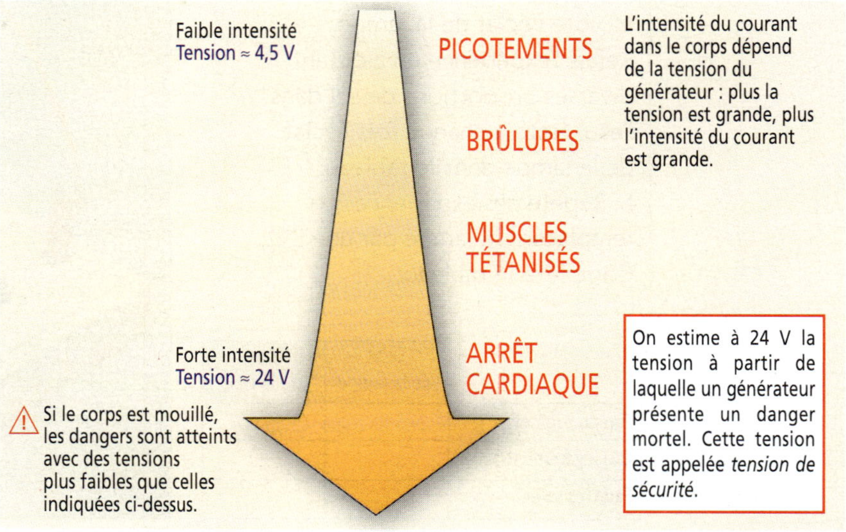

▸ J'observe et j'interprète ...

1. D'après l'expérience, le corps humain semble-t-il conducteur ou isolant ?

2. Existe-t-il des situations où le courant circule dans le corps humain ? Quels sont alors les effets du courant sur l'organisme ?

3. Quelle grandeur te permet de savoir si tu peux manipuler un générateur sans danger ?

▸ Je conclus

4. Pourquoi dit-on que le corps humain est un mauvais conducteur ?

5. Dans quelle situation devient-il meilleur conducteur ?

MINI-DICO

Tension : grandeur électrique exprimée en volts (V). En général, plus un générateur possède une tension élevée, plus il peut délivrer un courant intense.

Conducteur : matériau qui laisse passer le courant électrique.

Isolant : matériau qui ne laisse pas passer le courant électrique.

Pour m'entraîner
Exercices 3, 16

Ai-je bien compris ? Le corps humain laisse-t-il passer le courant électrique fourni par n'importe quel générateur ?

4 Des règles pour éviter l'électrocution

ACTIVITÉ documentaire

▶ Une question ...

Lorsqu'un être humain est parcouru par un courant électrique, on dit qu'il est électrisé. Un courant intense peut tuer : on parle alors d'électrocution.

Quelles sont les règles à suivre pour éviter l'électrocution ?

▶ J'étudie un document ...

Quelques règles à suivre à la maison

▶ J'observe et j'interprète ...

1. Quel est le générateur impliqué dans toutes ces situations ?

2. Pourquoi le risque d'électrocution est-il augmenté quand on a le corps mouillé ?

3. Imagine d'autres situations dangereuses.

4. Comment essaie-t-on de protéger les personnes contre les risques liés à l'électricité ?

▶ Je conclus

5. Dans quel cas l'électricité est-elle dangereuse ? Rédige une phrase pour répondre de manière générale à cette question.

Ai-je bien compris ? Peut-on toucher une personne en train de s'électrocuter pour lui venir en aide ?

MINI-DICO

Électrisation : passage du courant électrique à travers une personne.

Électrocution : électrisation mortelle.

Fil dénudé : fil ayant perdu une partie de sa gaine de plastique.

Pour m'entraîner

Exercices 11, 17

ACTIVITÉ expérimentale

5 Court-circuiter un générateur : les dangers

▸ Une question

Quand un incendie se produit dans un immeuble, la police mène l'enquête pour établir les causes de l'accident. Souvent, on découvre que le feu est parti d'un court-circuit dans une installation électrique défectueuse.

Qu'est-ce qu'un court-circuit et pourquoi peut-il provoquer un incendie ?

▸ Je réalise une expérience

Pour comprendre les risques du court-circuit, on veut réaliser un court-circuit sur le générateur, c'est-à-dire relier les deux bornes de la pile par un matériau conducteur, ici de la paille de fer.

Consignes

a. Propose tout d'abord une expérience pour vérifier que la paille de fer est un matériau conducteur.

b. Propose ensuite un dessin du montage en court-circuit réalisé sur cette photographie. On a utilisé le matériel indiqué ci-dessous.

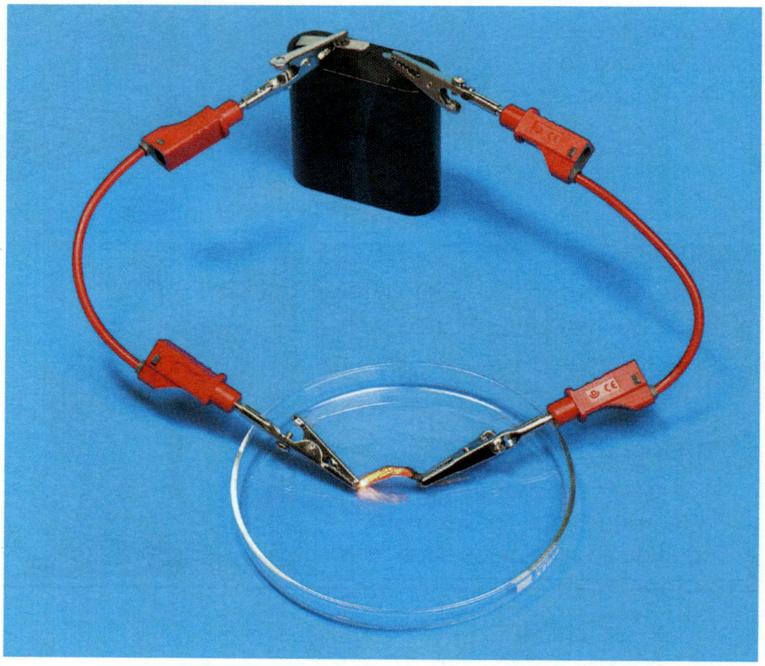

Matériel

- Une pile plate
- Deux fils de connexion
- Quatre pinces crocodiles
- De la paille de fer
- Une coupelle de verre

▸ J'observe et j'interprète

1. Quel est l'aspect de la paille de fer dans l'expérience a ?

2. Quel est l'aspect de la paille de fer dans l'expérience b ? Que se passe-t-il quand on attend un peu ? Aide-toi du mini-dico.

3. À ton avis, que se passerait-il si l'on posait la paille de fer incandescente sur un morceau de papier ?

▸ Je conclus

4. Quelles sont les conséquences du court-circuit d'un générateur ?

5. Explique comment un court-circuit peut provoquer un incendie.

MINI-DICO

Court-circuit : lorsque les deux bornes d'un dipôle sont reliées par un bon matériau conducteur.

Paille de fer : ensemble de longs filaments de fer.

Incandescent : se dit d'un objet rendu lumineux par une température très élevée.

Calciné : brûlé complètement.

Pour m'entraîner

Exercices 4, 9, 10, 12

Ai-je compris la démarche ? Quel est l'intérêt de la coupelle de verre ?

L'ESSENTIEL

1 Matériau conducteur / matériau isolant

- Tous les matériaux n'ont pas le même comportement vis-à-vis du courant électrique.
  – Un matériau est **conducteur** s'il laisse passer le courant électrique. Un matériau conducteur (métaux, eau salée...) se comporte comme un interrupteur fermé.
  – Un matériau est **isolant** s'il ne laisse pas passer le courant. Un matériau isolant (plastique, bois, papier, verre...) se comporte comme un interrupteur ouvert.
- Le courant électrique ne peut circuler que dans une **chaîne ininterrompue** de matériaux **conducteurs**.

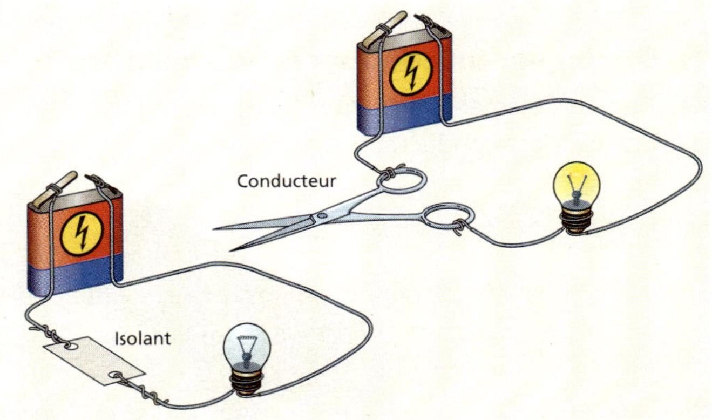

2 Les dangers de l'électricité pour le corps humain

- Lorsque le corps humain est parcouru par un courant électrique, on parle d'**électrisation**.
- Le corps humain est un mauvais conducteur quand il est au contact d'un générateur de basse tension (par exemple une pile de tension 4,5 V). Il n'y a donc aucun risque à manipuler une pile !
- Le corps humain est un bon conducteur quand il est au contact d'un générateur de tension élevée (par exemple une prise électrique qui fournit une tension de 230 V). Les effets du passage du courant peuvent alors être mortels : c'est l'**électrocution**. Le danger est encore plus grand si le corps est mouillé.

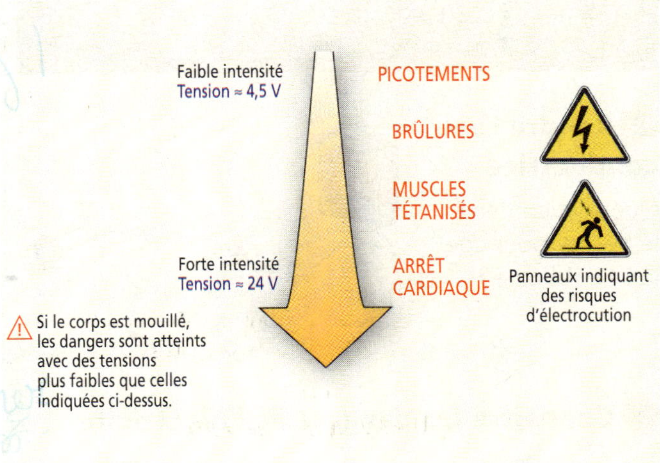

3 Le danger lié à un court-circuit du générateur

- Quand on relie les deux bornes d'un générateur par un fil, on met le générateur en **court-circuit**. Il faut absolument éviter cette situation car cela provoque un échauffement important du fil et peut détruire le générateur.
- Un court-circuit peut provoquer un **incendie**. Le risque est d'autant plus grand que le générateur délivre une tension plus élevée.

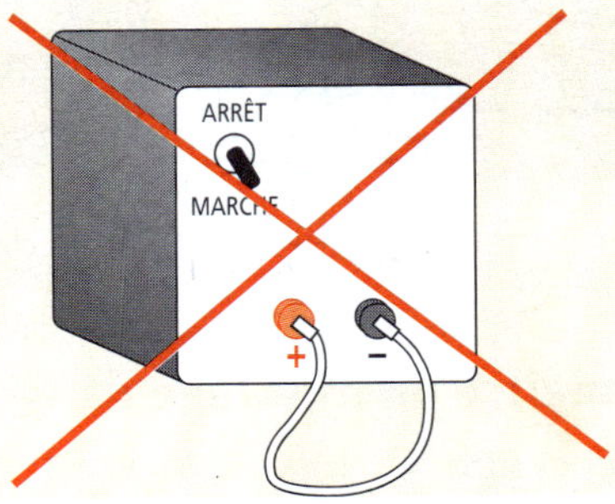

JE DOIS ÊTRE CAPABLE DE :
- **distinguer** un conducteur d'un isolant ;
- **identifier** les situations dangereuses en électricité ;
- **prévoir** l'effet d'un court-circuit sur un générateur.

EXERCICES

Je vérifie mes connaissances

1 Distinguer un conducteur d'un isolant

Regroupe les éléments présentés sur la photographie en deux catégories : conducteurs ou isolants.

2 Rendre l'eau conductrice

Que doit contenir le bécher pour que la DEL s'allume ?

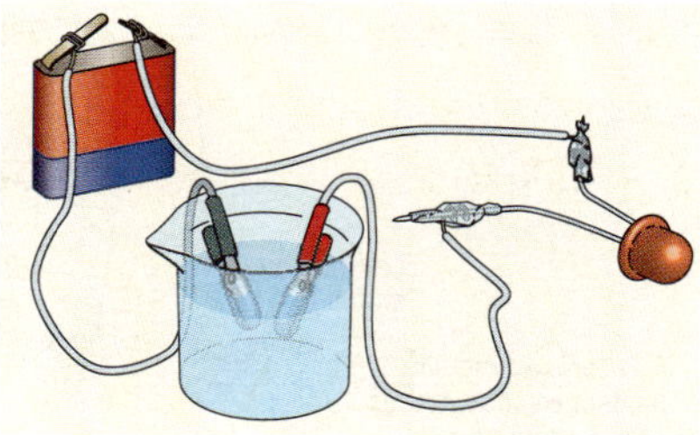

3 Connaître les dangers de l'électricité

Quel danger l'enfant court-il dans chacun des cas ?

4 Reconnaître un montage dangereux

Le schéma ci-contre représente un circuit électrique.

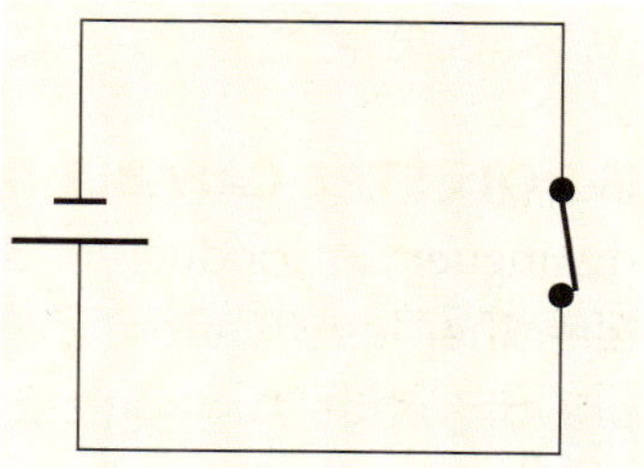

1. Comment appelle-t-on ce montage ?

2. Pourquoi ce montage est-il dangereux ?

5 Compléter un texte

Recopie et complète le texte ci-dessous à l'aide des mots en italique.

1. Il ne faut jamais mettre un générateur en ……, car cela peut provoquer un incendie.

2. Le corps humain se comporte comme un …… quand il est relié à une pile. En revanche, il devient …… quand il est relié à un …… de tension supérieure à 24 V.

3. Il faut prendre beaucoup de …… quand on manipule un générateur de …… supérieure à 24 V. Il ne faut donc pas mettre les doigts dans une …… .

prise – conducteur – isolant – générateur – précautions – courant – tension – court-circuit

6 Utiliser des liens logiques

Recopie et complète les phrases ci-dessous avec **si**, **donc**, **or** ou **car**.

1. J'ai inséré ma gomme dans un circuit électrique et la lampe ne s'est pas allumée. …… j'ai vérifié le bon fonctionnement de mon circuit, …… ma gomme est isolante.

2. …… je suis dans mon bain, je ne dois pas me sécher les cheveux.

3. Je ne dois pas démonter la lampe …… le courant électrique n'a pas été coupé à l'aide du disjoncteur.

J'applique…

7 Qu'y a-t-il à l'intérieur d'une lampe ?

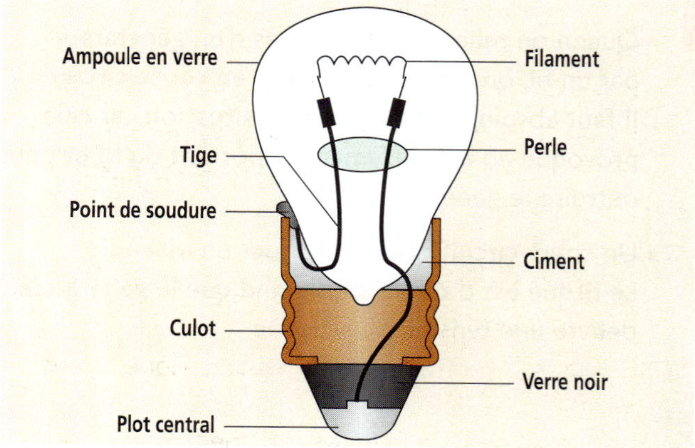

1. Repère sur le schéma des noms de matériaux isolants.

2. Déduis-en les parties de la lampe qui sont isolantes.

3. Quel est leur rôle ?

8 Où le courant électrique passe-t-il ?

Reprends le schéma de l'exercice 7.

1. Dans quelles parties de la lampe le courant électrique peut-il circuler ?

2. Recopie ce schéma puis trace le chemin suivi par le courant d'une borne à l'autre.

9 Transport de piles

Tu dois apporter deux piles plates à l'école. Comment vas-tu les transporter ?

a. Enveloppées dans du papier aluminium.
b. Enveloppées ensemble dans du papier journal.
c. Enveloppées séparément dans du papier journal.

Justifie ta réponse en utilisant les mots *conducteur*, *isolant* et *court-circuit*.

10 Une lampe mal positionnée

Fabrice a posé sa lampe sur la pile comme sur le dessin ci-contre.

1. La lampe est-elle allumée ?

2. Au bout de quelques minutes, la pile est chaude. Sais-tu pourquoi ?

Utilise l'un des mots suivants pour justifier ta réponse : *électrocution*, *court-circuit*, *tension*.

11 Sécurité domestique

Choisis la bonne réponse, et explique pourquoi les situations évoquées dans les autres réponses sont dangereuses.

1. Lorsque tu es dans le bain :
a. tu peux installer une radio reliée au secteur sur le rebord de la baignoire.
b. tu peux te sécher les cheveux.
c. tu ne dois toucher à aucun appareil électrique.

2. Pour que l'électricité circule uniquement dans les deux fils électriques qui alimentent un appareil électrique, il faut :
a. qu'ils se touchent.
b. qu'ils soient bleu et rouge.
c. qu'ils soient bien isolés.

3. Lorsque tu démontes un appareil électrique, il faut :
a. débrancher l'appareil.
b. laisser l'appareil branché mais ne toucher que les parties en plastique.
c. laisser l'appareil branché et utiliser un tournevis spécifique.

12 Pile plate

Prends une pile plate et mesure les longueurs *a* et *b* de chacune des languettes. Additionne ces deux longueurs et compare le résultat à l'écartement *d* entre les deux languettes (aide-toi du schéma ci-contre).

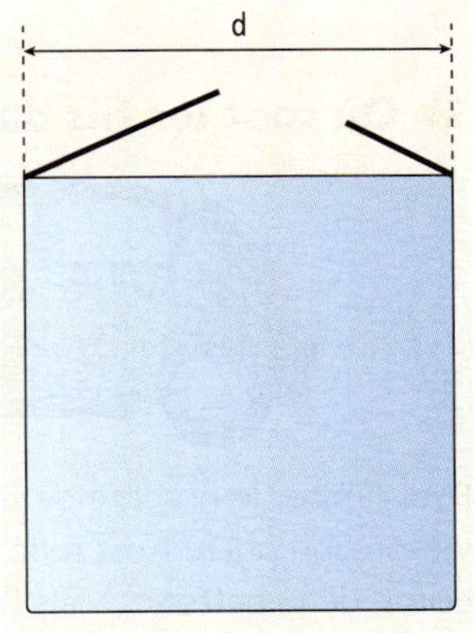

Les languettes peuvent-elles se toucher ? Peux-tu expliquer pourquoi ?

J'approfondis...

13 La queue du cochon

Victoire veut réaliser un jeu électrique appelé « la queue de cochon ». Le principe est le suivant : c'est un jeu d'adresse où il faut passer l'anneau métallique dans un fil de fer en forme de queue de cochon sans la toucher !

Elle a représenté sur son cahier le dessin du montage.

1. Pourquoi le joueur a-t-il perdu si la lampe s'allume ?

2. Justifie le choix des matériaux de construction de ce jeu.

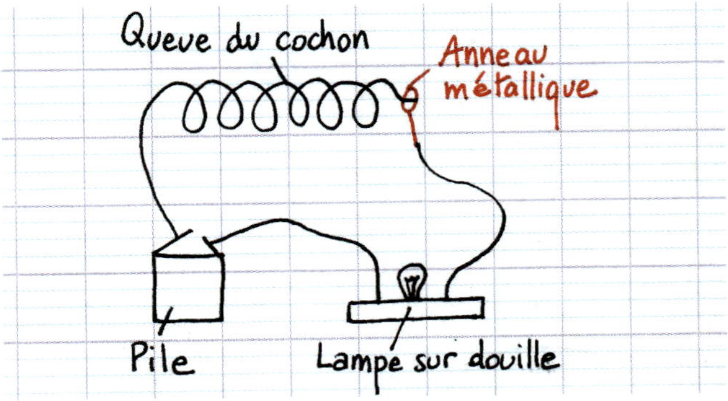

14 Jauge de carburant

Ce montage modélise une jauge de carburant. Elle doit s'allumer quand le réservoir de carburant de la voiture est quasiment vide.

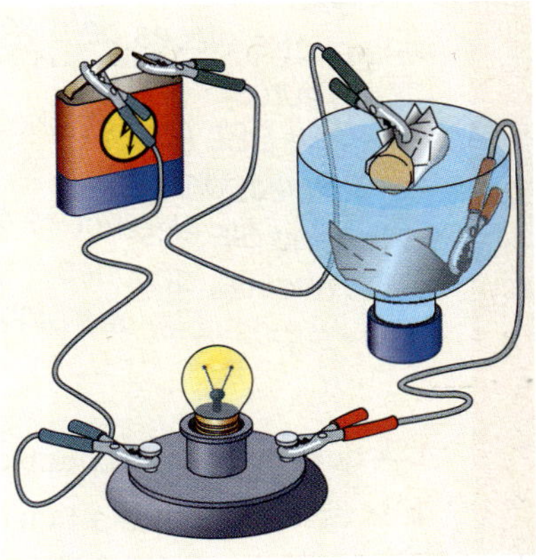

Explique son fonctionnement en utilisant les liens logiques **donc**, **car**, ou **si**.

EXERCICES

15 Où sont les fils dans une voiture ?

Pour limiter le nombre de fils électriques dans une voiture, un phare n'est relié par un fil qu'à une seule borne de la batterie. Mais l'autre borne de la batterie et le culot de la lampe sont en contact avec la carrosserie métallique.

1. Quel peut être le chemin parcouru par le courant quand le phare est allumé ?

2. Le symbole de la carrosserie est 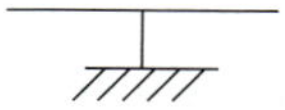 . Fais le schéma du circuit électrique.

3. Ce système pourrait-il fonctionner si les voitures étaient en plastique ? Explique pourquoi à l'aide des mots *conducteur* et *isolant*.

16 Voiture

La tension d'une batterie automobile est 12 V.

Sais-tu pourquoi les ingénieurs ne peuvent pas l'augmenter beaucoup ?

N'oublie pas que tu touches souvent la carrosserie métallique de la voiture et que la batterie est en contact avec elle...

17@ Un jeu sur Internet

Connecte-toi sur le site http://particuliers.edf.fr, puis clique sur le lien « jeu éducatif » : un petit personnage va te présenter les dangers de l'électricité à la maison.

Réponds alors aux questions suivantes.

1. Pourquoi ne faut-il jamais se baigner avec des appareils électriques ?

2. Pourquoi ne faut-il jamais laisser sa serviette sur un radiateur électrique ?

3. Pourquoi ne faut-il jamais laisser un bébé seul près d'une prise électrique ?

Une expérience simple et amusante

Construis une pile avec un citron

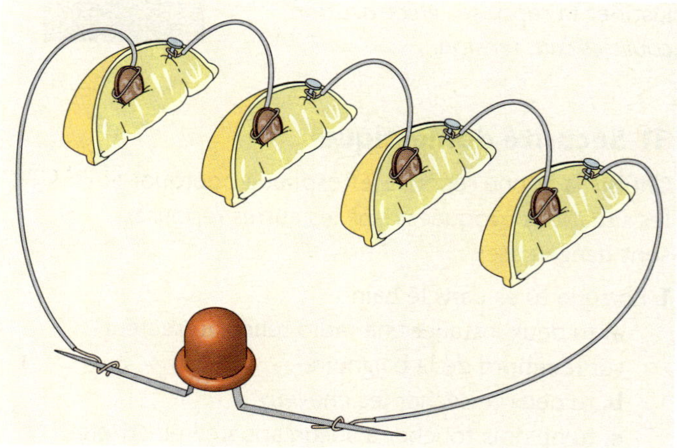

Matériel
- *un citron coupé en quatre*
- *quatre vis neuves d'aspect argenté*
- *quatre pièces de monnaie (centimes d'euros)*
- *une DEL (elle s'achète en magasin d'électronique)*
- *cinq fils électriques d'environ 9 cm chacun, dénudés*
- *si possible, des pinces crocodiles*

→ Enfonce dans chaque morceau de citron une pièce de monnaie et une vis, sans qu'elles se touchent.

→ Avec les fils électriques et les pinces crocodiles, relie entre elles les pièces, les vis et la DEL comme sur la figure. Tu peux y arriver sans pinces crocodiles, à condition de faire preuve d'inventivité pour fixer les fils !

→ La DEL s'allume ! Cela se voit mieux dans une pièce obscure. (Si la DEL ne s'allume pas, change son sens de branchement.)

1. À quel composant peut-on assimiler les quatre morceaux de citron ?

2. Si tu relies les fils à ta langue plutôt qu'à la DEL, tu sentiras des picotements : pourquoi ?

SCIENCES mag

Des **générateurs** de **tensions** différentes

Pour produire du courant électrique, l'homme a construit plusieurs types de générateurs. Chacun est caractérisé par sa tension, et ne nécessite pas les mêmes précautions pour garantir la sécurité des personnes.

HISTOIRE

Piles et batteries

À l'origine des piles électriques il y a une découverte faite en 1770 par le médecin italien Luigi Galvani et un vif débat avec le physicien italien Alessandro Volta. Une patte de grenouille étant fixée à un crochet de cuivre, un des assistants de Galvani toucha le nerf avec son scalpel métallique et s'aperçut que les muscles de la grenouille se contractaient.

Pour Galvani, ce phénomène était dû à une « électricité animale », située dans la grenouille.

Mais Volta était complètement opposé à cette idée. C'est pour montrer que l'électricité trouvait son origine non dans les animaux, mais dans les métaux, qu'il eut l'idée d'empiler des rondelles de zinc et de cuivre, séparées par du feutre imbibé d'eau salée, inventant alors la première pile électrique.

Les piles et batteries actuelles sont encore fabriquées selon le même principe : le courant électrique est généré par des réactions se produisant entre deux métaux différents.

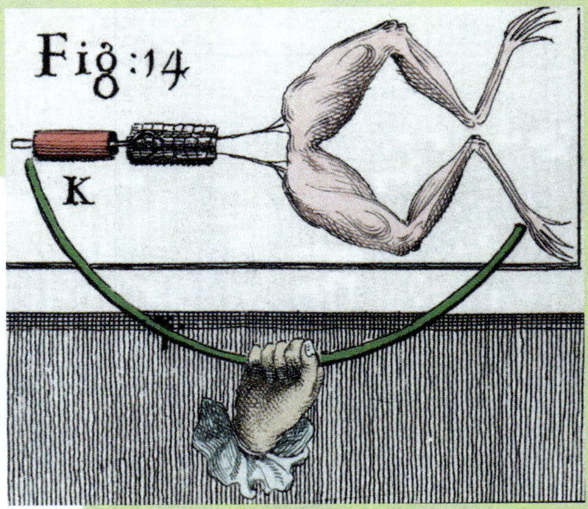

1. Quelle observation sur les travaux de Galvani suggéra à Volta d'utiliser deux métaux différents pour générer du courant électrique ?
2. Quelle fut l'erreur des théories de Galvani ?
3. Comment interprète-t-on maintenant la production de courant dans une pile ?

VIE QUOTIDIENNE

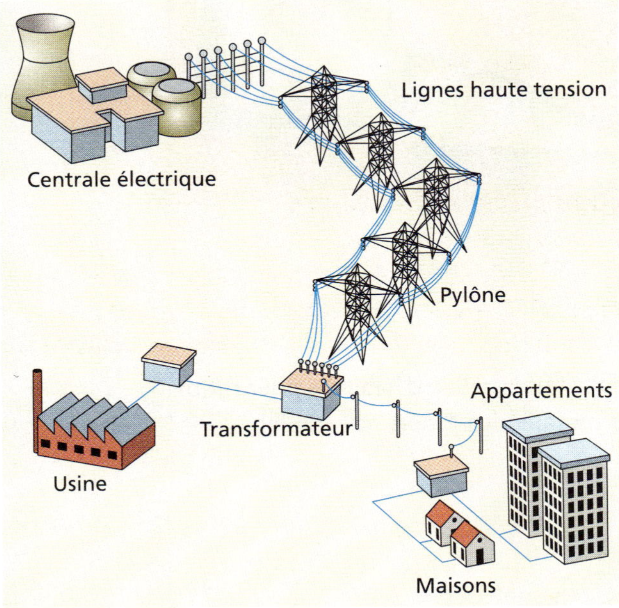

De la centrale électrique à la prise électrique

Une centrale électrique est un générateur géant de tension égale à 20 000 V ! Ses bornes sont reliées aux bornes des prises électriques domestiques *via* un réseau de fils portés par des pylônes. Des transformateurs sont utilisés à la sortie de la centrale pour élever la tension (cela réduit les pertes d'énergie au cours du transport), d'autres transformateurs sont placés en fin de transport pour abaisser la tension : les maisons reçoivent ainsi une tension de 230 V.

1. Donne des exemples d'appareils alimentés par des piles, par une batterie, par une centrale électrique.
2. On dit que la « tension de sécurité » pour les personnes est de 24 V : toucher un générateur de tension supérieure à 24 V, c'est s'exposer au risque d'électrocution. Est-il dangereux :
   - de toucher les bornes d'une pile ?
   - de toucher les fils portés par les pylônes électriques ?

ÉLECTRICITÉ 3

Association de dipôles récepteurs

Observer pour s'interroger

Dans notre quotidien, il existe de nombreux objets électriques comportant plusieurs dipôles récepteurs (par exemple plusieurs lampes, ou une lampe et un moteur). Ceux-ci sont souvent alimentés par un seul générateur. Essayons de comprendre comment ces dipôles sont associés.

1 Un jeu d'habileté

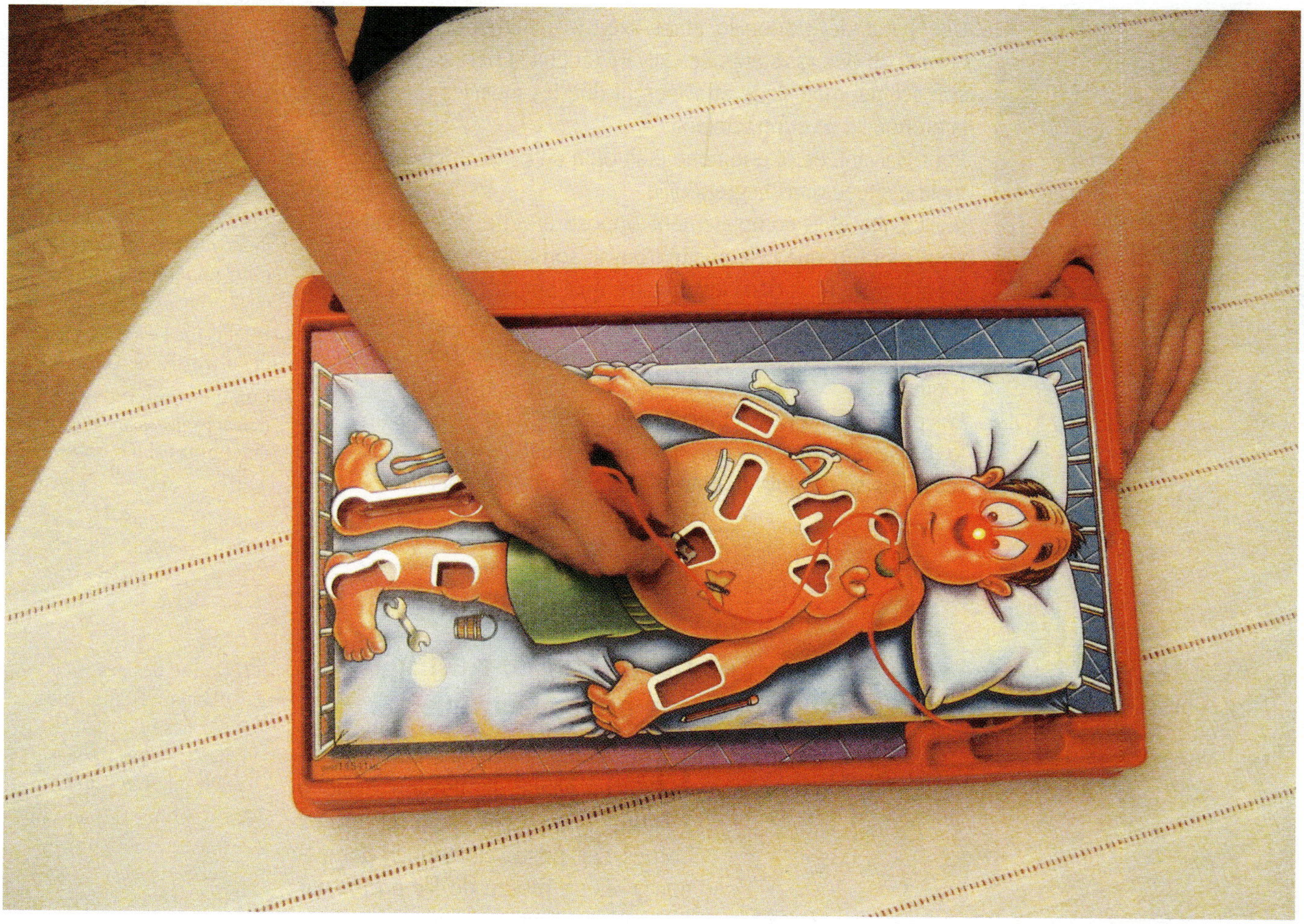

Le « Docteur Maboul » est un jeu de société dans lequel il faut faire preuve d'habileté pour retirer des objets avec une pince en métal sans toucher les parties métalliques. Sinon, une lumière s'allume et une sonnerie retentit !

1. Comment le joueur est-il averti qu'il n'a pas été assez habile ?

2. Quels sont les sens qui sont alertés ?

3. Combien de dipôles récepteurs doit contenir un tel jeu ? Quels sont-ils ?

2 Un train électrique

Une locomotive électrique en bois alimentée par une pile.

1. La locomotive peut-elle se déplacer dans les deux sens ?
2. Comment s'appelle le dipôle récepteur qui entraîne les roues de la locomotive ?
3. Quand la locomotive fait marche arrière, quel changement observe-t-on dans le fonctionnement de ce dipôle ?
4. Quelle précaution dois-tu prendre en insérant la pile dans la locomotive ?

3 Une guirlande de Noël clignotante

Un sapin de Noël décoré d'une guirlande clignotante.

1. Combien de générateurs alimentent ces lampes ?
2. L'ensemble forme-t-il un ou plusieurs circuits électriques ?
3. Lorsque la guirlande clignote, toutes les lampes sont-elles allumées (ou éteintes) en même temps ?
4. Que se passe-t-il si une lampe est grillée ?

TU VAS APPRENDRE À...

- **associer** plusieurs dipôles récepteurs dans une même boucle ;
- **déterminer** le sens du courant électrique ;
- **prévoir** les conséquences d'une lampe dévissée ou grillée.

ACTIVITÉ expérimentale 1 Réaliser un circuit avec plusieurs dipôles

▸ Une question ...

Un grand nombre d'appareils électriques (jeux, guirlandes...) comporte plusieurs dipôles récepteurs. Dans le cas d'une guirlande, tous ces dipôles sont des lampes.

Le nombre et la position des lampes dans un circuit ont-ils une influence sur leur éclat ?

▸ Je réalise une expérience ...

Consignes

– Reprends le circuit électrique qui permet d'allumer une lampe avec une pile et deux fils de connexion, comme sur la photographie. On appellera « lampe témoin » la lampe contenue dans ce circuit.

– Tu disposes d'une lampe identique à la lampe témoin et d'un fil de connexion supplémentaire. Essaie d'insérer cette lampe dans le circuit précédent, entre la pile et la lampe témoin.

– Essaie ensuite d'insérer une troisième lampe (identique aux deux premières) au moyen d'un autre fil de connexion.

– Représente le schéma électrique de chaque montage réalisé.

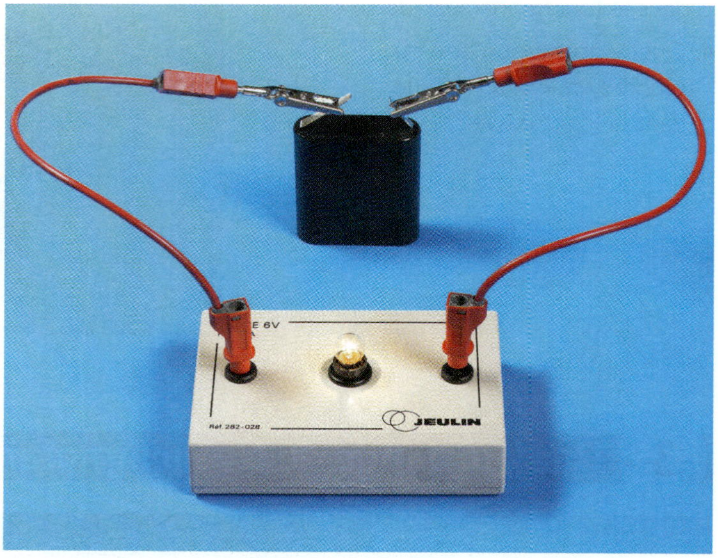

▸ J'observe ...

1. Que peut-on dire de l'éclat de la lampe témoin quand on ajoute une ou plusieurs lampes dans le circuit ?

2. Et quand on change la position des lampes ?

▸ Je conclus

3. Pourquoi dit-on que les dipôles sont assemblés dans une boucle simple ? Aide-toi du mini-dico.

4. Le nombre de dipôles récepteurs contenus dans le circuit électrique en boucle simple a-t-il de l'importance ?

5. La position des dipôles contenus dans un circuit électrique en boucle simple a-t-elle de l'importance ?

MINI-DICO

Lampe témoin : lampe qui renseigne sur les changements intervenus dans le circuit.

Boucle simple (ou dipôles en série) : ensemble de dipôles dont chacune des bornes n'est reliée qu'à un seul autre dipôle. Les dipôles sont reliés les uns à la suite des autres et traversés par le même courant. Le circuit forme une boucle et son schéma normalisé forme un rectangle.

Pour m'entraîner

Exercices 1, 9, 10

Ai-je compris la démarche ? Pourquoi a-t-on pris trois lampes identiques ?

2 Le sens du courant électrique

ACTIVITÉ expérimentale

▸ Une question

Une lampe brille de la même façon quel que soit le sens dans lequel elle est connectée à la pile, comme si le courant électrique n'avait pas un sens déterminé. En revanche, une locomotive électrique peut avancer ou reculer selon le sens dans lequel le moteur est relié à la pile.

Le courant électrique a-t-il un sens ?

▸ Je réalise une expérience

Consignes

– Réalise un circuit en boucle simple contenant une pile, une lampe témoin et un interrupteur.

– Insère dans ce circuit tour à tour une autre lampe, un moteur, une diode et une diode électroluminescente (DEL).

– Regarde ce qui se passe lorsque tu changes le sens de branchement du dipôle récepteur inséré.

– Rassemble tes observations dans un tableau en indiquant pour chaque dipôle inséré l'éclat de la lampe témoin ainsi que le fonctionnement du dipôle considéré. Tu peux t'inspirer du tableau ci-contre.

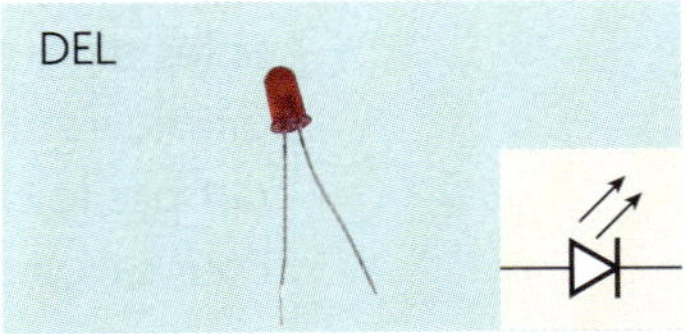

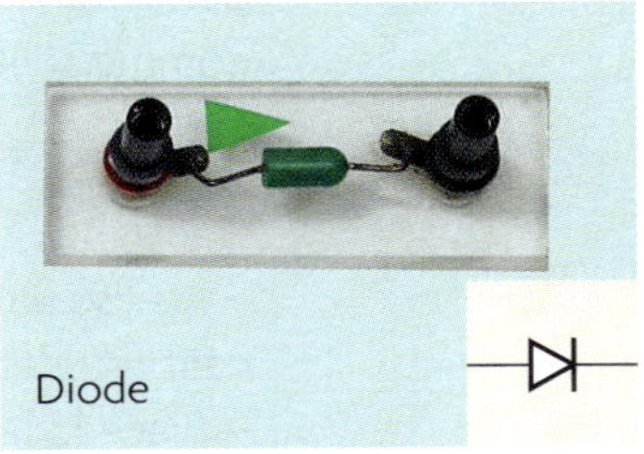

	Lampe branchée dans un sens	Lampe branchée dans l'autre sens	Moteur branché dans un sens	Moteur branché dans l'autre sens	
Éclat de la lampe témoin					
Fonctionnement du dipôle inséré					

▸ J'observe et j'interprète

1. La lampe témoin s'allume-t-elle quel que soit le sens de branchement du second dipôle ?

2. Le dipôle inséré fonctionne-t-il de la même façon quel que soit son sens de branchement ?

▸ Je conclus

3. Le courant électrique circule-t-il quel que soit le sens de branchement de la diode électroluminescente ?

4. Peut-on affirmer que le courant électrique a un sens de circulation ?

5. Classe les dipôles utilisés en deux catégories : *polarisé* et *non polarisé*. Aide-toi du mini-dico.

Ai-je compris la démarche ? Faut-il regarder le sens de branchement d'un dipôle avant de l'introduire dans un circuit électrique ?

MINI-DICO

Diode : dipôle qui ne laisse passer le courant électrique que dans un sens (on dit alors que la diode est **passante** ; sinon, on dit qu'elle est bloquée). Ce sens correspond au sens de la flèche qui le symbolise.

Diode électroluminescente (DEL) : diode qui brille quand elle est passante.

Dipôle polarisé : dipôle dont le fonctionnement dépend du sens de branchement dans le circuit électrique.

Pour m'entraîner

Exercices 2, 3, 4, 12, 13

ACTIVITÉ expérimentale 3 Panne dans un circuit en boucle simple

▸ Une question ...

Dans certaines guirlandes électriques clignotantes, toutes les lampes sont allumées en même temps ou sont éteintes en même temps. Les lampes de ces guirlandes forment une boucle simple.

Que se passe-t-il si une lampe grille dans un circuit en boucle simple ?

▸ Je réalise une expérience ...

Principe

Si les dipôles étaient indépendants, un dipôle « grillé » dans le circuit n'empêcherait pas le bon fonctionnement des autres. Pour savoir si les dipôles fonctionnent indépendamment, dévisse une lampe pour faire comme si elle était grillée.

Matériel

- Une pile
- Une lampe témoin
- Une lampe « grillée »
- Un moteur ou un autre dipôle récepteur
- Des fils de connexion et des pinces crocodiles

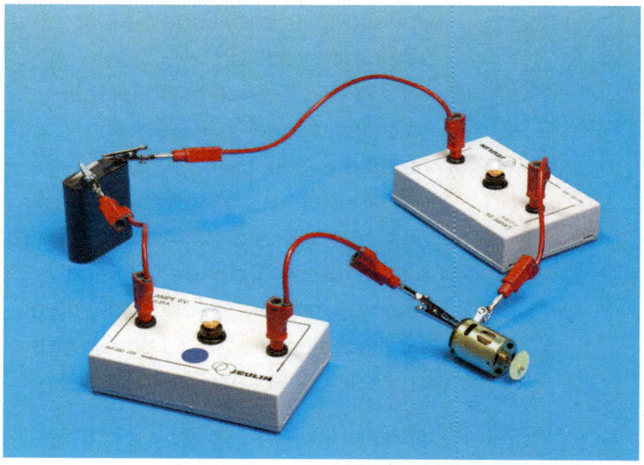

Consignes

– Réalise un circuit en boucle simple contenant tous les éléments de la liste de matériel.
– Place la lampe « grillée » près du générateur (essaye les deux cas possibles) puis entre les deux dipôles récepteurs.
– Regarde à chaque fois si la lampe témoin brille et représente le schéma normalisé du circuit électrique, en indiquant le sens du courant. Tu pourras noircir le symbole de la lampe grillée.

▸ J'observe et j'interprète ...

1. Les autres dipôles récepteurs fonctionnent-ils dans les cas où la lampe grillée est située avant eux ? Et après eux ?

2. Que peut-on alors dire du circuit électrique : est-il ouvert ou fermé ?

3. Le comportement d'une lampe grillée fait penser à celui d'un autre dipôle : lequel ?

▸ Je conclus

4. Les dipôles récepteurs d'un circuit en boucle simple continuent-ils de fonctionner quand un de ces dipôles tombe en panne ?

5. La position de ce dipôle dans le circuit a-t-elle de l'importance ?

MINI-DICO

Lampe grillée : lampe dont le filament est cassé (à la suite d'une usure ou d'une détérioration).

Boucle simple (ou dipôles en série) : ensemble de dipôles dont chacune des bornes n'est reliée qu'à un seul autre dipôle.

Pour m'entraîner

Exercices 6, 14, 15, 18

Ai-je compris la démarche ? Pourquoi a-t-on simulé la lampe grillée en dévissant une lampe ?

L'ESSENTIEL

1 Circuit en boucle simple

- On peut associer plusieurs dipôles dans un même circuit électrique en formant une **boucle simple**. Les dipôles récepteurs sont alors branchés l'un à la suite de l'autre avec le générateur. On dit aussi qu'ils forment un **circuit série**.
  Le schéma normalisé d'un circuit en boucle simple s'inscrit dans un rectangle.
- Plus le **nombre de dipôles récepteurs** dans la boucle simple est important, moins la lampe témoin brille.
- En revanche, la **position des dipôles** dans la boucle simple qui constitue le circuit électrique **ne joue aucun rôle**.

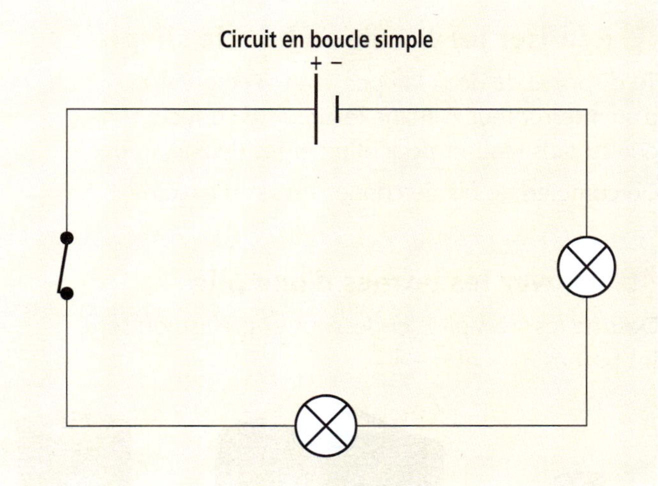

2 Sens de circulation du courant électrique

- Le courant électrique a un sens.
  Par convention, on dit que le courant sort par la **borne « + »** du générateur et entre par la **borne « – »**.
  Le **sens du courant** est représenté sur le schéma du circuit électrique par une **flèche**.
- Certains dipôles récepteurs sont **polarisés** (la diode, la DEL ou le moteur) : ils fonctionnent différemment suivant leur sens de branchement. D'autres dipôles sont non polarisés (par exemple la lampe) : leur fonctionnement ne dépend pas du sens de branchement.

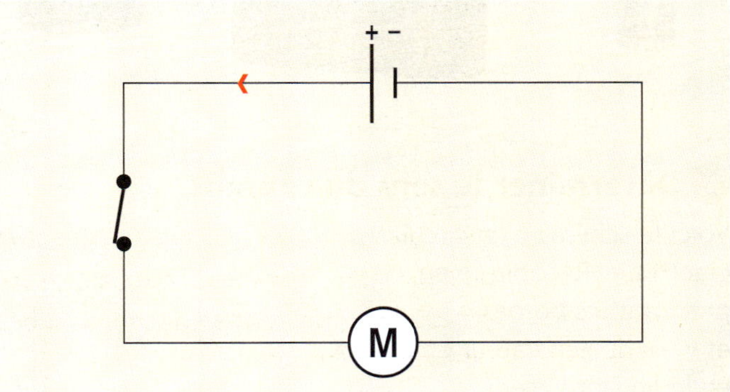

3 Influence d'un dipôle sur les autres dans un circuit en boucle simple

- Lorsque l'un des dipôles d'un circuit série est **détérioré** (une lampe grillée par exemple), il se comporte comme un **interrupteur** ouvert.
  Les autres dipôles sont éteints : le courant électrique ne circule plus dans le circuit.
  Cela reste vrai quelle que soit la position du dipôle détérioré dans le circuit.

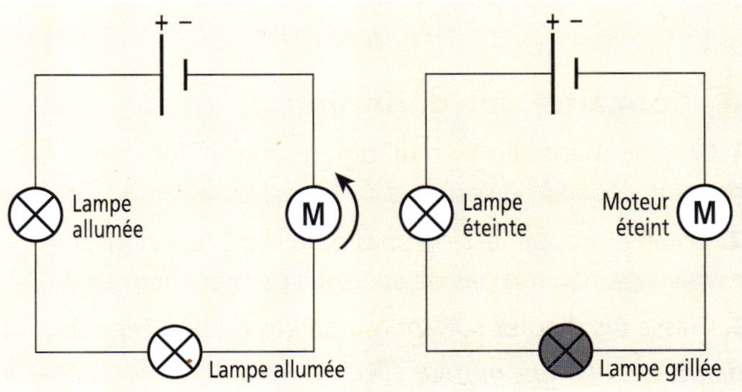

JE DOIS ÊTRE CAPABLE DE :
- **réaliser** un circuit en boucle simple ;
- **déterminer** le sens du courant électrique ;
- **prévoir** les conséquences d'une lampe grillée.

EXERCICES

Je vérifie mes connaissances

1 Réaliser un circuit en boucle simple

Tu disposes de deux lampes, d'un générateur et d'un interrupteur. Dessine le circuit en boucle simple que tu dois réaliser pour allumer les deux lampes.

De combien de fils de connexion as-tu besoin ?

2 Trouver les bornes d'une pile

Dessine les trois piles ci-dessous et précise où sont les bornes « + » et « – ».

3 Déterminer le sens du courant

Voici le schéma d'un circuit électrique. Recopie-le en précisant les bornes « + » et « – » du générateur et en indiquant le sens du courant.

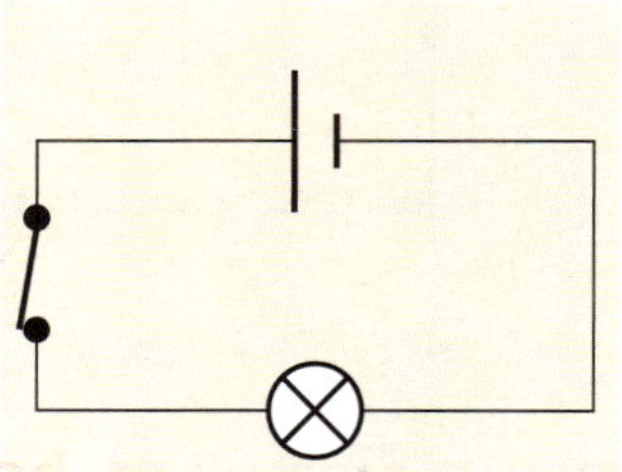

4 Connaître une définition

1. Comment appelle-t-on un dipôle dont le fonctionnement dépend de son sens de branchement ?

2. Comment appelle-t-on un dipôle dont le fonctionnement ne dépend pas de son sens de branchement ?

3. Classe les dipôles suivants selon ces deux catégories : *diode, DEL, lampe, moteur*.

5 Allumer une diode électroluminescente

Représente le circuit électrique qu'il faut réaliser pour allumer à la fois une lampe et une diode électroluminescente. Précise le sens du courant.

6 Prévoir les effets d'une panne

1. Recopie et complète le schéma ci-dessous en indiquant le sens du courant.

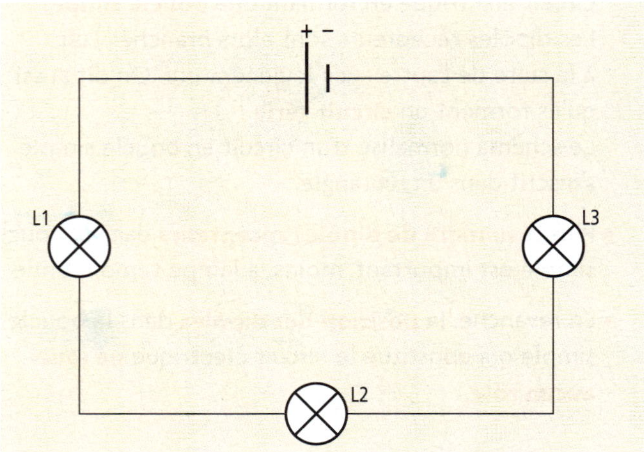

2. La lampe 2 est grillée. Les affirmations ci-dessous sont-elles vraies ou fausses ?

a. La lampe 3, située après la lampe 2, brille normalement.

b. La lampe 1, située avant la lampe 2, brille normalement.

c. Aucune lampe ne brille.

7 Vrai ou faux

Indique si chacune des phrases ci-dessous est vraie ou fausse. Corrige celles qui sont fausses.

1. On ne peut pas alimenter deux dipôles récepteurs différents avec une même pile.

2. Le courant électrique sort d'un générateur par la borne « – ».

3. Une diode est un dipôle polarisé.

4. Quand on monte en boucle simple plusieurs lampes identiques dans un même circuit électrique, certaines brillent moins que d'autres.

8 Compléter un texte

Recopie et complète les phrases ci-dessous.

1. Le courant sort de la borne ...... et entre par la borne ...... du générateur.

2. Lorsque la diode laisse passer le courant électrique, on dit qu'elle est ....

3. Lorsque la ...... est bloquée, le courant électrique ne peut pas circuler.

4. On peut associer plusieurs dipôles dans une ...... simple.

J'applique…

9 Chercher l'erreur

Le circuit électrique ci-dessous ne fonctionne pas. Pourquoi ?

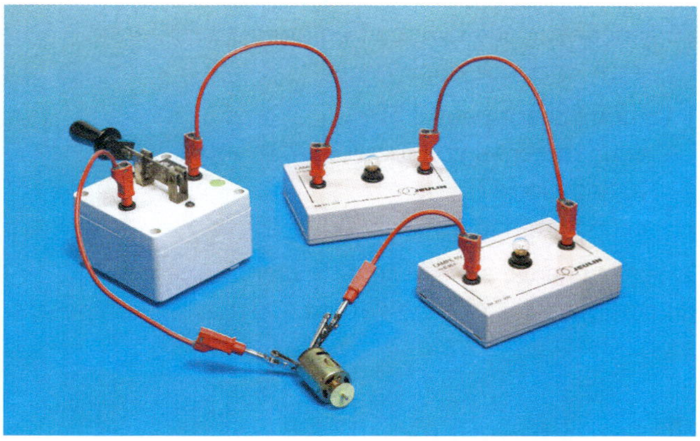

10 Chacun à sa place

Tu disposes du circuit électrique représenté sur le schéma ci-contre. Où dois-tu placer le moteur pour qu'il fonctionne ?

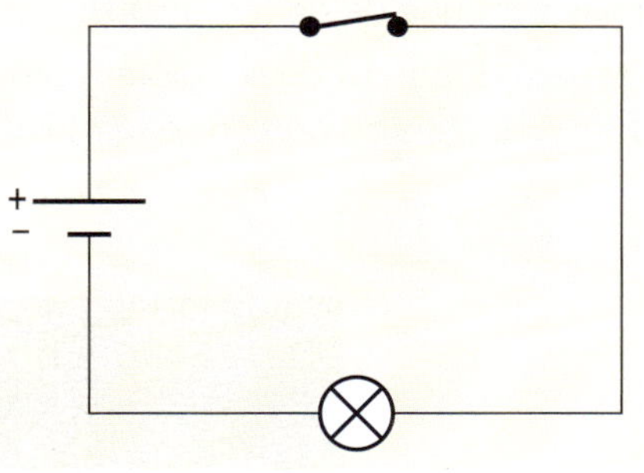

11 Générateur

Voici la photographie d'un générateur utilisé en laboratoire.

1. Combien vois-tu de bornes ?

2. Quelles sont les couleurs attribuées à la borne « + » et à la borne « - » ?

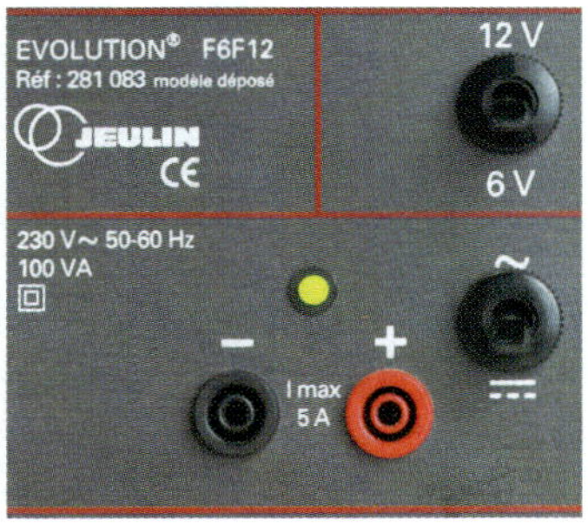

12 Moteur et diode

Luanna réalise un circuit en boucle simple pour faire tourner un moteur. Elle veut le faire tourner uniquement dans le sens des aiguilles d'une montre. Pour s'assurer qu'il ne puisse pas tourner dans l'autre sens, elle lui associe une diode.

1. Dessine les schémas électriques des montages réalisés avec les deux orientations possibles pour la diode.

2. Explique le rôle de la diode et sélectionne le schéma correspondant au montage où le moteur tourne.

13 Circuit comportant une diode

Victor a devant lui le circuit ci-dessous.

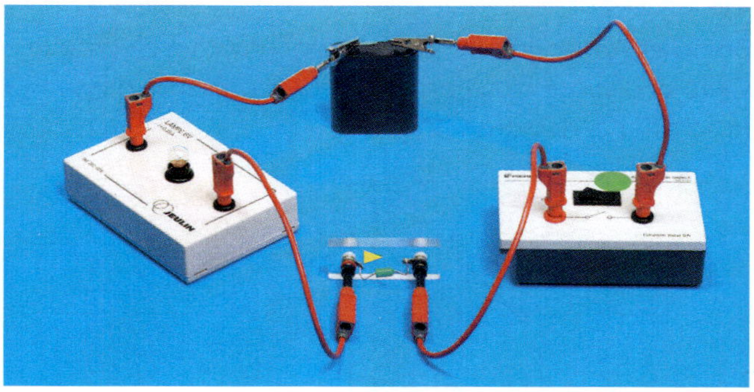

La lampe ne brille pas. Que doit-il faire pour allumer sa lampe ?

a. Inverser le sens de branchement de la diode ?
b. Ouvrir l'interrupteur ?
c. Placer la lampe entre la pile et l'interrupteur ?

J'approfondis…

14 Une guirlande tombée par terre

Marine a acheté une belle guirlande pour décorer sa chambre. Sur le chemin du retour, la guirlande est tombée par terre et une ampoule s'est cassée. Que doit-elle faire ?

a. Elle peut la brancher tout de même, les lampes intactes brilleront.
b. Elle doit remplacer l'ampoule cassée par une ampoule de rechange.
c. La guirlande est définitivement cassée.

15 Recherche d'un composant défectueux

Charbel a réalisé un circuit électrique en boucle simple qui contient une pile, un interrupteur, une lampe et un moteur. Le moteur ne tourne pas quand il ferme l'interrupteur.

1. Représente le schéma électrique du circuit.

2. Pourquoi le moteur ne tourne-t-il pas ? Quels composants peuvent être défectueux ?

3. Charbel supprime le moteur de son circuit électrique tout en gardant une boucle fermée. La lampe ne s'allume toujours pas. Peux-tu maintenant dire quel dipôle est défectueux ?

4. Sinon, que doit faire Charbel pour trouver ce dipôle ? Changer de pile ? Changer de lampe ?

EXERCICES

16 Le train

Bruno et Adrien jouent avec une locomotive électrique. Celle-ci dispose d'un commutateur, représenté dans le schéma ci-dessous.

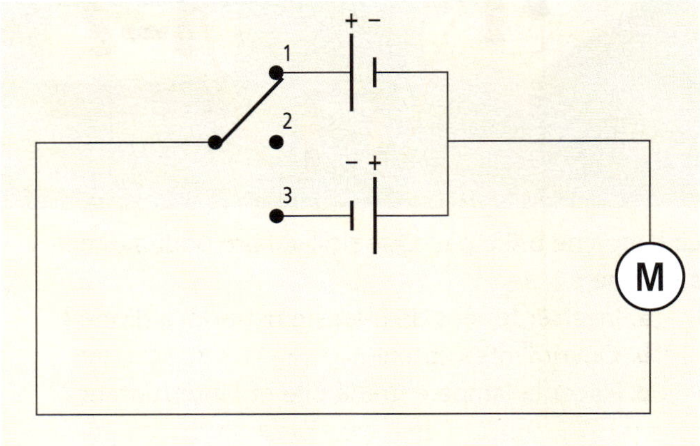

1. Que peut-on dire du circuit électrique quand le commutateur est dans la position (2) ? Le moteur tourne-t-il ?

2. Quand le commutateur est dans la position (1), la locomotive avance. On supposera que le moteur tourne alors dans le sens des aiguilles d'une montre. Si le commutateur passe en position (3), comment tourne le moteur ? Que fait la locomotive ?

17 Un composant mystérieux

Samia doit déterminer la nature d'un composant électrique caché dans un boîtier muni de deux bornes. Elle l'introduit dans la boucle simple formée par un générateur, une lampe et un interrupteur fermé. La lampe continue de briller.

1. Le composant peut-il être :

a. un matériau conducteur ?

b. une diode ?

c. un matériau isolant ?

2. Samia change alors le sens de branchement du composant. La lampe s'éteint. Quel est le composant étudié ?

18 Sabre lumineux

Le sabre lumineux de Guilhem ne fait plus de bruit, mais continue de briller lorsqu'il appuie sur le bouton.

Peux-tu dire si les deux dipôles correspondants sont branchés ou non en série ? Justifie ta réponse.

Une expérience simple et amusante — Réalise un télégraphe

Matériel
- *une pile plate*
- *deux lampes*
- *deux interrupteurs*
- *cinq fils électriques dénudés aux deux extrémités*

→ Réalise un circuit électrique en boucle simple en plaçant dans l'ordre : la pile, une lampe, les deux interrupteurs puis la seconde lampe. Le fil de connexion qui relie les deux interrupteurs et les deux fils reliés à la pile doivent être assez longs.

→ Place un grand carton ou un livre ouvert verticalement afin de séparer le circuit en deux parties, chacune contenant un interrupteur (en position fermée initialement) et une lampe.

→ Installe-toi devant l'un des interrupteurs. Ouvre-le et ferme-le en suivant le code Morse (tu le trouveras p. 41). Tu peux alors transmettre un message à un camarade placé de l'autre côté du carton.

→ Quand il voudra te répondre, il te suffira de fermer ton interrupteur et de regarder ta lampe pour « lire » son message.

1. Peux-tu envoyer un message si l'autre a laissé son interrupteur ouvert ?

2. Comment fait-on pour envoyer « SOS » ?

SCIENCES mag

Le **télégraphe** électrique

À partir du milieu du XIXe siècle, la production industrielle d'électricité à bas prix et en grande quantité était devenue possible. Cela ouvrit la voie aux premières applications techniques utilisant l'électricité. Le développement de celle-ci permit notamment l'invention du télégraphe électrique.

HISTOIRE

L'invention du télégraphe

Le milieu du XIXe siècle a vu de grands progrès dans le domaine des télécommunications.

Depuis la fin du XVIIIe siècle, le télégraphe optique de Claude Chappe connaissait un grand succès. Il permettait de transmettre des informations *via* un réseau de plus en plus développé, en France notamment. Cependant, il était inutilisable de nuit ou par temps de brouillard.

L'idée de se servir de l'électricité et des fils conducteurs pour transporter une information n'était pas nouvelle, mais il fallait disposer d'une source d'énergie électrique régulière. Ce fut chose faite vers 1830, grâce entre autres aux travaux de Volta ou de Daniell.

Utilisant ces nouvelles techniques, des bricoleurs de génie mirent au point en 1837, simultanément en Angleterre (W. Cooke et C. Wheatstone) et aux États-Unis (S. Morse), les premiers télégraphes électriques.

Dans le bateau qui le ramenait en Amérique après des études en Europe, un artiste peintre eut l'idée de transmettre un message grâce à des impulsions électriques. Chacune des lettres de l'alphabet était codée par des interruptions, rapides ou espacées, du courant électrique. C'était la naissance du « code Morse », du nom de cet artiste, Samuel Morse. Il lui fallut encore trois années pour réaliser son premier modèle de télégraphe.

Mais il fallut attendre 1843 pour que la première liaison de télégraphie électrique entre Baltimore et Washington soit établie. Et c'est en 1866 seulement que le premier câble télégraphique transatlantique fut installé entre la Grande-Bretagne et les États-Unis.

1. Par quel moyen transmettait-on des messages avant le développement de l'électricité ?
2. Qui a inventé le premier télégraphe électrique ?
3. A-t-il été utilisé tout de suite ?
4. Quel dipôle électrique est manipulé par le télégraphiste ?
5. À combien de pressions sur ce dipôle correspond la lettre « s » ?

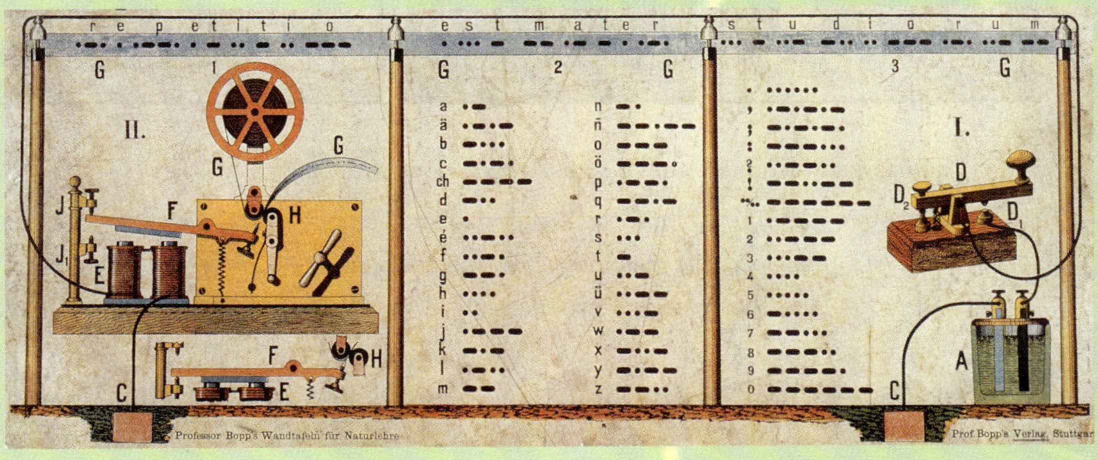

ÉLECTRICITÉ 4 Deux types de circuits : avantages et inconvénients

Observer pour s'interroger

Les circuits en boucle simple présentent un inconvénient : lorsqu'un des dipôles est endommagé, le circuit est ouvert et aucun dipôle ne fonctionne. Pourtant, quand une lampe grille à la maison, les autres continuent de briller. Il doit donc exister un autre type de montage...

1 Comment construire une guirlande électrique ?

Thomas a construit une guirlande électrique dont il n'a pas l'air satisfait...

1. Qu'est-ce que Thomas reproche à sa guirlande électrique ?

2. Connais-tu un montage qui présente les mêmes propriétés que celui de Thomas ?

3. Que doit faire Thomas pour réparer sa guirlande ? Pourquoi cela est-il difficile ?

2 Les phares d'une voiture

À la nuit tombée, il faut allumer les phares de la voiture.

1. Quel générateur alimente les phares de la voiture ?
2. Que se passe-t-il quand un des phares avant est cassé ?
   Le clignotant peut-il encore fonctionner ? Et les feux arrière ?
3. Peut-il s'agir d'un circuit en boucle simple ? Explique pourquoi.

3 L'installation électrique de la maison

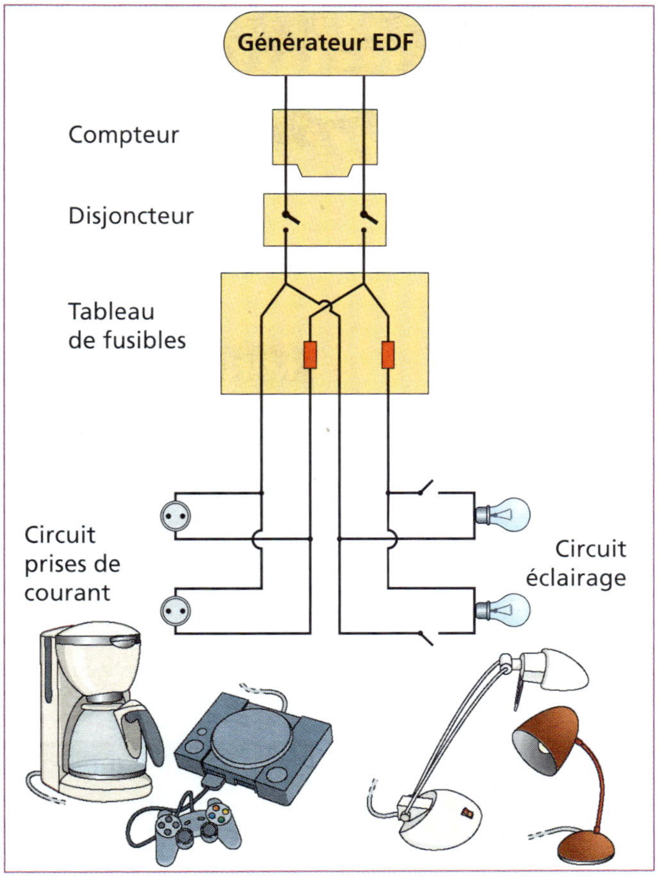

Tous les appareils électriques d'une maison sont reliés à un compteur par des fils électriques qui sont cachés dans les murs. Le compteur est relié au générateur EDF.

1. Recopie le schéma et repasse avec deux couleurs différentes les circuits d'alimentation de chaque lampe. S'agit-il d'un circuit en boucle simple ?
2. Si un appareil tombe en panne (four ou autre), peux-tu quand même regarder la télévision ?
3. Qu'est-ce qu'un court-circuit ? Quels en sont les dangers au niveau d'une prise électrique ?
   @ Cherche sur Internet ou demande à un adulte comment un court-circuit peut se produire à la maison.

TU VAS APPRENDRE À...
- **alimenter** de deux façons différentes plusieurs lampes avec le même générateur ;
- **prévoir** l'effet d'un dipôle grillé dans un montage ;
- **prévoir** l'effet d'un court-circuit dans un montage.

ACTIVITÉ expérimentale

1 Faire briller plusieurs lampes avec le même générateur

▸ Une question ...

Dans une voiture ou dans une guirlande électrique, toutes les lampes sont alimentées par le même générateur. Mais on ne voit pas le montage réalisé car les fils électriques sont cachés...

Comment peux-tu faire briller en même temps plusieurs lampes avec le même générateur ?

▸ Je réalise une expérience ...

Matériel

- Deux piles
- Quatre lampes identiques montées sur douilles
- Des fils de connexion

Consignes

a. Réalise dans un premier temps deux montages différents pour faire briller deux lampes en même temps.
b. Réalise ensuite tous les montages possibles pour faire briller trois lampes en même temps.

▸ J'observe et j'interprète ...

1. Les lampes brillent-elles du même éclat dans les deux montages à deux lampes (expérience a) ?

› MÉTHODE P. 48

2. Schématise les deux circuits réalisés avec deux lampes. Quelles différences observes-tu entre ces deux schémas ?

3. Quels sont les montages à trois lampes dans lesquels les trois lampes ont le même éclat ?

▸ Je conclus

4. En t'aidant du mini-dico, identifie le circuit en boucle simple et le circuit avec dérivation dans les montages à deux lampes.

5. Repère les boucles sur les deux schémas.

MINI-DICO

Circuit en boucle simple : circuit ne comportant qu'une seule boucle.

Circuit avec dérivation : circuit comportant plusieurs boucles.

Boucle (fermée) : parcours fermé constitué d'un générateur et d'éléments conducteurs, dans lequel le courant peut circuler.

Ai-je compris la démarche ? Quels sont les deux types de montages possibles pour réaliser une guirlande électrique ?

Pour m'entraîner

Exercices 1, 6, 9, 14

2 Un avantage des circuits avec dérivation

ACTIVITÉ expérimentale

▸ Une question

Lorsqu'une lampe grille dans un circuit en boucle simple, tous les autres dipôles du circuit cessent de fonctionner.

Les circuits en boucle simple ou avec dérivation ont-ils le même comportement quand une lampe grille ?

▸ Je réalise une expérience

Attention
Ne dévisse jamais une lampe sans avoir débranché le générateur !

Consignes

– Réalise les deux montages représentés sur le schéma ci-dessous.

– Teste les conséquences d'une lampe qui grille dans le circuit en boucle simple et dans le circuit avec dérivation. Tu peux simuler une lampe grillée en la dévissant.

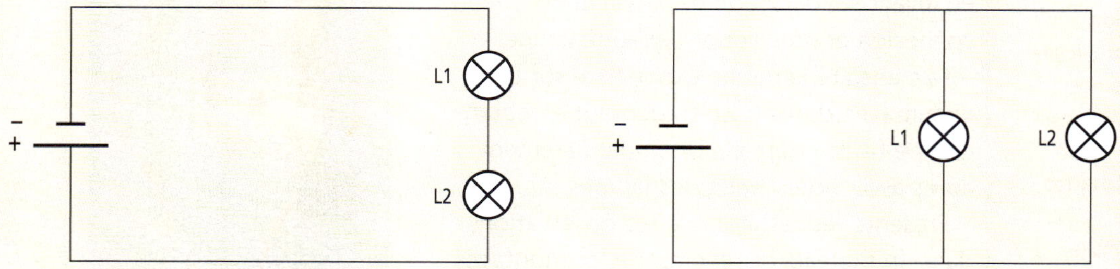

▸ J'observe et j'interprète

1. Qu'observes-tu quand tu dévisses la lampe L1 ou L2 dans le circuit en boucle simple ?

2. Qu'observes-tu quand tu dévisses L1 ou L2 dans le circuit avec dérivation ?

3. Quand tu dévisses une lampe, quelles sont dans chaque circuit les boucles ouvertes et les boucles fermées ? Aide-toi du mini-dico.

▸ Je conclus

4. Que se passe-t-il quand une lampe grille dans un circuit en boucle simple ? Explique pourquoi en une phrase.

5. Même question dans un circuit avec dérivation.

Ai-je compris la démarche ? Comment peux-tu déterminer si deux lampes sont dans un circuit en boucle simple ou avec dérivation ?

MINI-DICO

Boucle fermée : parcours fermé constitué d'un générateur et d'éléments conducteurs, dans lequel le courant peut circuler.

Boucle ouverte : boucle obtenue en intercalant un élément isolant dans une boucle fermée. Le courant ne peut alors plus circuler.

Pour m'entraîner

Exercices 2, 7, 11

ACTIVITÉ expérimentale

3 Un inconvénient des circuits avec dérivation

▸ Une question

Les circuits en dérivation permettent un fonctionnement indépendant des différents dipôles récepteurs. L'installation électrique d'une maison est ainsi construite selon un circuit avec dérivation. Or, le court-circuit est souvent à l'origine des incendies domestiques.

Un court-circuit a-t-il les mêmes effets dans un circuit avec dérivation et dans un circuit en boucle simple ?

▸ Je réalise une expérience

Attention
Ne court-circuite pas la lampe trop longtemps dans le circuit avec dérivation, car cela endommage le générateur.

Matériel
Une pile
Deux lampes montées sur douilles
Des fils de connexion

Consignes

– Réalise un circuit en boucle simple avec deux lampes (L1 et L2). Court-circuite une des lampes en reliant ses deux bornes par un fil de connexion et note l'éclat de l'autre lampe.
– Fais ensuite la même expérience sur le circuit avec dérivation, en pensant à débrancher le fil de court-circuit immédiatement après avoir noté l'éclat des lampes.
– Présente les résultats de tes observations dans un tableau, et schématise les montages réalisés.

Une expérience complémentaire

On a réalisé un circuit de deux lampes en dérivation sur un générateur, en intercalant de la paille de fer. Puis on a court-circuité une des lampes. Le résultat obtenu est présenté sur la photographie ci-dessous.

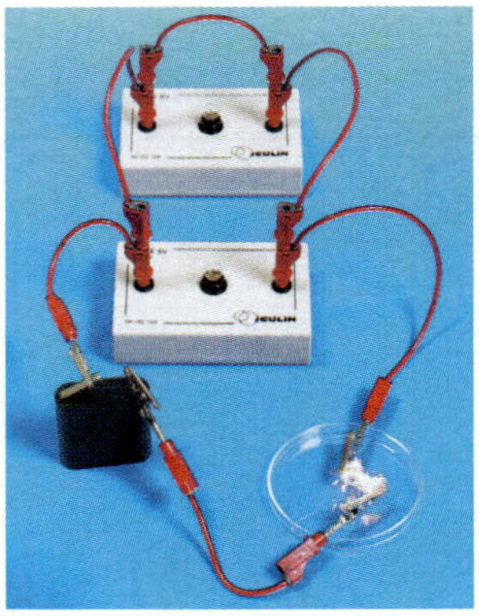

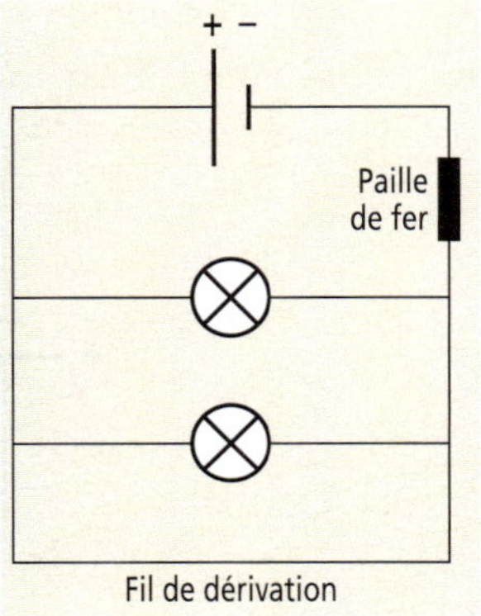

▸ J'observe et j'interprète

1. Qu'observes-tu quand tu court-circuites une lampe (L1 ou L2) dans le montage en boucle simple ? Regarde l'éclat des lampes.

2. Que dire de l'éclat des lampes quand tu court-circuites L1 ou L2 dans le montage avec dérivation ? Quelle expérience permet de montrer qu'un courant circule tout de même dans le circuit ? Pourquoi ce courant est-il intense ?

3. Interprète tes observations en indiquant le trajet du courant sur tes deux schémas.

▸ Je conclus

4. Explique les conséquences d'un court-circuit dans chacun des montages.

5. Que risquerait-il de se passer si un appareil de la maison était en court-circuit ?

MINI-DICO

Court-circuiter un dipôle : relier ses deux bornes par un fil de connexion (ou par un échantillon de matériau conducteur).

Paille de fer : ensemble de longs filaments de fer.

Pour m'entraîner

Exercices 3, 5, 8, 12

Ai-je compris la démarche ? Pourquoi l'expérience avec la paille de fer est-elle nécessaire pour prouver qu'un courant circule ?

L'ESSENTIEL

1 Circuit en boucle simple et circuit avec dérivation

- Deux montages permettent de faire briller en même temps plusieurs lampes avec le même générateur :
  – le **circuit en boucle simple** (ou en série) : circuit à une boucle ;
  – le **circuit avec dérivation** : circuit à plusieurs boucles.
- Ces deux montages n'ont pas les mêmes propriétés. Dans un circuit en boucle simple, l'éclat des lampes est plus faible que dans un circuit avec dérivation.

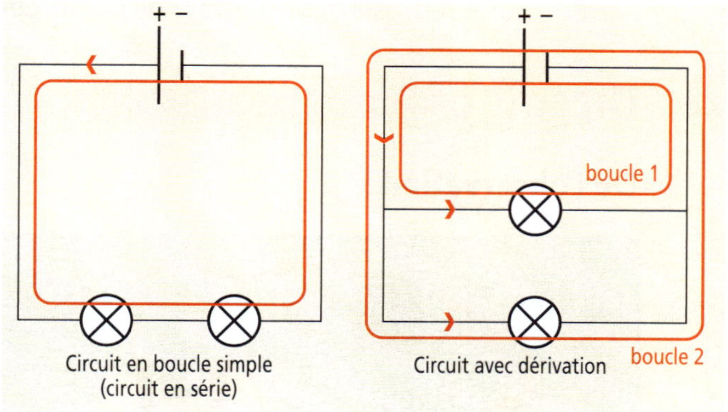

2 Conséquence d'une lampe grillée dans chacun des circuits

- Quand une lampe **grille** dans un **circuit en boucle simple**, l'autre **ne fonctionne plus** : l'unique boucle du circuit est ouverte, donc le courant ne peut plus circuler.
- Quand une lampe **grille** dans un **circuit avec dérivation**, l'autre **fonctionne encore** : seule la boucle de la lampe grillée est ouverte, l'autre lampe se trouve dans une boucle fermée dans laquelle le courant peut circuler.

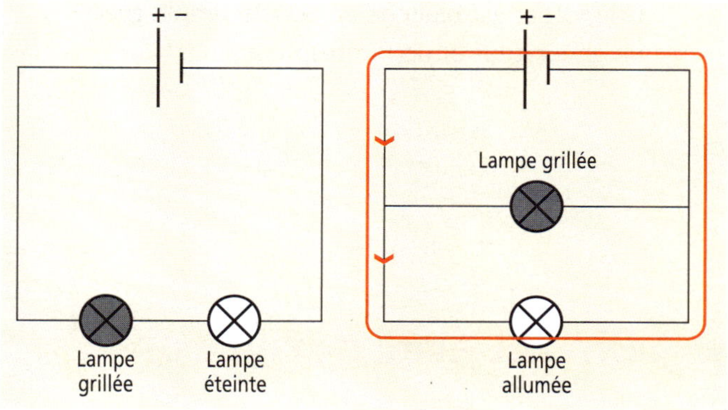

3 Court-circuit d'une lampe dans chacun des circuits

- Quand on **court-circuite** une lampe dans un circuit en boucle simple, cette lampe s'éteint mais l'autre brille plus fortement. La lampe court-circuitée ne fait plus partie de la boucle, **le courant passe uniquement dans le fil de dérivation**, utilisé pour court-circuiter la lampe.
- Quand on court-circuite une lampe dans le circuit avec dérivation, les deux lampes s'éteignent. Comme le courant passe uniquement dans le fil de dérivation, **le générateur est mis en court-circuit**. Le fil chauffe, se détériore et peut **provoquer un incendie**.

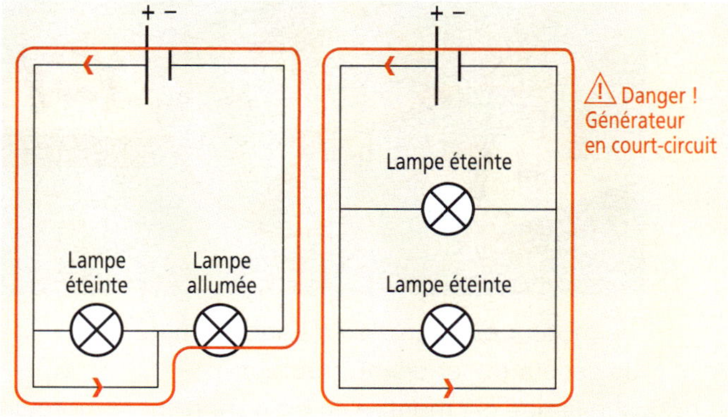

JE DOIS ÊTRE CAPABLE DE :

- **réaliser** un circuit en boucle simple et un circuit avec dérivation ;
- **schématiser** les deux types de circuits ;
- **prévoir** l'effet d'une lampe grillée dans chacun des circuits ;
- **prévoir** l'effet d'un court-circuit dans chacun des circuits.

MÉTHODE 2 Schématiser un circuit

Schématiser un circuit électrique permet d'en donner une représentation lisible et compréhensible par tous.

› Tous les symboles des composants électriques utilisés sont représentés à la fin du manuel.

Circuit en boucle simple

De l'observation…

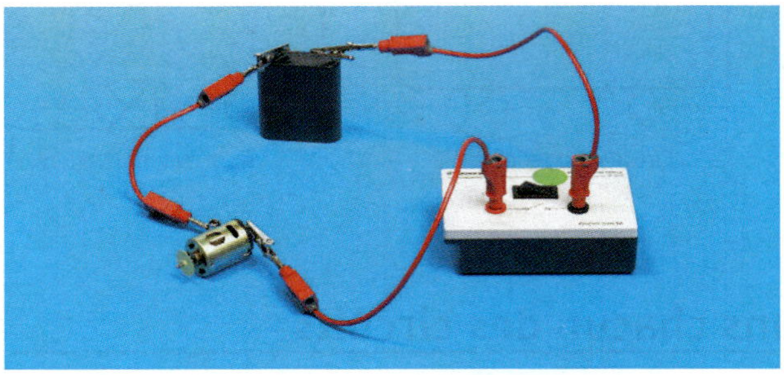

Un moteur est branché en boucle simple avec un générateur et un interrupteur.

… à la schématisation

- Repère chaque composant et associe-lui son symbole.

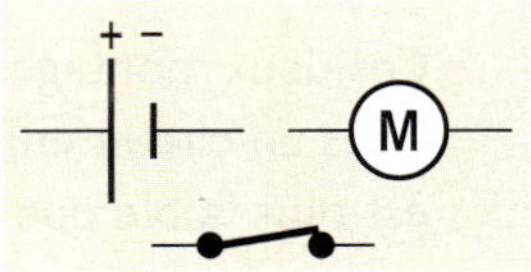

- Trace au crayon un rectangle représentant la boucle des composants montés en boucle simple.

- En commençant par le générateur, place les symboles des composants montés en boucle simple sur les côtés du rectangle.

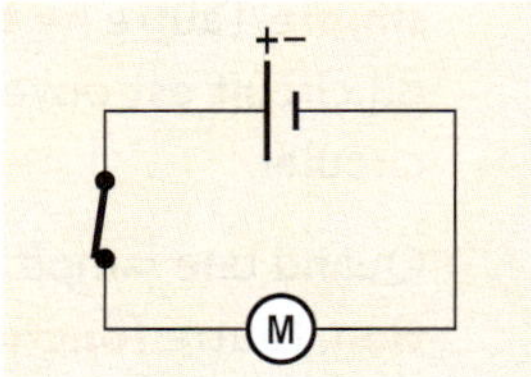

Circuit avec dérivation

De l'observation…

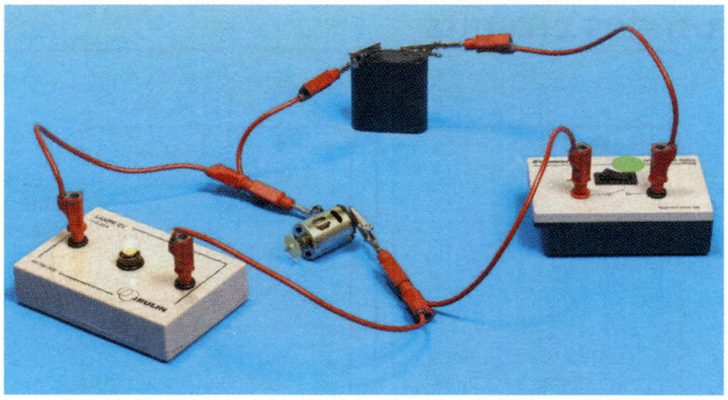

Un moteur est branché en boucle simple avec un générateur et un interrupteur.
Une lampe est montée en dérivation sur le moteur.

… à la schématisation

- Reprends les étapes précédentes pour tracer la boucle contenant le moteur.

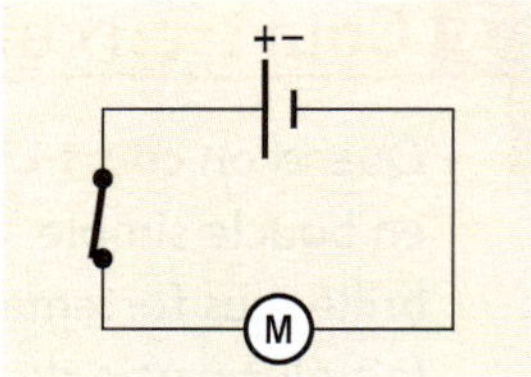

- Ajoute la boucle de dérivation en utilisant des traits horizontaux et verticaux.

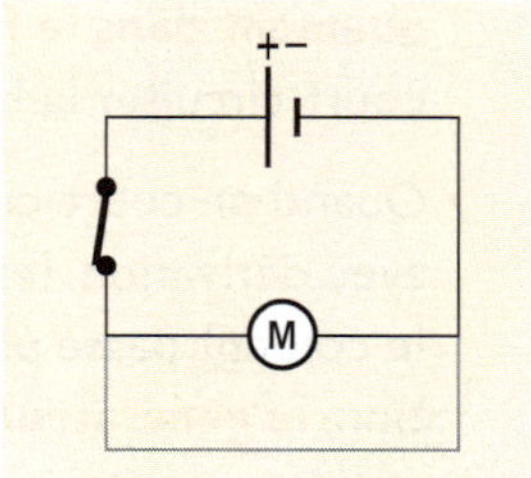

- Place les symboles des composants de la boucle de dérivation.

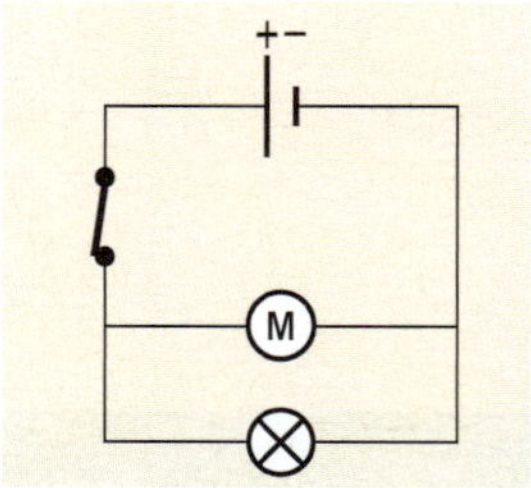

Je vérifie mes connaissances

1 Schématiser un montage

1. Schématise un circuit en boucle simple comportant deux lampes et un générateur.
2. Schématise un circuit comportant un générateur et deux lampes en dérivation.

2 Dévisser une lampe

Que se passe-t-il si on dévisse une lampe dans chacun des deux circuits de l'exercice 1 ?

3 Compléter un schéma

1. Recopie le schéma électrique ci-contre et dessine un fil qui court-circuite la lampe L2.
2. Trace en rouge le parcours du courant électrique.

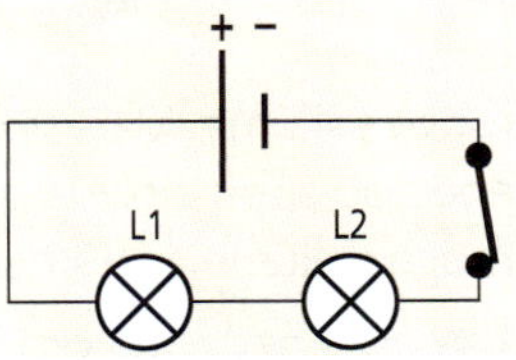

4 Schématiser un montage

Un circuit en boucle simple comporte une lampe L1, un interrupteur et un générateur. Une lampe L2 est montée en dérivation sur l'interrupteur.

1. Fais le schéma du circuit électrique.

2. Ce montage présente-t-il un intérêt ?

5 Utiliser des liens logiques

Recopie et complète les phrases ci-dessous avec **mais**, **si** ou **donc**.
1. J'ai réalisé un montage où trois lampes sont montées en dérivation sur le générateur. ...... je court-circuite une lampe, je mets aussi le générateur en court-circuit, ... il y a risque d'incendie.
2. ...... je devisse une lampe dans un montage en série, l'autre lampe s'éteint, ... je court-circuite cette lampe, l'autre lampe se remet à briller.

J'applique...

6 Deux lampes et une pile

Les lampes brillent-elles toutes les deux ? S'agit-il d'un circuit en boucle simple ou d'un circuit avec dérivation ?

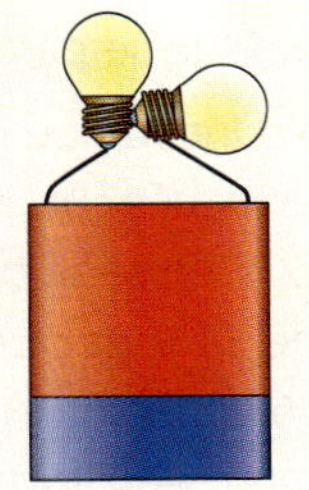

7 Une comparaison

Matthieu a réalisé le montage ci-contre avec deux lampes, une pile et des fils de connexion.

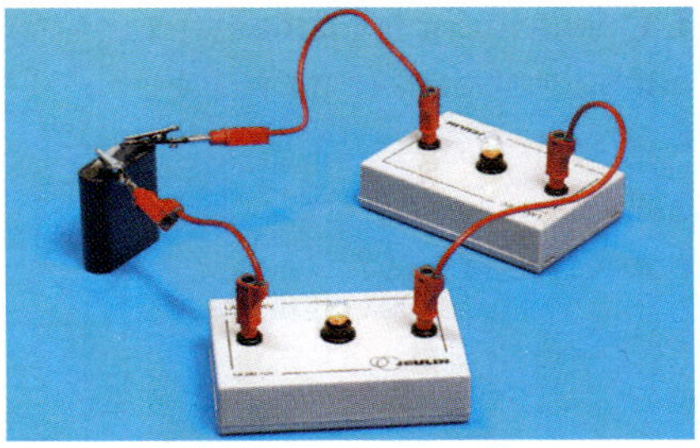

1. Schématise ce montage.

2. Que peux-tu dire de l'éclat des lampes ?

3. Que se passe-t-il si Matthieu dévisse une des lampes ?

4. Comment s'appelle ce type de montage ?

5. Avec le même matériel, Nadia a réalisé un autre montage (voir ci-contre). Schématise ce montage.

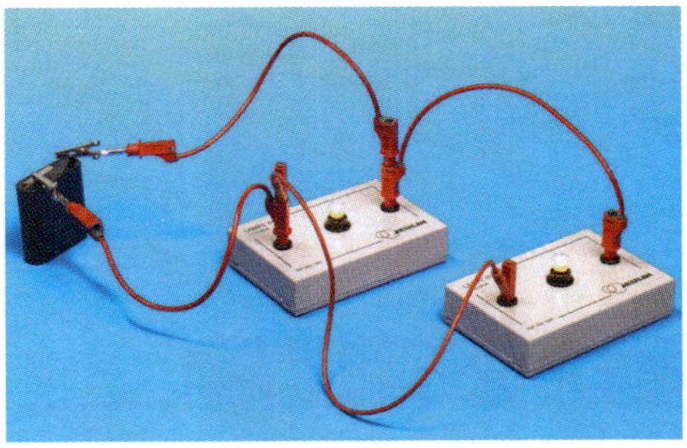

6. Que peux-tu dire de l'éclat des lampes ?

7. Que se passe-t-il si Nadia dévisse une des lampes ?

8. Comment s'appelle ce type de montage ?

8 Analyse un montage

Pierre a réalisé un circuit en boucle simple comportant une pile, une lampe et un moteur.

1. Schématise le montage.

2. Le moteur tourne-t-il ?

Pierre a ensuite placé un fil de connexion en dérivation entre les bornes de la lampe.

3. Complète le schéma.

4. Le moteur tourne-t-il encore ?

5. Réponds aux mêmes questions si Pierre place le fil en dérivation sur la pile. Que penses-tu du montage ?

9 Un montage avec des diodes (1)

1. Quelle(s) lampe(s) brille(nt) dans ce circuit ?

2. S'agit-il d'un circuit en boucle simple ou d'un circuit avec dérivation ?

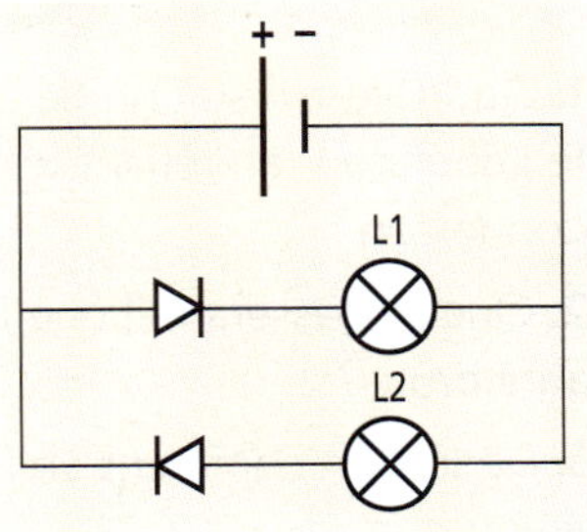

EXERCICES

10 Un montage avec des diodes (2)

1. Quelles sont les lampes qui brillent dans le montage ci-contre ?

2. Et si on inverse les bornes de la pile ?

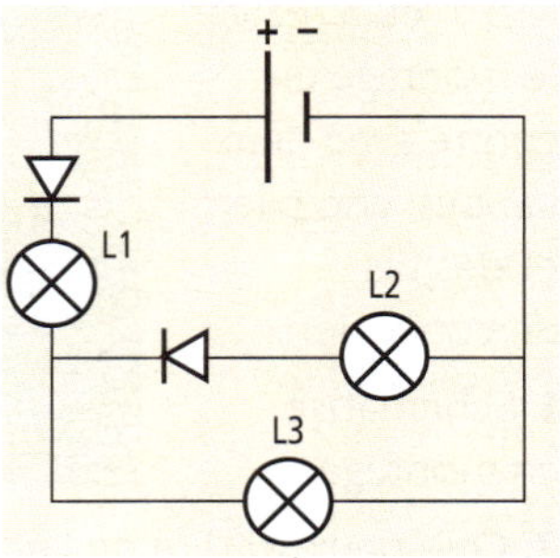

11 Montage à trois lampes

Que se passe-t-il si L2 grille ?

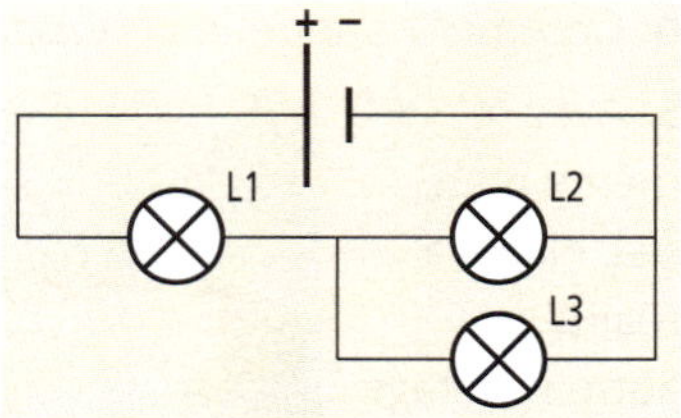

J'approfondis...

12 Sécurité : les fusibles

L'installation électrique domestique est protégée des courts-circuits par des *fusibles* : ce sont de petits fils métalliques qui fondent lorsqu'ils sont parcourus par des courants trop intenses.

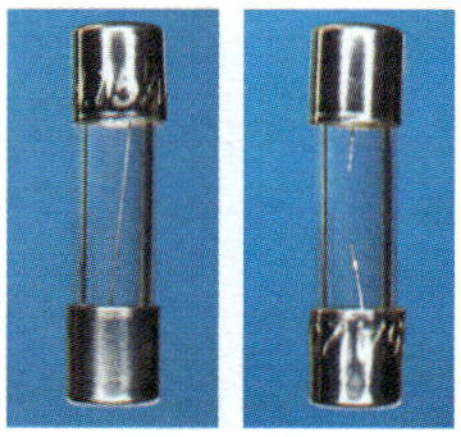

On peut illustrer le rôle d'un fusible par l'expérience ci-dessous.

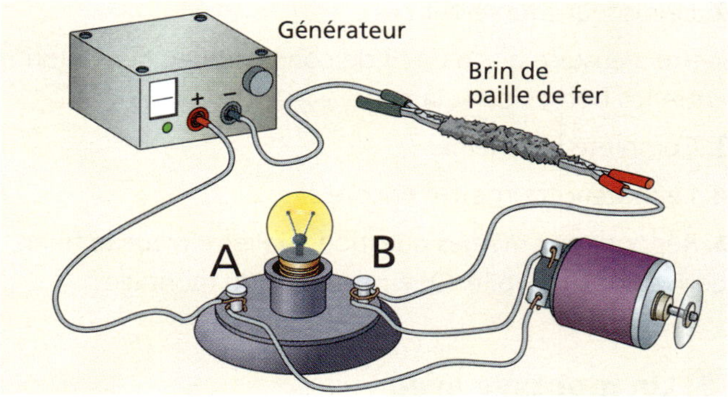

1. Qu'arrive-t-il au brin de paille de fer si on court-circuite le générateur en reliant les bornes A et B par un fil de connexion ?

2. Que se passera-t-il une fois que le brin de paille de fer aura brûlé ?

3. Déduis-en comment un fusible protège une installation électrique.

13 Combat d'escrime

Samuel et Malo s'affrontent dans un combat d'escrime. L'épée de Samuel est reliée par un câble au mur situé derrière lui. Une lampe rouge est fixée sur ce mur. De la même façon, l'épée de Malo est reliée au mur opposé, sur lequel est fixée une lampe verte. Si Samuel touche Malo, la lampe rouge s'allume. Mais si Samuel touche le sol avec son épée ou appuie sur la pointe avec son doigt, la lampe rouge s'allume également.

1. À quoi peux-tu comparer une épée électrique : une lampe, un interrupteur, un moteur, ou plusieurs de ces éléments associés? Quel est son symbole électrique ?

2. Parmi les schémas proposés ci-dessous, choisis celui correspondant à la salle d'armes, en supposant que deux concurrents s'affrontent. *Indice : les deux lampes doivent pouvoir s'allumer indépendamment l'une de l'autre.*

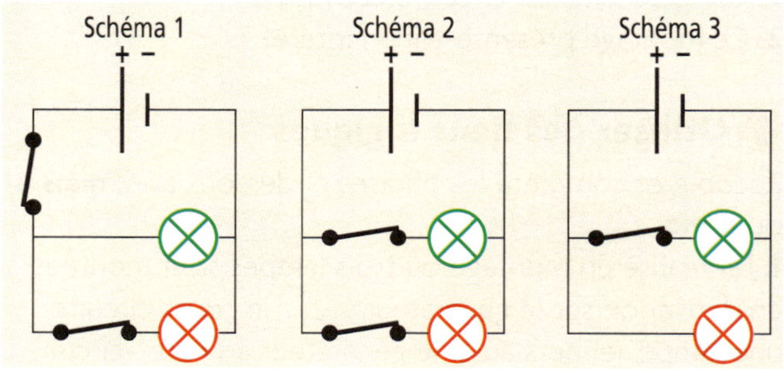

14 Un peu de maths

Une guirlande lumineuse est réalisée avec des lampes de 12 V dans un circuit en boucle simple. La guirlande est branchée sur une prise électrique de tension 240 V.

1. Schématise le circuit électrique en ne dessinant que quatre lampes.

2. Que se passe-t-il si une des lampes grille ?

3. Une lampe de 12 V brille normalement quand elle est branchée sur une batterie de 12 V. Pour que deux lampes de 12 V en série brillent normalement, il faut un générateur de 24 V, et pour trois lampes en série, un générateur de 36 V... Combien la guirlande doit-elle comporter au maximum de lampes pour que toutes brillent normalement ?

15 La voiture électrique

On cherche à reconstituer le circuit d'alimentation d'une voiture électrique. Ce circuit comporte :

- un moteur électrique ;
- deux phares avant ;
- deux phares arrière.

Le circuit électrique doit respecter les contraintes suivantes :

- le moteur doit pouvoir fonctionner même si les phares sont éteints ;
- si un phare grille, tous les autres doivent fonctionner ;
- les phares arrière et avant fonctionnent toujours simultanément ;
- on doit pouvoir allumer les phares sans que le moteur tourne.

Le matériel disponible est le suivant :

- un générateur ;
- quatre lampes (représentant les phares) ;
- deux interrupteurs ;
- un moteur ;
- des fils.

1. À partir du matériel disponible, propose un circuit électrique qui respecte les contraintes.

2. Schématise ce montage.

16 Indicateur de niveau d'eau

On cherche à réaliser un dispositif qui permette de repérer le niveau d'eau dans un récipient. On utilise des DEL comme indicateurs plutôt que des lampes car elles nécessitent un courant moins intense pour briller. Le principe de l'indicateur est le suivant : plus le niveau de l'eau salée (conductrice) est élevé, plus il y a de DEL qui brillent.

1. Souhaite-t-on que les trois DEL brillent en même temps quel que soit le niveau ?

2. Quel type d'association (boucle simple ou dérivation) faut-il donc choisir pour les trois DEL ?

3. Complète le schéma du circuit électrique ci-dessous en y ajoutant des fils de connexion pour que les DEL brillent toutes les trois lorsqu'on remplit le récipient d'eau à ras bord (au niveau du point A).

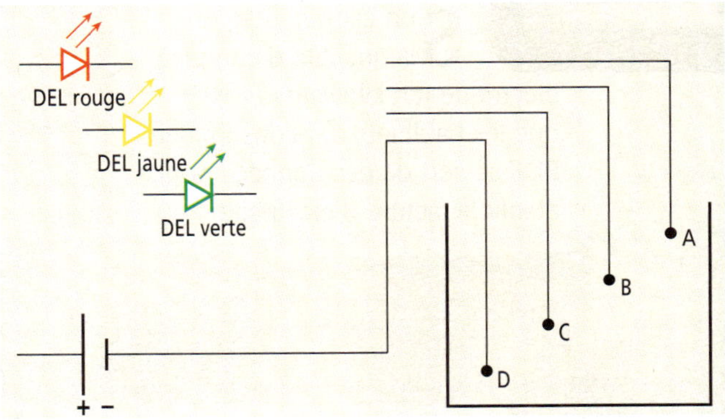

4. Représente par un trait la surface de l'eau contenue dans le récipient lorsque seules les DEL jaune et verte brillent.

Une expérience simple et amusante

Fabrique la maquette d'une maison éclairée

Matériel
- *du carton fort*
- *du ruban adhésif et des ciseaux*
- *une pile de 4,5 V*
- *deux lampes de 3,5 V et 2 douilles*
- *des fils électriques dénudés*
- *éventuellement : attaches parisiennes et trombones*

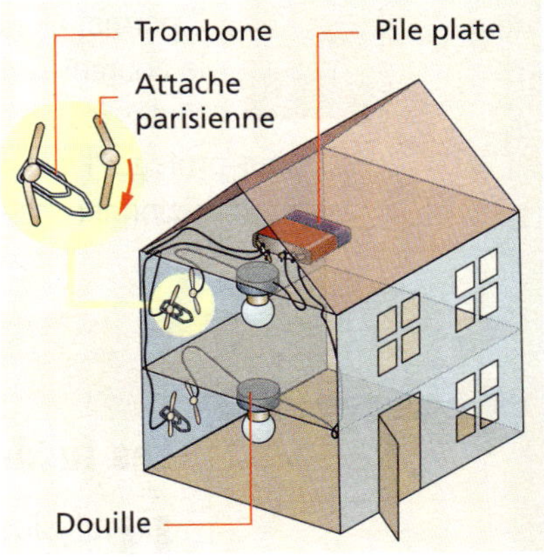

→ Construis la maquette en carton d'une maison de deux étages. Recouvre-la d'un toit sous lequel tu pourras cacher la pile.

→ Fixe les douilles au plafond de chaque étage. Relie les lampes à la pile avec des fils électriques, en les montant en dérivation comme sur le dessin.

→ Tu peux intercaler sur chacune des boucles du circuit un interrupteur fabriqué avec deux attaches parisiennes et un trombone comme sur le dessin.

→ La maison est prête, tu peux y installer des personnages.

1. Schématise l'installation électrique de cette maison.

2. Quel est l'intérêt de monter les deux lampes en dérivation ?

SCIENCES mag

L'installation électrique domestique

L'installation électrique d'une maison est réalisée dès la construction : les fils électriques sont insérés à l'intérieur des murs pour permettre le passage du courant du compteur jusqu'aux prises.
Voici un dessin représentant les différents composants de l'installation.

SÉCURITÉ ET VIE QUOTIDIENNE

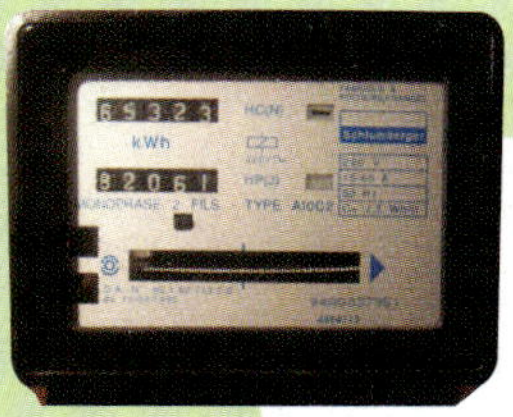

Le compteur

Son cadran indique la quantité d'énergie électrique (en kilowattheures) que les habitants ont consommée. EDF se sert de ces données pour établir la facture d'électricité.

Le disjoncteur

C'est un interrupteur général, qui s'ouvre automatiquement quand le courant est trop intense. Il permet alors de couper le courant simultanément dans toutes les pièces de la maison pour protéger l'installation. On peut aussi l'actionner manuellement.

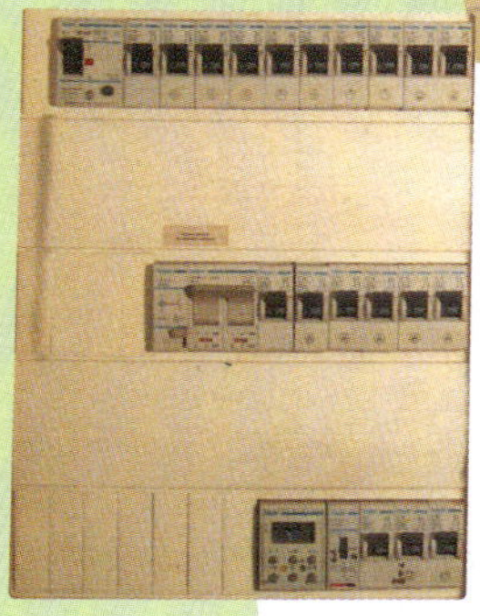

Les fusibles

Un fusible, parfois nommé « coupe-circuit », est un fil conducteur très fin qui fond quand il est parcouru par un courant trop intense (courant de court-circuit par exemple).
Les fusibles sont regroupés dans un boîtier appelé « tableau électrique ».
Le tableau électrique fait donc également office d'interrupteur automatique : lors de la fonte du fusible, le courant est coupé automatiquement dans la branche suspectée de court-circuit.

1. Comment est établie la facture d'électricité ?
2. Comment un court-circuit peut-il se produire à la maison ? Quel danger cela représente-t-il ? Quels sont les composants chargés de protéger l'installation ?
3. Quel est l'intérêt de monter les appareils électriques en dérivation ?
4. Dessine le schéma électrique de l'alimentation du téléviseur et du lampadaire halogène, en faisant apparaître le disjoncteur et les fusibles.

Les circuits d'alimentation des appareils

On alimente un appareil en le branchant sur le secteur. Ses deux bornes sont alors reliées au générateur.
Tous les appareils d'une installation sont montés en dérivation. Par conséquent, si les deux fils du cordon d'alimentation ont le malheur d'entrer en contact (au niveau de la prise par exemple), cela produit un court-circuit général…

Chimie 1 L'eau sur la Terre

Observer pour s'interroger

La Terre est appelée « planète bleue » depuis qu'elle a été observée par les premiers astronautes. En effet, l'eau, essentielle à la vie, recouvre environ 70 % de sa surface. Recherchons les formes qu'elle prend et le rôle qu'elle joue.

1 L'eau sous toutes ses formes

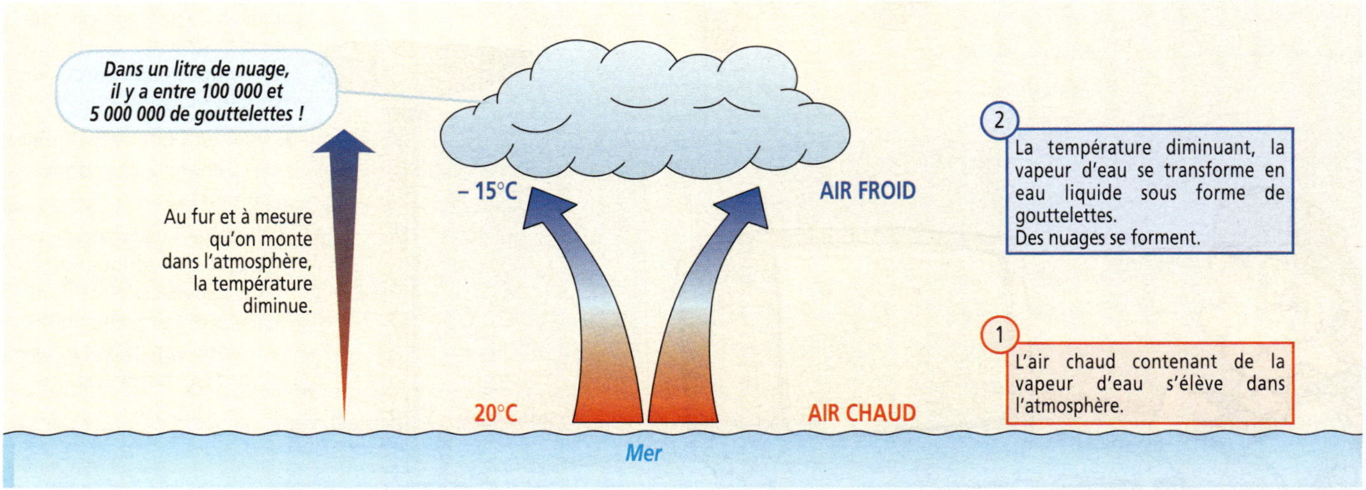

L'eau, omniprésente sur la Terre, n'est pas toujours liquide.

1. Dans le processus de formation des nuages, sous quelle forme l'eau se trouve-t-elle dans l'air chaud ? Que se passe-t-il lorsque cet air chaud se refroidit ?

2. L'eau des nuages tombe sur la terre sous forme de précipitations. Donne quelques exemples de précipitations.

3. En observant les photographies, indique sous quelle forme (solide, liquide ou gaz) l'eau est présente autour de nous.

2 L'eau, une substance vitale

Vague de chaleur sur la France

Pendant l'été 2003, la France a connu une forte canicule.

1. Que signifie le mot *canicule* ? Cherche son origine.
2. Que doit-on faire en cas de canicule ? Pourquoi ?
3. Quelles sont les personnes les plus fragiles face à une canicule ?

3 L'eau au quotidien

Différents produits que nous consommons ou utilisons quotidiennement.

1. Sur la photographie, quels sont les produits qui contiennent de l'eau ? Comment le sais-tu ?
2. Donne d'autres exemples de produits de la vie quotidienne qui contiennent de l'eau.
3. Propose une expérience pour mettre en évidence la présence d'eau dans un aliment.

TU VAS APPRENDRE À…

- **reconnaître** les différents états de l'eau ;
- **mesurer** l'importance de l'eau pour l'homme ;
- **vérifier** par un test la présence d'eau dans les aliments.

ACTIVITÉ expérimentale

1 Observer l'eau sous différentes formes

▸ Une question

L'eau est présente autour de nous sous différentes formes. On la rencontre sous forme liquide (océan, rivière, pluie), solide (neige, iceberg) ou vapeur (dans l'air) et elle peut passer d'une forme à l'autre. On parle du cycle de l'eau.

Peux-tu inventer une expérience reconstituant une partie du cycle de l'eau ?

▸ Je réalise une expérience

Attention
Manipule les récipients avec précaution pour ne pas te brûler.

Consignes
– Verse de l'eau bouillante dans un petit cristallisoir.
– Avec des gants, place le petit cristallisoir dans un cristallisoir plus grand.
– Pose un film plastique transparent sur le grand cristallisoir.
– Dans un sac plastique, mets deux glaçons, puis ferme le sac et place-le sur le film transparent.

▸ J'observe et j'interprète

1. Après quelques minutes, qu'observes-tu sur les parois du grand cristallisoir ? Sur le film plastique ? Dans le sac plastique ?

2. Quelles transformations de l'eau observes-tu au cours de l'expérience ?

▸ Je conclus

3. Qu'est-ce qu'un changement d'état ?

4. Associe à chaque changement d'état observé le bon terme : *fusion, vaporisation, liquéfaction.*

5. @ Utilise un moteur de recherche pour étudier le cycle complet de l'eau.

MINI-DICO

Cycle de l'eau : suite des transformations que subit l'eau et qui se répètent.

État : forme prise par l'eau (solide, liquide ou gaz).

Fusion : passage de l'état solide à l'état liquide.

Vaporisation : passage de l'état liquide à l'état vapeur (gazeux).

Liquéfaction : passage de l'état vapeur (gazeux) à l'état liquide.

Vapeur : eau à l'état gazeux (incolore).

Pour m'entraîner

Exercices 1, 3, 5, 7

Ai-je compris la démarche ? Pourquoi parle-t-on du cycle de l'eau ?

2 L'eau : une substance indispensable pour l'homme

ACTIVITÉ documentaire

▸ Une question

L'eau est une substance indispensable à la vie. Chaque jour, tu en absorbes et tu en élimines plusieurs litres.

En quelle quantité l'eau est-elle présente dans le corps et quel est son rôle ?

▸ J'étudie des documents

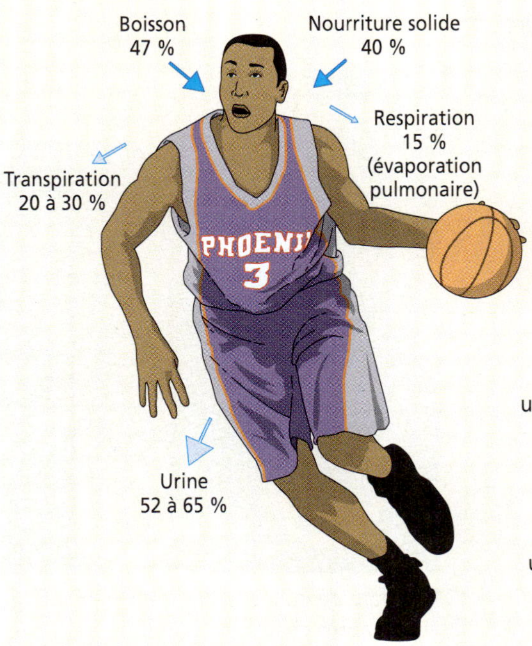

L'eau joue un rôle primordial dans la régulation de la température interne de l'homme. Comme dans un moteur de voiture, notre organisme utilise une des propriétés de l'eau : sa capacité à absorber une grande quantité de chaleur. La transpiration permet d'évacuer cette chaleur. Sans ce mécanisme, un homme au repos augmenterait sa température de 2° C par heure !

1. Rôle de l'eau dans le corps humain.

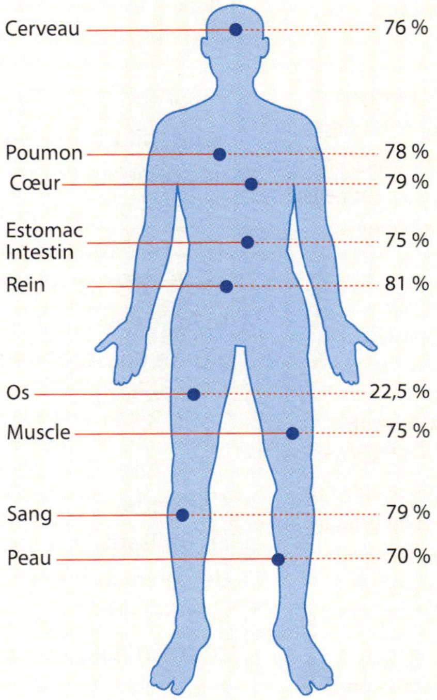

2. Composition en eau du corps humain.

▸ J'analyse les documents

1. Quels sont les organes du corps humain qui contiennent la plus grande proportion d'eau ? Quels sont ceux qui en contiennent le moins ?

2. Comment le corps humain peut-il absorber et éliminer de l'eau ?

3. Quel est le rôle de l'eau dans le corps humain ?

▸ Je conclus

4. Pourquoi l'eau est-elle une substance essentielle à la vie ?

5. Quels sont les états de l'eau lors de son absorption par le corps humain ?

6. Quels sont les états de l'eau lors de son élimination ?

MINI-DICO

Évaporation : vaporisation sans critère fixe de température. L'évaporation augmente avec la surface de contact avec l'air, le vent, l'élévation de température.

Régulation de la température : maintien de la température à une valeur constante.

Pour m'entraîner

Exercices 6, 8, 13, 17

Ai-je bien compris ? En quoi l'eau est-elle une substance indispensable à la vie ?

ACTIVITÉ expérimentale 3 Détecter la présence de l'eau dans les aliments

▸ Une question ...

Chaque jour, un être humain a besoin d'absorber 2 à 3 litres d'eau. Or, il ne boit pas toujours cette quantité. Une partie de cette eau doit donc provenir des aliments.

Peut-on trouver un test pour mettre en évidence la présence d'eau dans les aliments ?

▸ Je réalise une série d'expériences ...

Il existe un test pour identifier la présence d'eau : le test au sulfate de cuivre anhydre.

⚠ Attention
Tu dois utiliser une pince en bois pour ne pas te brûler.

Propriété du sulfate de cuivre

a. Le sulfate de cuivre hydraté est un solide de couleur bleue.
Dépose un peu de sulfate de cuivre avec une spatule dans un tube à essais et chauffe ce tube.

b. Après avoir laissé refroidir le tube, ajoute une goutte d'eau. Chauffe à nouveau.

⚠ Attention
Le sulfate de cuivre anhydre est un produit irritant pour la peau et les yeux. Utilise une spatule pour le prélever.

Consigne

En utilisant les propriétés du sulfate de cuivre anhydre, propose et réalise une expérience pour tester la présence d'eau dans des produits alimentaires.

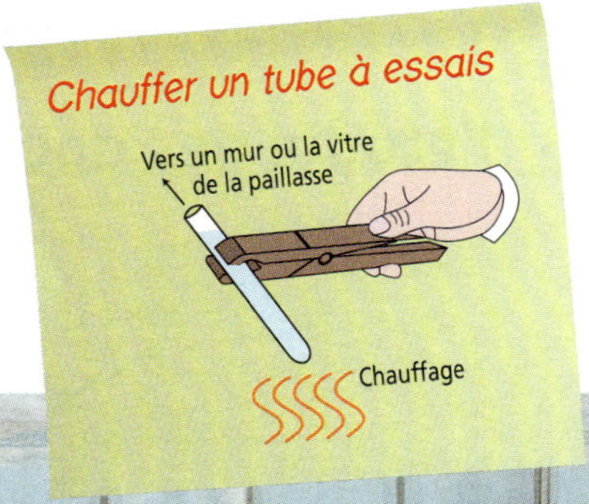

1. Sulfate de cuivre hydraté avant chauffage. **2.** Sulfate de cuivre après chauffage. **3.** Sulfate de cuivre lorsque je rajoute une goutte d'eau.

▸ J'observe et j'interprète ...

1. Qu'observes-tu lorsqu'on chauffe le sulfate de cuivre hydraté ? Et lorsqu'on ajoute une goutte d'eau ?

2. Peux-tu en déduire la couleur du sulfate de cuivre en présence et en absence d'eau ?

3. Les substances testées contiennent-elles de l'eau ? Tu peux présenter tes résultats sous forme d'un tableau.

▸ Je conclus

4. Explique à l'aide d'un schéma comment tu peux mettre en évidence la présence d'eau dans une substance à l'aide du sulfate de cuivre anhydre.

MINI-DICO

Sulfate de cuivre (hydraté) : substance (solide bleu) qui contient de l'eau.

Anhydre : qui ne contient pas d'eau.

Sulfate de cuivre anhydre : sulfate de cuivre solide privé d'eau (solide blanc).

Pour m'entraîner

Exercices 2, 4, 11, 16

Ai-je compris la démarche ? Quand tu as chauffé le sulfate de cuivre, qu'est devenue l'eau qu'il contenait ?

L'ESSENTIEL

1 L'eau dans tous ses états

- La Terre et les organismes vivants sont constitués en majeure partie d'eau. L'eau, comme toute substance, existe sous trois formes différentes appelées **états** : **solide**, **liquide** et **gazeux**. Dans la nature, elle passe d'un état à l'autre en décrivant un cycle. On parle du **cycle de l'eau**.
- Un **changement d'état** est le passage d'un état à un autre état.
  – La **solidification** est le passage de l'état liquide à l'état solide.
  – La **fusion** est le passage de l'état solide à l'état liquide.
  – La **liquéfaction** est le passage de l'état gazeux à l'état liquide.
  – La **vaporisation** est le passage de l'état liquide à l'état gazeux.
- Chaque changement d'état possède sa **transformation inverse**, qui permet le passage d'un état à l'autre dans l'autre sens.

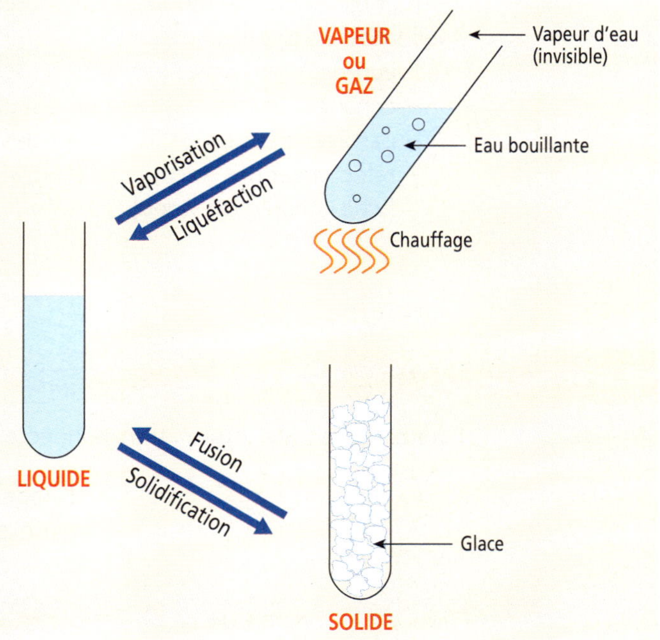

2 Test de reconnaissance de l'eau

- L'eau est indispensable pour l'être humain. Les boissons et les aliments que nous consommons chaque jour nous apportent la quantité d'eau dont nous avons besoin. Le **test au sulfate de cuivre anhydre** nous permet de savoir si les aliments contiennent de l'eau.
- Le sulfate de cuivre anhydre, c'est-à-dire sans eau, est un solide blanc. Au contact de l'eau, il devient bleu. En déposant du sulfate de cuivre anhydre blanc sur une substance, on peut donc savoir si elle contient de l'eau.
  Si on chauffe le sulfate de cuivre bleu, l'eau qu'il contient se vaporise et le sulfate de cuivre redevient blanc.

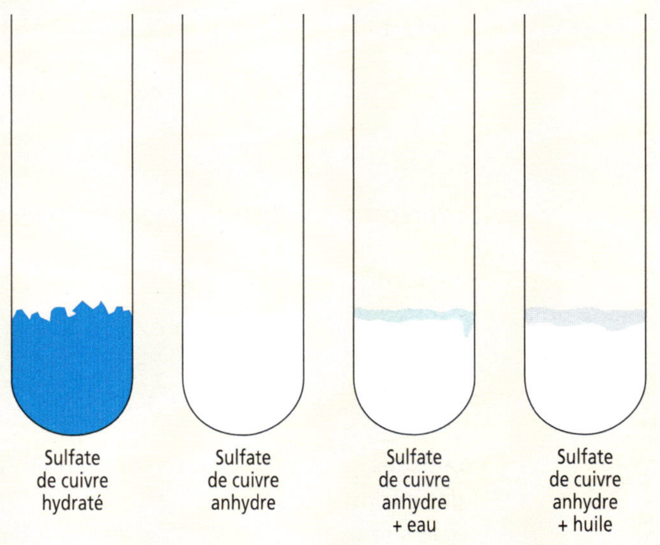

JE DOIS ÊTRE CAPABLE DE :
- **reconnaître** les différents états de l'eau ;
- **nommer** les changements d'état ;
- **mettre** en évidence la présence d'eau dans une substance.

MÉTHODE 3 Rechercher sur Internet

À quoi sert Internet ?

Internet est un réseau mondial d'ordinateurs.
Avec Internet, tu peux :
– écrire des messages (e-mail) ;
– échanger en direct (forum de discussion) ;
– partager des fichiers et trouver des informations (Web) ;
– télécharger des documents (textes, photographies, fichiers audio ou vidéo).

QUELQUES TERMES À CONNAÎTRE...

Fournisseur d'accès : fournisseur auquel il faut être abonné pour pouvoir accéder à Internet.

Moteur de recherche : site permettant de faire des recherches par mots-clés.

Mot-clé : mot important à saisir pour pouvoir faire une recherche.

Effectuer une recherche sur Internet

Pour chercher une information, connecte-toi d'abord sur Internet.

1. Tape dans la barre d'adresse l'adresse d'un moteur de recherche (ici par exemple, pour le moteur « Google », tape http://www.google.fr).

2. Écris les **mots-clés** correspondant à ta recherche (par exemple « cycle de l'eau »).

3. Clique sur « Recherche Google ».

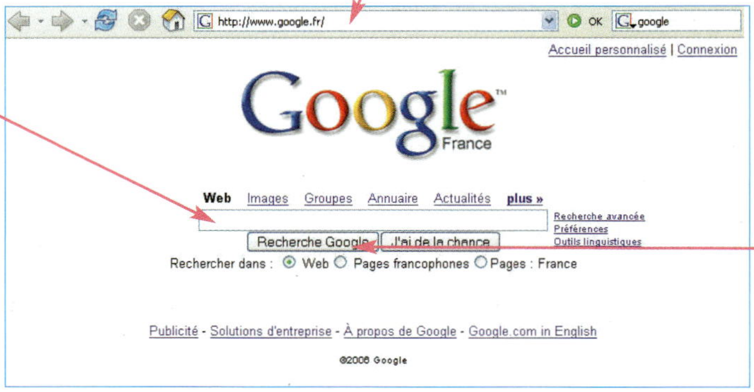

Les réponses s'affichent. Clique sur l'une d'elles pour voir si le contenu t'intéresse.

Choisir le bon site

Les sites ne sont pas tous bons. Certains donnent même des informations incorrectes.
Si le site est proposé par une institution nationale (comme le CNRS, Météo France...), tu peux être sûr de son contenu.
Voici quelques exemples de sites que tu peux consulter en tapant leur adresse directement dans la barre d'adresse :
www.cnrs.fr/saga.htm
www.meteofrance.com/FR/pedagogie/index.jsp
www.aquajunior.fr
www.cieau.com/junior
www.wikipedia.fr

Je vérifie mes connaissances

1 Classer des substances

Classe les substances suivantes en « solide », « liquide », « gaz » :
air, grenadine, glaçon, sucre en morceau, farine, vapeur d'eau, vinaigre

2 Tester la présence d'eau

1. Quelle substance permet de déterminer la présence d'eau ?

2. Quelle est la couleur de cette substance en l'absence d'eau ?

3. Que se passe-t-il quand elle est en présence d'eau ?

3 Vrai ou faux

Indique si chacune des phrases ci-dessous est vraie ou fausse. Corrige celles qui sont fausses.

1. La Terre est appelée *planète bleue* à cause de la couleur de son atmosphère.

2. Un nuage est constitué de vapeur d'eau.

3. La neige, la buée et la vapeur d'eau représentent trois états différents de l'eau.

4 Utiliser des liens logiques

Recopie et complète les phrases ci-dessous avec **car**, **si** ou **donc.**

1. J'observe que le sulfate de cuivre anhydre devient bleu lorsque j'en dépose sur une substance, ... je peux être sûr que la substance testée contient de l'eau.

2. ...... je chauffe de l'eau liquide, elle se transforme en vapeur d'eau.

3. Une personne doit boire au minimum 2 litres d'eau par jour ...... une partie de cette eau est éliminée par la transpiration, les urines et la respiration.

5 Trouver l'intrus

Trouve l'intrus parmi les termes suivants :
fusion, solidification, infiltration, liquéfaction
Justifie ta réponse.

J'applique...

6 Distinguer ébullition et évaporation

1. Cherche dans le dictionnaire la définition des mots *évaporation* et *ébullition*.

2. Au cours du cycle de l'eau, l'eau liquide se transforme partiellement en vapeur. Est-ce par *ébullition* ou par *évaporation* ?

3. Donne des exemples d'évaporation dans la vie quotidienne.

7 De l'eau... dans quel état ?

1. Associe à chaque numéro le changement d'état correspondant.

2. Associe à chaque lettre l'un des termes suivants : *pluie, mer, fleuve, neige, ruisseau, nappe phréatique, lac*

3. Pour chaque astérisque, précise l'état de l'eau.

8 Buvez, éliminez...

1. Retrouve, dans les documents de l'activité 2 (p. 57), les différents moyens par lesquels le corps humain élimine l'eau. Dans quelle proportion chacun d'entre eux contribue-t-il à ce phénomène ?

2. Sachant que la quantité d'eau totale éliminée est de 2 litres, calcule la quantité d'eau éliminée correspondante pour chaque moyen d'élimination.

EXERCICES

9 La buée : liquide ou gaz ?

1. Pourquoi, en hiver, observe-t-on de la buée sur les vitres ?

2. Quel phénomène est alors mis en évidence ?

3. D'où provient cette eau ?

10 La Cocotte-Minute

Lors de l'utilisation d'un autocuiseur pour la cuisson d'aliments, on verse de l'eau, puis on ajoute les aliments. Après avoir chauffé pendant quelque temps, on entend un « pschitt ».

1. Dans quel état se trouve l'eau à la sortie de la soupape ?

2. Pourquoi un nuage se forme-t-il au-dessus de la soupape ?

11 Avec ou sans eau ?

Anouchka pense qu'il y a de l'eau dans les peintures puisqu'elles sont liquides. Damien pense que certaines n'en contiennent pas, comme les peintures glycérophtaliques.

Décris une expérience qui permette de les départager.

12 Anhydre ou lyophilisé ?

Certains aliments, comme les soupes en sachet, sont lyophilisés.

1. Cherche dans le dictionnaire la signification du terme *lyophilisé*.

2. Peut-on dire qu'une soupe en sachet est anhydre ?

3. Que doit-on faire pour consommer cette soupe ?

13 @ Eau et santé

1. Cherche sur un moteur de recherche le terme *hydratation*. Essaie d'écrire une définition de ce mot à partir de tes recherches.

2. Comment nous hydratons-nous ?

3. Le corps humain peut-il se déshydrater ? Comment ?

J'approfondis...

14 Histoire d'eau...

Diego se pose la question suivante :

« Puisque l'eau effectue un cycle, l'eau que nous buvons est la même que celle de nos ancêtres. Les dinosaures buvaient-ils la même ? »

Qu'en penses-tu ?

15 Vive les maths !

L'*hydrosphère* est l'ensemble des réserves d'eau disponibles sur la Terre. Son volume est de 1 000 milliards de milliards de litres d'eau. Les mers et les océans représentent 97 % de l'hydrosphère, les glaces polaires et les glaciers en représentent 2 %, les eaux souterraines, les lacs et rivières ainsi que l'atmosphère représentent le reste.

1. Quelle proportion de l'hydrosphère les eaux souterraines, les lacs, les rivières et l'atmosphère représentent-ils ?

2. Calcule en milliards de milliards de litres le volume correspondant à chacune des catégories décrites.

3. Cherche dans le dictionnaire la signification de l'expression *eau douce*.

4. Quelle proportion de l'hydrosphère représente l'eau douce ?

16 Air ou eau ?

Au cours d'une séance de travaux pratiques, un élève place du sulfate de cuivre anhydre dans une coupelle et oublie de l'utiliser. À la fin de la séance, le sulfate de cuivre est devenu légèrement bleu. Explique pourquoi.

17 À boire

Un adulte de taille moyenne élimine 0,5 litre d'eau par transpiration, 2 litres d'eau par l'urine et 0,5 litre d'eau par la respiration.

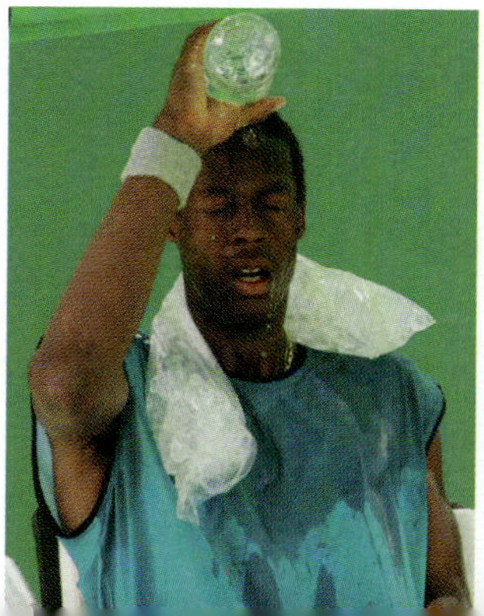

1. Quelle quantité minimale d'eau doit-il absorber pour compenser ces pertes ?

2. Quels aliments peuvent lui permettre d'absorber cette quantité d'eau ?

3. Pourquoi ce même adulte doit-il augmenter sa consommation de liquide lorsqu'il fait un effort physique ?

4. Pourquoi doit-il augmenter sa consommation en été ?

18 Prévoir le temps

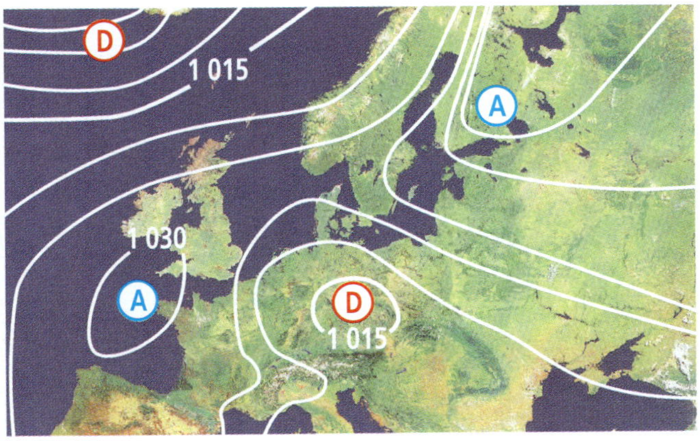

La pression de l'air qui nous entoure joue un grand rôle dans les phénomènes météorologiques.

1. Cherche dans un dictionnaire les termes suivants : *pression atmosphérique, dépression, anticyclone.*

2. Dans un bulletin météorologique, qu'annonce la dépression ?

3. Qu'annonce l'anticyclone ?

19 Eau et système solaire

« Une étude du sol de Mars, réalisée grâce à la sonde Mars Express, confirme que de la glace d'eau se trouve encore dans les couches souterraines au pôle Nord de Mars et que de l'eau se trouvait en grande quantité sur Mars peu de temps après sa formation, il y a près de 4 milliards d'années. » Dépêche AFP du 01/12/2005

1. Que signifie l'expression *glace d'eau* ?

2. Actuellement, quel est l'état de l'eau sur Mars ?

3. @ Cherche sur Internet s'il existe de l'eau sur d'autres planètes du système solaire. Tu pourras taper « eau » et « système solaire » dans un moteur de recherche.

20 Défi

Sur les sites touristiques, on peut trouver des figurines dont la couleur change en fonction de la météo.

Cherche une explication à ce phénomène.

Une expérience simple et amusante — Fabrique un nuage

Produits
- de l'eau portée à ébullition
- des glaçons

Matériel
- un pot à confiture de forme haute
- une assiette creuse
- un four à micro-ondes ou une plaque chauffante
- un gant antichaleur

→ Remplis au tiers de sa hauteur un pot à confiture.
→ Porte l'eau à ébullition à l'aide d'un four à micro-ondes.
→ Sors le pot à l'aide du gant antichaleur.
→ Place une assiette creuse remplie de glaçons au-dessus du pot.

Attention
Manipule les récipients avec précaution pour ne pas te brûler.

1. Qu'observes-tu quand tu sors le pot du four à micro-ondes ?

2. Comment as-tu réussi à former un nuage ? Aide-toi du document 1 p. 54.

SCIENCES mag

La météorologie

La météorologie occupe une grande place dans nos vies : que ce soit pour prévoir le temps, pour éviter les risques liés aux intempéries (inondations, grands froids…) ou encore pour prévenir les catastrophes naturelles (cyclones, tempêtes, tornades, ouragans…).

ENVIRONNEMENT

Nuages et précipitations

Que voit-on lorsqu'on regarde le ciel ? Bien souvent des nuages. Leur aspect est tellement varié que l'on peut rester de longs moments à les contempler, à observer ces formes si différentes.

Sur le schéma de gauche (ci-dessous) sont répertoriés les différents types de nuages, et sur celui de droite les précipitations auxquelles ils donnent naissance.

1. Quel est l'état de l'eau dans les nuages ?
2. Tous les nuages provoquent-ils des précipitations ?
3. De quelle langue ancienne proviennent les noms des nuages ?
4. Classe les précipitations selon l'état de l'eau qui les compose.
5. Cherche sur Internet s'il existe d'autres types de précipitations.
6. En utilisant Internet, essaie d'expliquer pourquoi les cumulo-nimbus sont des nuages très dangereux.

@ www.meteofrance.fr

SCIENCES mag

MÉTÉO ET RISQUES

Formation des cyclones et des tornades

Dans l'atmosphère prennent aussi naissance des phénomènes dangereux comme les cyclones, dont le schéma ci-dessous explique la formation.

Les cyclones se forment au-dessus des océans dont la température est au minimum de 26 °C. L'air chaud, provenant de la surface de l'océan, s'élève et s'accumule en altitude pour former d'énormes masses nuageuses (*cumulo-nimbus*) tandis que l'air froid, provenant des nuages, descend. Ces mouvements font grossir le cyclone qui se met à tourner, entraîné par le mouvement de rotation de la Terre. Le cyclone se déplace alors, et provoque de nombreux dégâts lors de son passage sur les îles et les côtes, puis perd rapidement de sa puissance sur le continent.

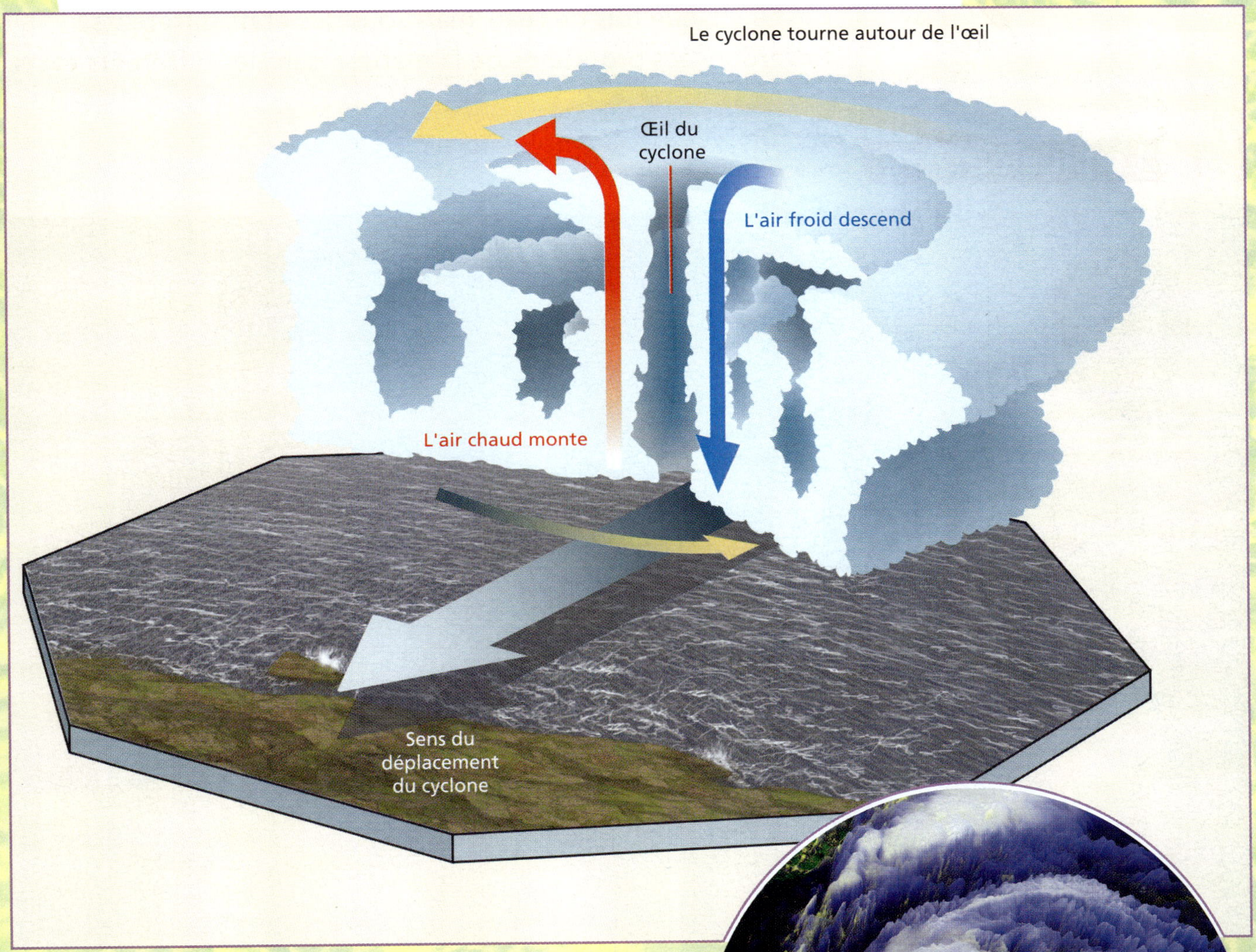

1. Pourquoi, dans l'hémisphère Nord, les cyclones se produisent-ils en été ?
2. Comment expliquer le fait que l'Europe soit épargnée par les cyclones ?
3. Comment les cyclones perdent-ils de la puissance ?
4. Cherche sur Internet comment différencier tempêtes tropicales, ouragans et dépressions tropicales.

@ www.meteofrance.fr

CHIMIE 2

Solides, liquides, gaz

Observer pour s'interroger

On peut attraper facilement un glaçon, mais « attraper » de l'eau liquide demande déjà un peu d'imagination. Quant à la vapeur d'eau, c'est encore autre chose... Pourtant, c'est à chaque fois de l'eau, mais sous des états différents. Regardons les propriétés de la matière dans les différents états.

1 Le pluviomètre

Le pluviomètre recueille l'eau de pluie dans un récipient gradué en millimètres.

1. À quoi sert un pluviomètre ?

2. Quelles personnes utilisent cet appareil de mesure ?

3. Quelle unité peux-tu lire sur cet appareil ? Cet appareil permet-il de déterminer le volume V de pluie ? la hauteur H de pluie ?

4. S'il tombe 1 mm de pluie sur 1 m^2 de surface, quel volume d'eau en m^3 a reçu cette surface ?

5. Connais-tu d'autres instruments pour déterminer des volumes ? Cite quelques-uns de ces instruments et explique comment on les utilise.

2 15 tonnes de sable s'il vous plaît !

Lorsqu'un camion charge du sable, il doit d'abord être pesé « à vide ».

1. Quel instrument permet de mesurer une masse ?
2. Pourquoi le camion doit-il passer sur la balance sans, puis avec, son chargement ?
3. Comment ferais-tu pour en déduire la masse de sable contenue dans la remorque ?
4. Quelle unité de masse est indiquée sur les dessins ? Est-ce celle indiquée sur un pèse-personne ? Et sur une balance de cuisine ? Connais-tu le lien entre ces différentes unités ?

3 La matière dans tous ses états

Différents états de la matière.

1. Dans quels états est l'eau sur la photographie ?
2. Cite les différences que tu peux observer entre ces états.
3. Explique comment l'expérience réalisée te permet de déduire qu'il y a quelque chose dans la bouteille. Dans quel état se trouve « ce quelque chose » ?

TU VAS APPRENDRE À…

- **mesurer** des masses et des volumes ;
- **connaître** les différences entre les solides, les liquides et les gaz.

ACTIVITÉ expérimentale 1 Mesurer le volume d'un liquide

▸ Une question ...

Sur toutes les bouteilles (eau minérale, soda, jus de fruits, huile, soupe...), une étiquette indique le volume du liquide qu'elles contiennent.

Comment peut-on mesurer précisément le volume d'un liquide ?

▸ Je réalise une expérience ...

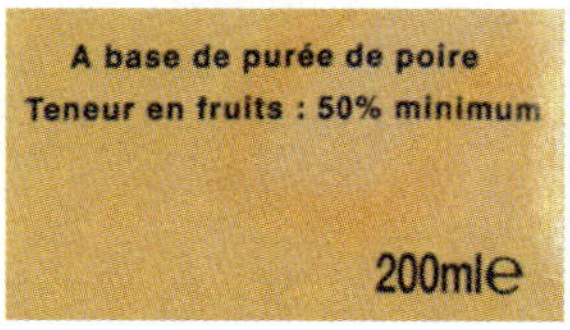

On souhaite vérifier l'indication de volume figurant sur la boisson ci-contre.

Consignes

– Nomme chaque instrument présenté sur la photographie et note ses caractéristiques. Choisis ensuite celui qui te semble le plus adapté à la mesure du volume que tu souhaites réaliser en expliquant pourquoi.

– Verse le liquide dans ce récipient en faisant attention de ne pas en perdre une goutte ; tu peux utiliser un entonnoir.

– Pose l'instrument de mesure sur la table et mesure le volume de liquide en regardant le bas du ménisque et en t'aidant du schéma.

– Note le résultat avec l'unité correspondante.

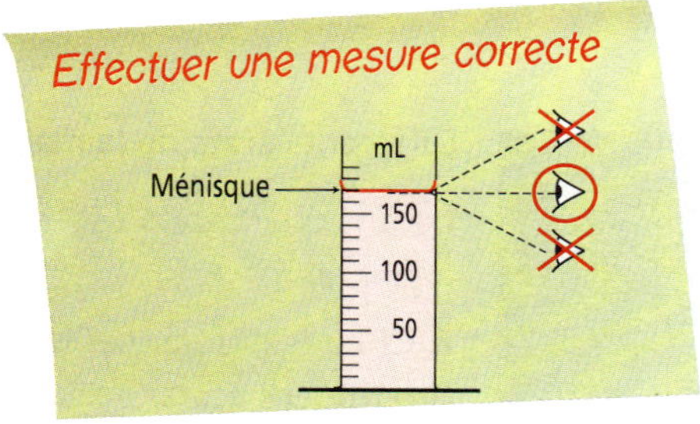

▸ J'observe et j'interprète ...

1. Quelles sont les unités indiquées sur ces récipients ? Quelle grandeur mesurent-elles ? Aide-toi du mini-dico.

2. Pourquoi ne peux-tu pas utiliser le verre à pied ?

› MÉTHODE P. 74

3. Quel est le volume du liquide recueilli ? Précise l'unité. Convertis ce volume en L puis en dm^3.

▸ Je conclus

4. Justifie le choix du récipient employé pour mesurer ce volume. L'indication de volume figurant sur la boisson est-elle correcte ?

5. Connais-tu des multiples et des sous-multiples de l'unité de mesure de ton récipient ?

MINI-DICO

Unité : quantité représentée par une abréviation (cm, m, L, m^3...). Pour une grandeur donnée (masse, volume...), l'unité légale est celle utilisée par les scientifiques du monde entier.

Volume : espace occupé par une substance. Son unité légale est le mètre cube (m^3). On peut aussi l'exprimer en litres (L). 1 L = 1 dm^3.

Ménisque : surface incurvée du liquide en contact avec l'air.

Ai-je compris la démarche ? Pourquoi a-t-on éliminé la fiole jaugée alors qu'elle permet de mesurer avec précision un volume ?

Pour m'entraîner

Exercices 1, 4, 9, 15

2 Mesurer la masse d'un solide

ACTIVITÉ expérimentale

▸ Une question

En cuisine, pour réussir une recette, il faut souvent utiliser des quantités bien déterminées de différents ingrédients. Si ces ingrédients sont des solides (sucre, farine, beurre...), c'est souvent la masse qui est indiquée dans la recette.

Comment peut-on mesurer précisément la masse d'un solide ?

▸ Je réalise une expérience

Situation

Boris, un jeune sorcier, voudrait fabriquer des bonbons au caramel. Pour cela, il sait qu'il a besoin de deux morceaux de sucre par bonbon mais il n'a qu'un seul morceau de sucre et du sucre en poudre. Il dispose aussi d'une balance (voir la photographie), de spatules et de coupelles.

Consignes

– Pour connaître le matériel, allume d'abord la balance et teste les boutons sans rien poser dessus. Cherche notamment l'intérêt du bouton « tare » (0/T) sur la balance de la photographie).
– Propose maintenant une expérience pour aider Boris à obtenir la quantité de sucre nécessaire à la fabrication d'un bonbon.

▸ J'observe et j'interprète

1. Quelle est l'unité indiquée sur la balance ? Quelle grandeur une balance permet-elle de mesurer ?

2. À quoi sert le bouton « tare » ?

3. Comment Boris peut-il obtenir la bonne quantité de sucre ?

▸ Je conclus

4. Résume sous forme de schémas la méthode pour mesurer la masse d'un solide à l'aide d'une balance et de récipients.

5. Connais-tu des multiples et des sous-multiples de l'unité indiquée sur la balance ?

6. Ta mesure est-elle précise ? Si ce n'est pas le cas, d'où pourraient provenir les erreurs ?

MINI-DICO

Masse : quantité de matière d'une susbstance (solide, liquide ou gaz) que l'on mesure avec une balance. L'unité légale de la masse est le kg. On emploie aussi des multiples et des sous-multiples. 1 kg = 1 000 g.

Faire la tare : régler le zéro de la balance.

Pour m'entraîner

Exercices 2, 8, 11

Ai-je compris la démarche ? Comment ferais-tu pour connaître la masse d'1 L d'eau ?

ACTIVITÉ expérimentale 3 L'état solide autour de nous

▸ Une question ...

L'eau existe sous forme solide dans la nature (neige, glace, givre, grêle...). Nous utilisons aussi beaucoup d'autres solides dans notre vie quotidienne (beurre, sel, sucre...).

Quelles sont les propriétés de la matière à l'état solide ?

▸ Je réalise une expérience ...

Matériel

Un glaçon, un morceau de sucre
Du sel, du sucre en poudre, du sable
Un bécher
Un verre à pied

Consignes

a. Réalise tout d'abord un classement en deux catégories des différents solides présentés sur la photographie : les solides compacts et les solides divisés (aide-toi du mini-dico).

b. Place du sel ou du sucre en poudre dans un bécher sec. Transvase-le dans un verre à pied.
Fais la même chose avec un morceau de sucre ou un glaçon.
Observe et compare.

▸ J'observe et j'interprète ...

1. Quelles substances peux-tu attraper facilement avec les doigts ? Que peux-tu dire des autres ?

2. Le sel prend-il la forme du bécher ? Celle du verre à pied ?

3. Le morceau de sucre prend-il la forme du bécher ? Celle du verre à pied ?

▸ Je conclus

4. Le morceau de sucre a-t-il une forme qui lui est propre ? Même question pour le sel.

5. Associe les termes qui vont ensemble : *forme propre, pas de forme propre, solide compact, solide divisé*. Aide-toi du mini-dico.

MINI-DICO

Compact : se dit d'un solide qu'on peut saisir et dont la forme ne dépend pas du récipient qui le contient.

Divisé : se dit d'un solide en poudre.

Forme propre : forme qui ne dépend pas du récipient qui contient la substance.

Pour m'entraîner

Exercices 5, 10, 19

Ai-je bien compris ? Tous les solides ont-ils une forme propre ?

4 L'état liquide autour de nous

ACTIVITÉ expérimentale

▸ Une question...

Les liquides sont difficiles à « attraper » car ils coulent entre les doigts. Quand on verse un liquide (par exemple de l'eau) sur une table, il faut vite aller chercher une éponge...

Quelles sont les propriétés de la matière à l'état liquide ?

▸ Je réalise une série d'expériences...

Expérience 1

Consignes

a. Verse 250 mL de liquide coloré dans un verre à pied.

b. Transvase cette eau dans un erlenmeyer de 250 mL.

Expérience 2

Consignes

a. Réalise l'expérience représentée sur le schéma ci-contre.

b. Sans déplacer le fil à plomb, place une cale sous un des bords du cristallisoir. Attends que la surface du liquide ne bouge plus et positionne à nouveau le petit côté de l'équerre le long de la surface du liquide.

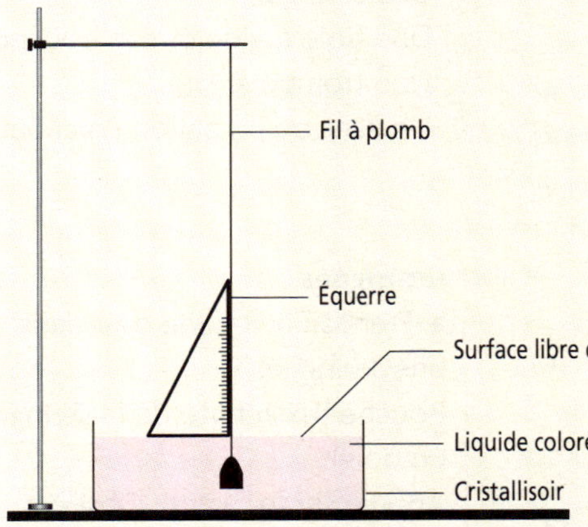

▸ J'observe et j'interprète...

1. Présente sur deux schémas l'eau dans le verre à pied et l'eau dans l'erlenmeyer (expérience 1). L'eau prend-elle la forme du verre à pied ? Celle de l'erlenmeyer ?

2. Dans l'expérience 2, quelle direction montre le fil à plomb ? Et la base de l'équerre ?

3. Refais le schéma de l'expérience 2 dans le cas où tu as rajouté une cale.

4. D'après l'expérience 2 (avec et sans cale), que peux-tu dire de la surface du liquide au repos ?

▸ Je conclus

5. Quelle forme prend un liquide au repos placé dans un récipient ? A-t-il une forme propre ?

6. Quelle est la forme de la surface libre d'un liquide au repos ? Quelle est la direction de la surface libre d'un liquide au repos ?

MINI-DICO

Surface libre : surface de séparation entre le liquide et l'air.

Fil à plomb : fil indiquant la verticale.

Au repos : qui n'est pas agité.

Forme propre : forme qui ne dépend pas du récipient qui contient la substance.

Pour m'entraîner

Exercice 7

Ai-je compris la démarche ? Quel est l'intérêt d'avoir utilisé une cale dans l'expérience 2 ?

ACTIVITÉ expérimentale 5 L'état gazeux autour de nous

▸ Une question

Une « bouteille vide » fermée est dure à comprimer, même si elle paraît vide.
C'est parce qu'elle contient du gaz et que de nombreux gaz sont invisibles et inodores (air, vapeur d'eau...).

Quelles sont les propriétés de la matière à l'état gazeux ?

▸ Je réalise une série d'expériences

Matériel
- Une seringue
- Une fiole à vide et son bouchon
- Une trompe à eau
- Un gant ou un ballon en caoutchouc

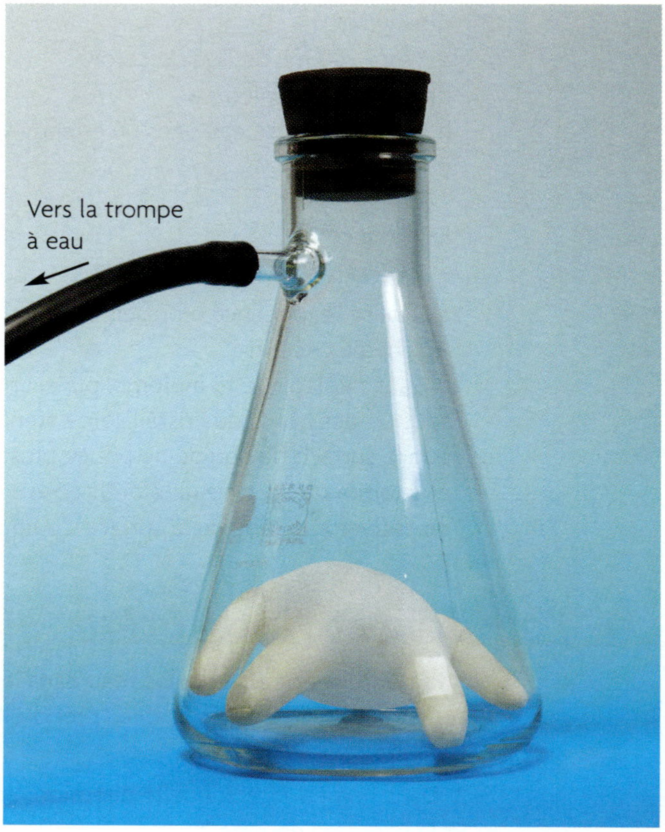

Consignes

a. Prends un volume d'air dans une seringue.
Bouche l'extrémité de la seringue avec un doigt.
Appuie sur le piston. Observe.
Tire ensuite sur le piston. Observe.

b. Enferme maintenant un petit volume d'air dans un gant.
Mets-le dans une fiole à vide reliée à une trompe à eau.
Ferme la fiole à l'aide d'un bouchon.
Fais ensuite le vide en ouvrant le robinet à fond pour enlever l'air qu'il y a à l'intérieur de la fiole.
Observe.

▸ J'observe et j'interprète

1. Que peux-tu dire du volume du gaz lorsque tu appuies sur le piston de la seringue ? Et lorsque tu tires sur le piston (expérience a) ?

2. Qu'arrive-t-il au ballon quand tu réalises le vide (expérience b) ?

▸ Je conclus

3. D'après toi, le gaz occupe-t-il tout l'espace dans la seringue ?

4. Un gaz a-t-il une forme propre ?

5. Un gaz est-il compressible ? Expansible ? Aide-toi du mini-dico.

MINI-DICO

Compressible : dont le volume peut diminuer.

Expansible : dont le volume peut augmenter.

Forme propre : forme qui ne dépend pas du récipient qui contient la substance.

Pour m'entraîner

Exercices 3, 6, 12

Ai-je compris la démarche ? Que signifie « faire le vide » ?

L'ESSENTIEL

1 Mesure du volume d'un liquide

- On mesure le volume d'un liquide avec une **éprouvette graduée** ou avec un autre récipient gradué. Chaque récipient a une capacité donnée (quantité de liquide qu'il peut contenir) et une certaine précision.
- L'unité légale du volume est le **mètre cube (m^3)** mais on utilise souvent le litre (L). Il existe des multiples et sous-multiples de ces unités. Pour connaître leurs correspondances, on utilise un tableau de conversions (voir méthode p. 74) : **1 L = 1 dm^3**.
- Lors de la mesure, pour ne pas faire d'erreur de lecture, on positionne les yeux au niveau de la graduation pour lire la valeur en bas du ménisque.

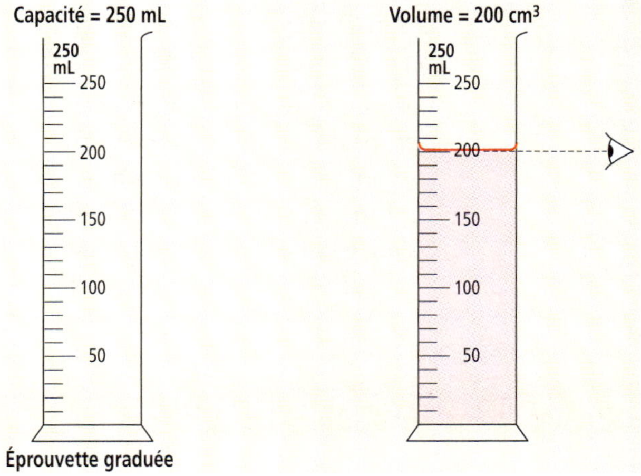

2 Mesure de la masse d'un solide ou d'un liquide

- On mesure une masse avec une **balance**. Il faut faire la *tare*, c'est-à-dire le zéro, de la balance avant de peser un objet.
- L'unité légale de la masse est le **kilogramme (kg)**. Il existe des multiples et sous-multiples du kilogramme : tonne (t), gramme (g), milligramme (mg)...
- Pour connaître les correspondances entre les différents sous-multiples, on utilise un tableau de conversions (voir méthode p. 74).
- **1 L d'eau a une masse de 1 kg**.

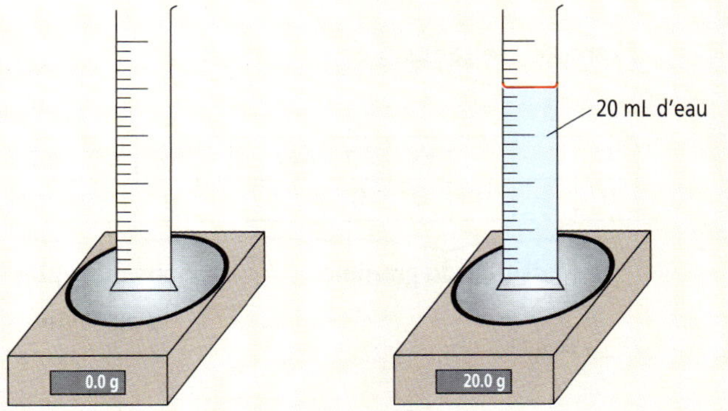

3 Propriétés des solides, des liquides et des gaz

- Les solides compacts ont une **forme propre** mais pas les solides divisés (sucre en poudre, sel).
- Les liquides prennent la forme du récipient qui les contient : ils n'ont pas de forme propre. Au repos, leur **surface libre** est toujours **plane** et **horizontale**.
- Les gaz n'ont pas de forme propre et ils prennent toute la place qui leur est offerte, on dit qu'ils sont **expansibles**. On peut aussi diminuer leur volume, on dit qu'ils sont **compressibles**.

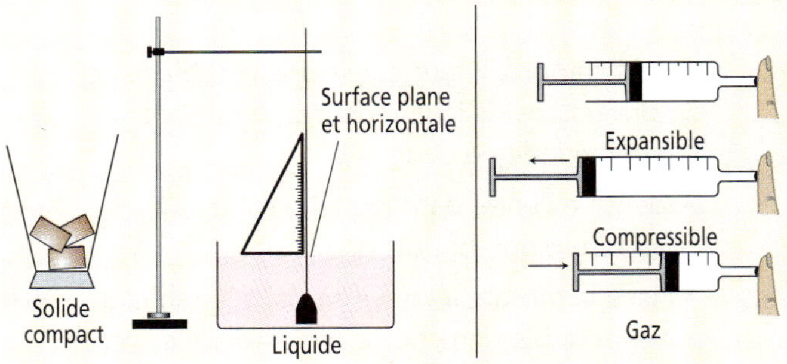

JE DOIS ÊTRE CAPABLE DE :

- **mesurer** le volume d'un liquide ;
- **mesurer** la masse d'un solide ou d'un liquide ;
- **distinguer** les états de la matière par leurs propriétés ;
- **construire et utiliser** un tableau de conversions.

MÉTHODE 4 Convertir des unités

Un problème

Les instruments de mesure indiquent différentes unités et on doit savoir passer de l'une à l'autre : étudions un exemple.

Lorsque tu réalises une recette, les indications te donnent des masses et des volumes. Voici une recette dont les unités ne sont pas très adaptées aux instruments de mesure dont tu disposes : un verre gradué en centilitres (cL) et d'une balance qui a pour unité le gramme (g).

INGRÉDIENTS DE LA PÂTE À CRÊPES

- 3 œufs
- 0,25 dm³ de lait
- 1 250 dg de farine
- 30 g de beurre fondu
- 1 pincée de sel

Un outil : le tableau de conversions

Le tableau de conversions permet de passer d'une unité à ses multiples ou à ses sous-multiples, ou bien de changer d'unité.

D'un multiple à un sous-multiple

Exemple : le tableau des masses

t			kg	hg	dag	g	dg	cg	mg
0	2	0	0	0					

Multiples du gramme (t à dag) — Sous-multiples du gramme (dg à mg)

0,2 t = 2 000 hg

D'une unité à une autre

Exemple : le tableau des volumes et des capacités

1 L = 1 dm³

m³			dm³			cm³			mm³		
			hL	daL	L	dL	cL	mL			
					1	0	0	0			

1 dm³ = 1 000 mL

Rappel : **k :** kilo **h :** hecto **da :** déca **d :** déci **c :** centi **m :** milli

Des étapes à suivre

- Tout d'abord, il faut construire le tableau de conversions de la grandeur correspondante comme indiqué ci-dessus.
  ↔ Pour la farine : le tableau des masses — Pour le lait : le tableau des volumes et des capacités
- Identifie l'unité dans laquelle est exprimée la mesure que tu dois convertir.
  ↔ 1 250 (dg) de farine — 0,25 (dm³) de lait
- Place la mesure à convertir dans le tableau : respecte bien un chiffre par colonne et vérifie que tu as bien placé la mesure.

hg	dag	g	dg	cg
1	2	5	0	

dm³			cm³		
hL	daL	L	dL	cL	mL
		0	2	5	

- Ajoute les zéros nécessaires ou déplace la virgule jusqu'à l'unité choisie.
- Tu peux maintenant réaliser ta pâte à crêpes en mélangeant tous les ingrédients.
  ↔ ➡ 125 g de farine — ➡ 25 cL de lait

EXERCICES

Je vérifie mes connaissances

1 Retrouver l'ordre chronologique

Place les étapes suivantes dans l'ordre chronologique.

1. Lire le volume contenu dans l'éprouvette.

2. Placer l'éprouvette sur une surface plane et horizontale.

3. Remplir l'éprouvette avec le liquide.

4. Placer le regard à la hauteur du ménisque.

2 Compléter des phrases

Recopie et complète les phrases ci-dessous.

1. Une ...... permet de mesurer un volume.

2. Avant de mesurer la masse d'une substance à l'aide d'une balance, je dois faire la ....

3. L'unité légale de la masse est le ....

3 Compléter un tableau

Recopie et complète le tableau ci-dessous par oui ou non.

État	Solide compact	Solide divisé	Liquide	Gaz
Forme propre				
Surface libre plane et horizontale				
Occupe tout le volume offert par le récipient				
Compressible				
Expansible				

4 Vrai ou faux

Indique si chacune des phrases ci-dessous est vraie ou fausse. Corrige celles qui sont fausses.

1. Le cm^3 est une unité de volume.

2. Une éprouvette graduée permet de mesurer une masse.

3. $1\ cm^3 = 1\ mL$

4. $10\ dm^3 = 1\ m^3$

5. $1\ dm^3 = 1\,000\ mL$

6. $100\ cL = 0{,}1\ dm^3$

5 Trouver l'intrus

Indique l'intrus parmi les termes suivants : *solide compact, forme propre, solide divisé.* Justifie ta réponse.

6 Utiliser des liens logiques

Recopie et complète les phrases ci-dessous avec **si**, **car** ou **donc**.

1. La substance prend tout l'espace qui lui est offert, je peux ...... dire que cette substance est un gaz.

2. ...... une substance est solide, elle ne prend pas la forme du récipient qui la contient.

3. On dit qu'un gaz est expansible ...... il occupe tout l'espace qui lui est offert.

J'applique...

7 Observer et corriger

Aurélie a réalisé les schémas ci-dessus. Qu'en penses-tu ?

8 Vérifier des conversions

Simon a effectué les conversions suivantes.

200 mL = 0,02 L	0,05 L = 50 cL
$3\ L = 30\ cm^3$	$0{,}2\ dm^3 = 0{,}02\ dL$
900 g = 9 kg	100 kg = 0,01 t
1 600 mg = 16 dag	0,7 g = 700 mg

Pour chaque résultat, représente le tableau de conversions qui convient et vérifie si Simon s'est trompé ou non.

9 Lire un volume

1. À quel volume est associée une graduation ?

2. Quel est le volume contenu dans chaque éprouvette ?

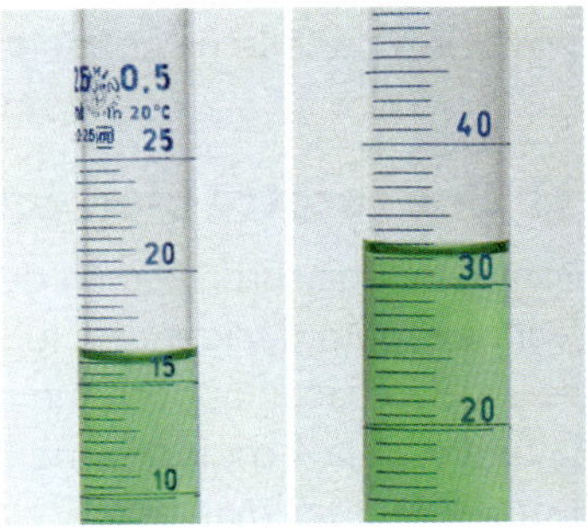

10 Différents points de vue

Au cours d'une discussion en classe, Yann et Leïla exposent leur point de vue. Yann pense que tous les solides ont une forme propre tandis que Leïla pense le contraire. Qui a raison ? Justifie ta réponse.

EXERCICES

11 Lire une étiquette

Valeurs énergétiques et nutritionnelles moyennes pour 100 mL :					
179 kJ / 42 kcal					
Protéines	0,6 g	Glucides dont sucres	9,3 g 9,1 g	Lipides dont acides gras saturés	0,1 g < 0,1 g
Fibres	0,6 g	Sodium	< 0,009 g		

Boisson à base de jus de fruits concentrés, de purées de fruits concentrées, et d'extrait d'huile végétale.

75 cL

1. Que signifie *g* ? Est-ce l'unité légale de la masse ?

2. Quel est le symbole de l'unité légale de la masse ?

3. Avec quel appareil peut-on mesurer des masses ?

4. Quelle est la masse de glucides contenue dans 1 L de boisson ?

5. Que signifie *cL* ? Est-ce l'unité légale du volume ?

6. Quel est le symbole de l'unité légale du volume ?

7. Avec quel appareil peut-on mesurer un volume ?

8. Quel est le volume de la boisson en mL ?

12 Plein ou vide ?

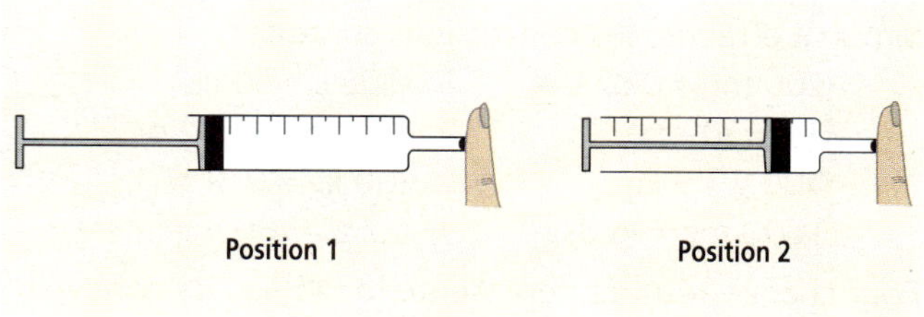

Thibaut pense que le piston de la seringue peut être poussé, comme sur le schéma, de la position 1 à la position 2 car elle ne contient rien. Qu'en penses-tu ?

13 Une recette bien équilibrée

Pour faire une surprise à un de leurs amis, Arnaud, Julia, Jeanne et Kim décident de lui préparer un quatre-quarts. Pour cela chacun apporte un ingrédient : Arnaud apporte la farine, Julia 4 œufs, Jeanne le sucre et Kim le beurre. Ils mesurent les masses avant de préparer ce gâteau. Un quatre-quarts est composé de quatre fois la même masse d'ingrédients et un œuf moyen a une masse de 50 g.

1. Quel appareil de mesure doivent-ils utiliser?

2. Quelle masse de chaque ingrédient doivent-ils mesurer ?

14 Un liquide inconnu

Adel verse un volume de 50 mL d'un liquide dans une éprouvette. Il détermine la masse de l'éprouvette vide, puis pleine.

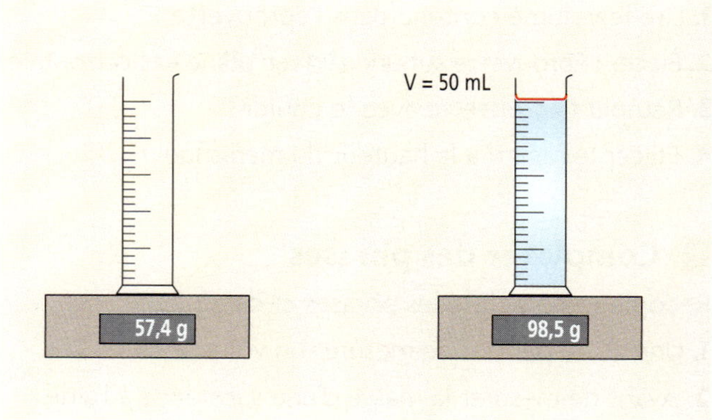

1. Quelle est la masse de l'éprouvette vide ?

2. Quelle est la masse de l'éprouvette contenant 50 mL de liquide ?

3. Quelle est la masse du liquide contenu dans l'éprouvette ?

4. Ce liquide peut-il être de l'eau ?

15 Un délicieux cocktail

Pour faire un cocktail, John trouve une recette dans laquelle les volumes des liquides sont indiqués en cm^3. Le verre doseur dont il dispose comporte les indications suivantes : 1/10, 1/4, 1/3, 1/2, 2/3, 3/4 et 1 L.

1. Convertis ces volumes en cm^3.

2. Le cocktail est composé de 5 cm^3 de sirop de grenadine, 10 cL de jus de goyave et 15 cL de jus de pamplemousse. Quel est le volume du cocktail en mL ?

J'approfondis...

16 Chimie et santé

Mateo et Lélia ont lu qu'il était nécessaire de boire au minimum 2 L de liquide par jour. Ils disposent de bouteilles d'eau contenant 33 cL et d'un verre doseur pouvant contenir jusqu'à 1 L de liquide.

1. Combien de bouteilles faut-il pour remplir le verre doseur ?

2. Combien de bouteilles devrait-on donc boire chaque jour ?

17 Un liquide mystère

Dans un laboratoire, on découvre une bouteille non étiquetée contenant un litre de liquide incolore. On veut déterminer si ce liquide est de l'eau. On dispose pour cela d'une balance électronique et d'une éprouvette graduée.

Comment procéder ?

18 Déterminer le volume d'un solide

Deux élèves confrontent leurs idées :

– Lamia pense que, pour mesurer le volume d'une bille, on peut la plonger dans une éprouvette graduée contenant un volume d'eau connu.

– Tidiane pense qu'on ne peut pas déterminer le volume d'un solide avec une éprouvette.

1. Qui a raison ? Explique pourquoi.

2. Comment déterminer le volume de cette bille ?

19 Origine du mot solide

1. Cherche dans un dictionnaire la signification latine du mot *solide*.

2. S'applique-t-elle pour tous les solides que tu connais ?

3. À quel autre état de la matière les solides divisés pourraient-ils être apparentés ?

20 Plongée et air comprimé

En plongée sous-marine, on utilise des bouteilles d'air comprimé pour pouvoir respirer.

1. @ Utilise un moteur de recherche pour répondre aux questions **a** à **d**.

a. Quelle est la composition de l'air ?

b. Comment fabrique-t-on des bouteilles d'air comprimé ?

c. À quoi sert un compresseur ?

d. Pourquoi, en plongée, utilise-t-on de l'air comprimé ?

2. Sur une bouteille on peut lire les informations suivantes :

Contenance de la bouteille : 15 L
Volume d'air comprimé : 3,5 m^3

En utilisant les réponses à la question 1, explique la signification de ces informations.

3. Connais-tu d'autres usage de l'air comprimé ? Aide-toi d'une encyclopédie ou d'un moteur de recherche.

Une expérience simple et amusante — Modifier les propriétés d'un liquide

Matériel
- *une bouteille en plastique de 25 cL*
- *une petite assiette*
- *une cuillère à café*
- *de l'eau du robinet*
- *une couche pour bébé*

→ Découpe la bouteille plastique pour en retirer le goulot.
→ Place de l'eau du robinet sur une hauteur de 3 cm.
→ Retourne la bouteille au-dessus d'un évier. Observe.
→ Place à nouveau 3 cm d'eau dans la bouteille.
→ Ouvre à la main la couche et gratte l'intérieur de celle-ci avec la cuillère. Récupère la poudre dans l'assiette.
→ Introduis le contenu de la couche dans la bouteille et mélange à l'aide de la cuillère : le mélange va s'épaissir. Attends 3 à 5 minutes et retourne la bouteille au-dessus d'un évier. Observe.

1. Dans quel état se trouve l'eau au début de l'expérience ? Dans quel état se trouve le contenu de la bouteille à la fin ?

2. Pourquoi utilise-t-on cette propriété pour la fabrication des couches pour bébé ?

SCIENCES mag

Les **unités** de **mesure**

Selon le pays dans lequel on se trouve, on n'utilise pas les mêmes unités. Ainsi, aux États-Unis et au Royaume-Uni, les longueurs sont exprimées en miles (1 mile = 1,6 km), en pieds (1 pied = 30,48 cm) ou bien en pouces (1 pouce = 2,54 cm). En France, l'unité de longueur est le mètre, mais cela n'a pas toujours été le cas. Il a fallu attendre 1795 pour qu'un système unique d'unités soit établi.

HISTOIRE

Les mesures et leurs unités

Jusqu'au XVIIIe siècle, en France, une unité de masse, de longueur ou de capacité n'avait pas la même valeur selon le lieu : la livre, unité de masse, valait de 350 g à 500 g selon la ville ou la région ; le pied, unité de longueur, mesurait 25 à 30 cm ; le pot, unité de mesure des liquides, valait de 0,8 à 2,4 L. De plus, il existait environ 2 000 noms d'unités, ce qui gênait les échanges commerciaux d'une région à une autre. Le 7 avril 1795, la loi sur le système métrique est adoptée, imposant l'usage d'unités communes sur tout le territoire français. À l'époque, les unités fondamentales du système métrique étaient les suivantes : le litre (L), unité de capacité ; le mètre (m), unité de longueur et le gramme (g), unité de masse. Le gramme, unité de masse, fut ainsi défini : « masse d'un volume d'eau pure égal au cube de la centième partie du mètre, et à la température de la glace fondante ». Les multiples et sous-multiples de ces unités furent aussi autorisés dans le système métrique : par exemple, on peut exprimer une masse en milligrammes (mg), en décagrammes (dag) ou en tonnes (t).

1. Qu'est-ce que le système métrique ? Tu peux faire une recherche sur Internet en tapant ces deux termes.

2. Pour quelles raisons a-t-on adopté ce système ?

3. Connais-tu quelques unités de longueur ou de masse n'appartenant pas au système métrique et encore en usage de nos jours ?

4. Reformule la définition du gramme, en utilisant d'autres termes.

5. Cherche sur Internet les unités du *Système international.*

@ www.wikipedia.fr

SCIENCES mag

Les **propriétés** de la **matière**

La matière est loin de nous avoir dévoilé tous ses secrets… De nos jours, des ingénieurs sont constamment à la recherche de nouveaux matériaux, plus performants et plus maniables, pour des applications diverses. Ils vont aussi parfois jusqu'à modifier l'état de certaines substances pour qu'on puisse en transporter de plus grandes quantités.

TECHNOLOGIE

Grand volume et faible masse

L'A380, le dernier-né d'Airbus, est un condensé d'électronique et de nouvelles technologies. Une grande partie de la structure de l'A380 est fabriquée avec des matériaux composites tels que le *glare*, matériau élaboré à partir de couches d'aluminium et de fibres de verre. Ces matériaux, moins « lourds » que l'aluminium, offrent une meilleure tenue à la corrosion et une excellente résistance aux flammes.

1. Cherche sur Internet ou dans un dictionnaire la signification de *matériau composite*.
2. Pourquoi fabriquer de tels matériaux ?
3. Pourquoi utiliser des matériaux moins lourds ?
4. Quels sont les autres avantages de ces matériaux composites ?

ÉNERGIE

Changer d'état pour en mettre plus

Parce qu'il prend moins de place à l'état liquide, le gaz naturel est souvent transporté par méthanier.

1. Cherche dans un dictionnaire ce qu'est un *méthanier*.
2. Quelle propriété des gaz est utilisée pour transporter le *gaz naturel* ?
3. Quel changement d'état provoque-t-on ?
4. Cite d'autres exemples où le gaz est ainsi conditionné.

Chimie 3

Séparer les constituants visibles d'un mélange

L'eau liquide est partout autour de nous. On la rencontre dans la nature (nuages, océans, rivières), chez nous, dans les aliments, dans les boissons. La plupart du temps, l'eau y est mélangée à d'autres substances. Regardons et étudions quelques mélanges.

1 Le jus d'orange pressé

Une bouteille de jus d'orange sanguine (avec pulpe) quand on l'agite et la même bouteille quelques heures après.

1. Décris l'aspect du jus d'orange sur chacune de ces photographies.

2. Que se passe-t-il lorsqu'on laisse reposer le jus d'orange ? Sais-tu comment on appelle ce phénomène ?

3. Comment ferais-tu pour recueillir séparément le liquide et sa pulpe ?

2 Un filtre adapté à chaque mélange

Voici quelques exemples de filtres utilisés dans la vie courante.

1. Décris en une phrase chacune des photographies ci-dessus.
2. Y a-t-il un point commun entre elles ?
3. Pourrait-on utiliser l'épuisette pour filtrer le café ?
4. Quelle condition doit respecter un filtre pour être efficace ?
5. Peux-tu donner d'autres exemples de filtres et indiquer leur usage dans la vie de tous les jours ?

3 Marée noire et vinaigrette

« Composée de vinaigre, d'huile, de sel, de poivre et de moutarde [...], la vinaigrette est une [...] émulsion [...].
Normalement l'huile ne se [mélange pas à] l'eau ; c'est seulement quand on agite fortement un mélange d'eau et d'huile que des gouttes d'huile se placent en suspension dans l'eau. Temporairement, d'ailleurs, car ces gouttelettes, plus légères que l'eau, remontent, [...] et reforment une phase huileuse séparée. »

Les Secrets de la casserole, Hervé This, Éditions Belin.

Le 12 décembre 1999, le pétrolier *Erika* sombre dans le golfe de Gascogne : une importante marée noire s'ensuit.

1. Décris l'aspect du mélange eau/pétrole sur la photographie. Vois-tu un lien avec le texte sur la vinaigrette ?
2. Propose une expérience pour montrer que l'eau et l'huile ne se mélangent pas.
3. Qu'est-ce qu'une marée noire ? Quels risques représente-t-elle pour l'environnement ?

TU VAS APPRENDRE À...

- **distinguer** différents types de mélanges ;
- **séparer** le solide et le liquide d'un mélange ;
- **séparer** deux liquides qui ne se mélangent pas.

ACTIVITÉ documentaire 1 Étudier des boissons

▸ Une question

Toutes les boissons (eau minérale, soda, lait aromatisé, thé, café...) contiennent de l'eau. Les informations présentes sur les étiquettes montrent qu'elles ne contiennent pas que de l'eau. Il s'agit donc de mélanges.

En étudiant quelques étiquettes, peut-on déterminer la nature et le rôle des différentes substances présentes dans les boissons ?

▸ J'étudie des documents

Calcium : 0,549 g/L
Magnésium : 0,119 g/L
Sodium : 0,014 g/L
Sulfate : 1,530 g/L

Eau gazéifiée
Jus d'orange sanguine et autres agrumes
Sucre
Pulpe d'agrumes
Colorant : rouge allura AC

Yaourt au lait partiellement écrémé
Sucre
Sirop de glucose-fructose
Arôme
Colorant : E124

1. Quelques indications présentes sur les étiquettes de ces boissons. Tu peux en observer d'autres sur tes boissons préférées...

Les sels minéraux

Présents en quantités variables selon les eaux, les sels minéraux ont des utilités différentes.

– Le **calcium** est essentiel à la croissance, à la solidité des os et des dents ainsi qu'au fonctionnement des transmissions nerveuses.

– Le **sodium** est un des constituants du sel. Il contribue à fixer l'eau dans l'organisme.

– Le **magnésium** aide à lutter contre la fatigue, les insomnies ou encore les crampes.

– Les **bicarbonates** facilitent la digestion.

– Les **oligo-éléments** (comme le zinc, le sélénium ou le fluor) sont indispensables.

2. Les sels minéraux et notre santé.

▸ J'analyse les documents

1. L'eau minérale Hépar, le Yop fraise et l'Orangina rouge ne contiennent-ils que de l'eau ?

2. Regroupe en différentes familles les substances qui composent les boissons.

3. Pourquoi parle-t-on d'eau minérale dans le cas de l'Hépar ? Les sels minéraux sont-ils utiles pour la santé ? Justifie ta réponse à l'aide du document 2.

▸ Je conclus

4. Quand on achète une boisson, comment peut-on recueillir des informations sur sa composition ?

5. Les boissons sont-elles de l'eau pure ou des mélanges aqueux ?

MINI-DICO

Mélange : ce qui contient plusieurs substances.

Mélange aqueux : mélange qui contient de l'eau.

Composition : liste et quantité des différentes substances présentes dans un mélange.

Pour m'entraîner

Exercice 1

Ai-je bien compris ? Comment peux-tu devenir un consommateur informé ?

2 Fabriquer et observer un mélange

ACTIVITÉ expérimentale

▸ Une question

Tant dans la nature que dans son utilisation par les hommes, l'eau se trouve mélangée à de nombreuses substances, solides ou liquides.

Comment peux-tu classer les mélanges en deux catégories ?

▸ Je réalise une expérience

Matériel

Un grand bécher
Un agitateur en verre
De l'eau du robinet
Une spatule

Constituants

Liste 1	Liste 2	Liste 3
Sel Sucre Café soluble Chocolat en poudre	Sirop de grenadine Sirop de menthe Colorant alimentaire Vinaigre	Huile alimentaire Terre Sable Brindilles Herbe

Consignes

– Dans un grand bécher contenant de l'eau, ajoute un constituant de chaque liste en commençant par la liste 1, puis la liste 2 et enfin la liste 3. Veille à ce que le contenu ne déborde pas du bécher.
– Note la composition de ton mélange.
– Observe le mélange à chaque étape après avoir agité et après avoir laissé reposer.

1. Un exemple de mélange après ajout de sel, de sirop de menthe et d'huile. **2.** Un exemple de mélange après ajout de sucre, de sirop de menthe et de sable.

▸ J'observe et j'interprète

1. À chaque étape, indique l'aspect du mélange et dis si tu peux distinguer au moins deux constituants à l'œil nu.

2. Si tu verses de l'huile dans ton mélange, l'huile se mélange-t-elle à l'eau ? Peux-tu encore distinguer l'huile et l'eau après avoir agité et laissé reposer ?

▸ Je conclus

3. En t'aidant du mini-dico, propose un classement en deux catégories des différents mélanges que tu as réalisés.

4. L'eau et l'huile sont-elles miscibles ? Aide-toi du mini-dico.

MINI-DICO

Constituant : substance qui entre dans la composition d'un mélange.

Mélange homogène : mélange dont on ne peut pas distinguer les constituants à l'œil nu.

Mélange hétérogène : mélange dont on peut distinguer au moins deux constituants à l'œil nu.

Miscible : deux liquides sont miscibles quand ils forment un mélange homogène.

Pour m'entraîner

Exercices 1, 2, 3, 8, 10

Ai-je compris la démarche ? Quel peut être l'intérêt de « classer » en sciences ? Connais-tu d'autres exemples de classement (en SVT par exemple) ?

ACTIVITÉ expérimentale

3 Séparer un liquide d'un solide

▸ Une question

L'eau peut être mélangée à des liquides et à des solides. Parfois, dans le cas d'un mélange hétérogène d'eau et de solides, on peut distinguer les particules solides à l'œil nu.

Comment peux-tu séparer le liquide et les solides d'un mélange pour recueillir une eau limpide ?

▸ Je réalise une expérience

Matériel et produits

- Des béchers
- Du papier buvard
- Un mouchoir en tissu
- Du coton
- Une passoire
- Un entonnoir
- Un mélange hétérogène d'eau et de solides

Consignes

– Agite dans un premier temps le mélange puis laisse-le reposer.

– En utilisant le matériel présenté ci-dessus, propose différentes expériences pour séparer l'eau et les solides de ton mélange hétérogène.

▸ J'observe et j'interprète

1. Décris l'aspect du bécher avant et après avoir laissé reposer le mélange.

2. Peux-tu expliquer pourquoi certains solides tombent au fond du récipient et d'autres non ?

3. Obtiens-tu une eau limpide à la fin de ton expérience ?

4. Quel est le matériel qui te permet de recueillir une eau limpide ?

▸ Je conclus

5. En utilisant les mots *décantation, reposer, se déposer, particules solides*, fais une phrase pour conclure sur ce que tu observes quand tu agites et laisses reposer le mélange.

6. Quelle condition doit vérifier le filtre pour bien séparer l'eau des particules solides ? L'eau est-elle potable pour autant ?

Ai-je compris la démarche ? La décantation permet-elle de séparer et récupérer les particules solides de l'eau ?

MINI-DICO

Particules : très petits grains de solide.

Décantation : séparation des constituants d'un mélange hétérogène lorsqu'on laisse reposer le mélange.

Filtre : objet percé de petits trous destiné à retenir certaines substances. Les trous d'un filtre s'appellent les pores.

Pour m'entraîner

Exercices 4, 16, 22

4 Réaliser une filtration : la technique du chimiste

ACTIVITÉ expérimentale

▸ Une question

La décantation ne permet pas une séparation et une récupération efficaces du liquide et des solides d'un mélange hétérogène. Cependant, un filtre bien adapté les permet.

Comment le chimiste réalise-t-il une filtration au laboratoire ?

▸ Je réalise une expérience

Consignes

– Réalise le montage de filtration photographié ci-dessous (1).

– Utilise-le pour filtrer un mélange hétérogène d'eau et de solides.

1. Montage de la filtration.

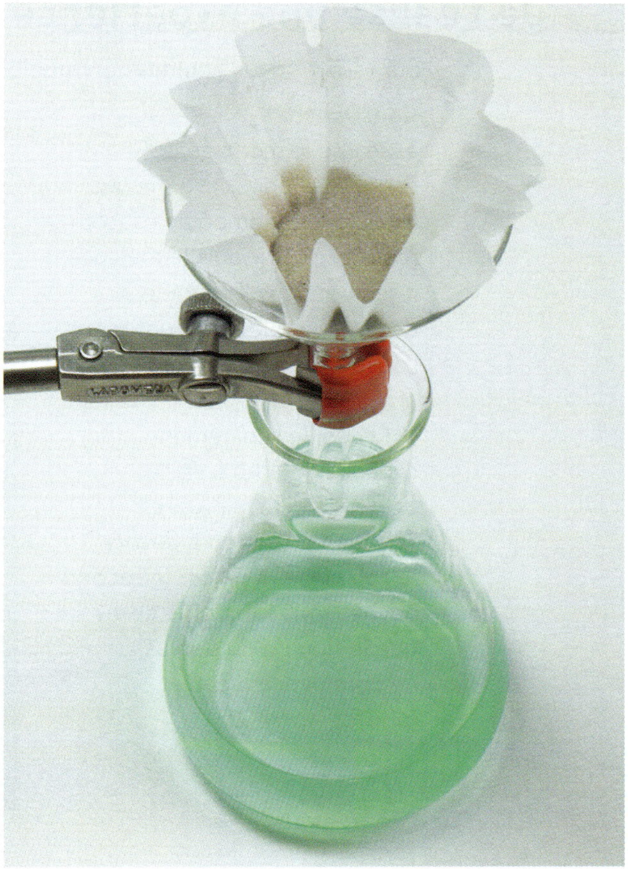

2. Résultats : le filtrat et le contenu du papier-filtre.

▸ J'observe et j'interprète

1. Que reste-t-il dans le filtre à la fin de la filtration ?

2. Décris l'aspect du liquide obtenu dans l'erlenmeyer.

3. Que laisse passer le filtre au cours de la filtration ? Que retient-il ?

▸ Je conclus

4. Fais un schéma du dispositif que tu as réalisé.

5. Explique en une phrase comment le chimiste procède pour séparer les solides et le liquide d'un mélange hétérogène.

MINI-DICO

Filtre : objet percé de petits trous destiné à favoriser ou à empêcher le passage de certaines substances. Les trous d'un filtre s'appellent les pores.

Filtrat : liquide que l'on récupère à la sortie du filtre.

Pour m'entraîner

Exercices 5, 6, 7, 17

Ai-je compris la démarche ? Pourquoi parle-t-on de filtre « bien adapté » ?

ACTIVITÉ expérimentale

5 Séparer deux liquides : la technique du chimiste

▸ Une question

Lorsqu'on verse de l'huile dans l'eau, les deux liquides ne se mélangent pas : on observe une couche d'huile sur une couche d'eau. On dit que l'eau et l'huile sont non miscibles.

Comment le chimiste sépare-t-il deux liquides non miscibles ?

▸ Je réalise une expérience

Pour séparer deux liquides non miscibles, le chimiste utilise une **ampoule à décanter**.

Consignes

a. Réalise le montage de la photographie 1 : vérifie que le robinet de l'ampoule est bien fermé puis introduis le mélange à séparer dans l'ampoule à décanter à l'aide d'un entonnoir. Laisse décanter.

b. Recueille séparément les deux liquides à l'aide de deux béchers propres. **Fais bien attention à fermer le robinet et à placer le second bécher sous l'ampoule avant que le liquide du dessus ne commence à couler** (photographie 2).

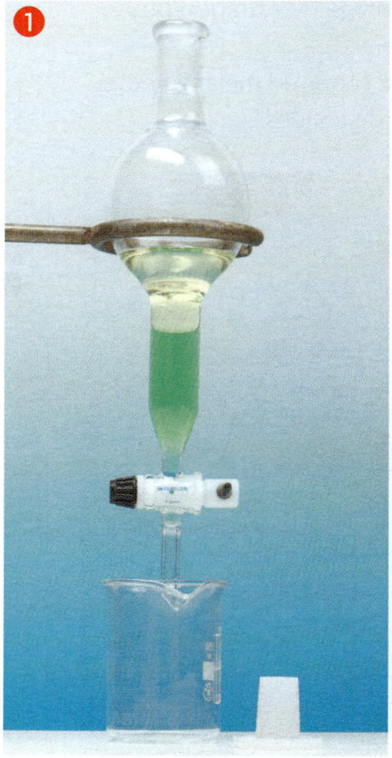

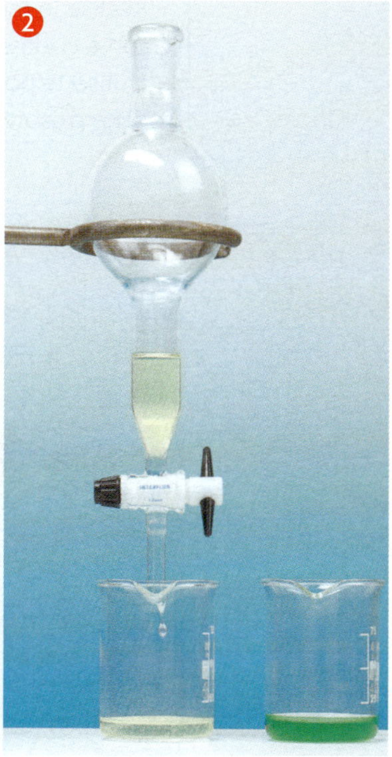

▸ J'observe et j'interprète

1. Décris l'aspect du mélange dans l'ampoule après agitation, puis après avoir laissé décanter.

2. Quel liquide recueilles-tu en premier ? Quel est son aspect ?

▸ Je conclus

3. Fais un schéma du montage avant et au cours de la séparation en précisant où est l'eau et où est l'huile.

4. Explique en une phrase à quoi sert une ampoule à décanter.

5. Justifie l'appellation « ampoule à décanter ».

MINI-DICO

Miscible : deux liquides sont miscibles quand ils forment un mélange homogène.

Surface de séparation : surface qui sépare les deux liquides non miscibles dans l'ampoule.

Décantation : séparation des constituants d'un mélange hétérogène lorsqu'on laisse reposer le mélange.

Ai-je compris la démarche ? Peux-tu séparer deux liquides miscibles comme l'eau et le sirop de menthe à l'aide d'une ampoule à décanter ?

Pour m'entraîner

Exercices 9, 10, 13, 18

L'ESSENTIEL

1 Mélanges homogènes et mélanges hétérogènes

- Les **mélanges** peuvent être classés en deux catégories.
  – Les mélanges où l'on peut distinguer au moins deux constituants à l'œil nu sont appelés **mélanges hétérogènes**.
  – Les mélanges où l'on ne peut pas distinguer les constituants à l'œil nu sont appelés **mélanges homogènes**.

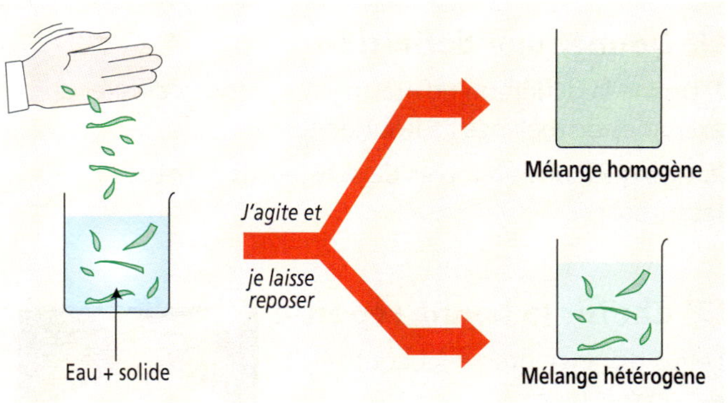

2 Séparation d'un solide et d'un liquide

- La **décantation** consiste à laisser reposer un mélange hétérogène constitué d'un solide et d'un liquide. Si on attend suffisamment longtemps, le solide se dépose au fond du récipient.
- La **filtration** permet de recueillir séparément le solide et le liquide d'un mélange hétérogène. Au cours de la filtration, on recueille dans le filtre les particules solides et dans un bécher le liquide homogène qu'on appelle **filtrat**. Pour que la filtration soit efficace, il faut que le filtre soit adapté au solide à séparer.

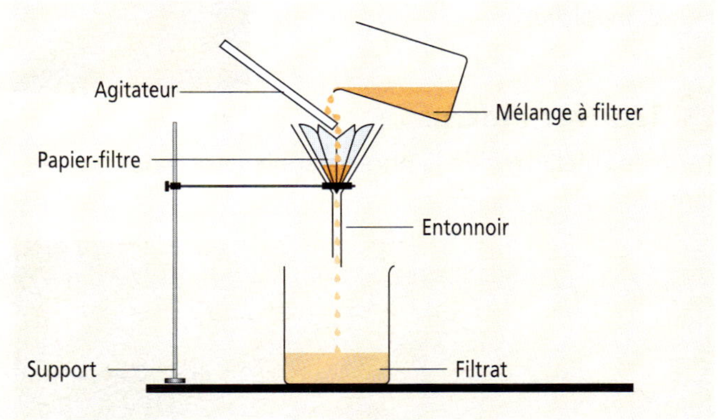

3 Mélange de deux liquides

- Les mélanges obtenus en mélangeant deux liquides peuvent être classés en deux catégories.
  – Si le mélange est homogène, on dit que les liquides sont **miscibles**.
  – Si le mélange est hétérogène, on dit que les liquides sont **non miscibles**.
- On peut séparer deux liquides non miscibles à l'aide d'une **ampoule à décanter**. Il se produit une décantation. Les deux liquides que l'on recueille sont homogènes.

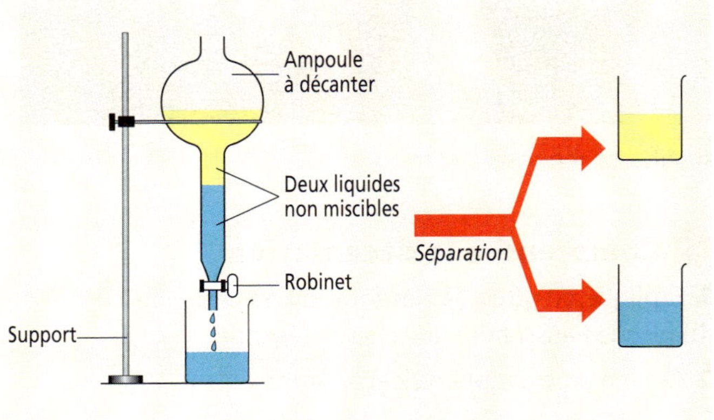

JE DOIS ÊTRE CAPABLE DE :

- **distinguer** les différents types de mélanges ;
- **séparer** par filtration les constituants d'un mélange hétérogène solide/liquide ;
- **séparer** à l'aide d'une ampoule à décanter deux liquides non miscibles.

EXERCICES

Je vérifie mes connaissances

1 Donner une définition

1. Donne la définition de mélange et propose différents exemples de mélanges autour de toi.

2. Cite quelques exemples de substances contenues dans les boissons.

2 Choisir la bonne réponse

Le jus d'orange pressé (ci-contre) est un mélange :

a. homogène.
b. limpide.
c. hétérogène.
d. incolore.

3 Trouver l'intrus

Parmi les mélanges de la photographie ci-dessous, trouve l'intrus.

Justifie ta réponse.

4 Comprendre la décantation

1. Explique ce qu'est la décantation en une phrase. Tu pourras aussi faire un schéma légendé.

2. Donne un exemple de décantation.

5 Comprendre la filtration

1. Fais un schéma légendé du montage de filtration au laboratoire.

2. Qu'est-ce que le filtrat ?

3. À quoi sert le filtre ?

6 Filtrer une eau boueuse

1. L'eau boueuse est-elle un mélange homogène ou hétérogène ?

2. Choisis parmi le matériel ci-dessous ce qui est nécessaire pour filtrer une eau boueuse.

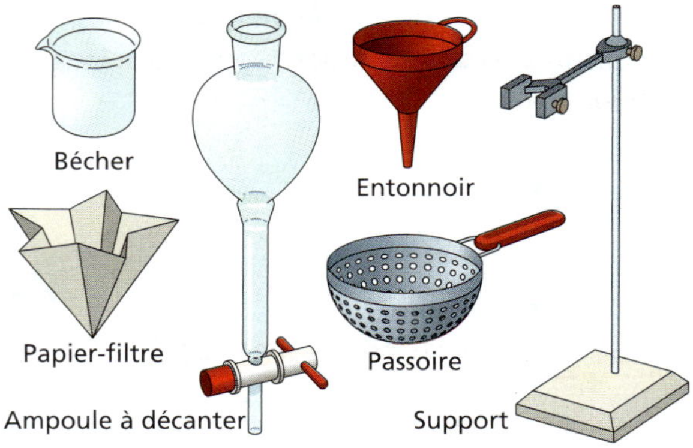

7 Trouver l'erreur

Cherche l'erreur dans les montages ci-dessous.

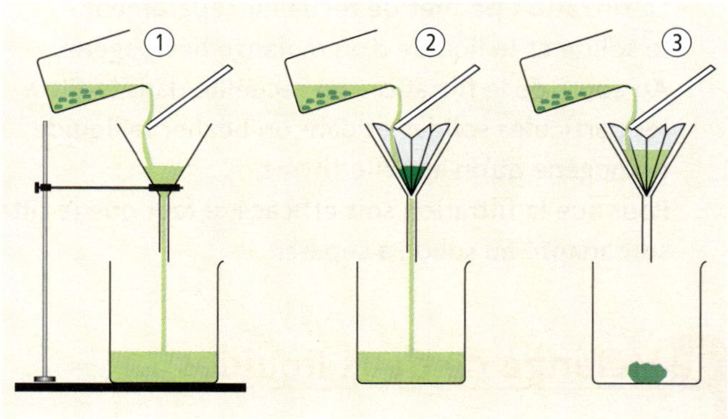

8 Remettre des dessins dans l'ordre

Retrouve l'ordre des dessins ci-dessous.

9 Choisir la bonne technique

1. Dans quel cas utilises-tu l'ampoule à décanter ?

2. Dans quel cas utilises-tu la filtration sur papier-filtre ?

10 Observer et conclure

Indique si les mélanges liquides ci-dessous sont miscibles ou non miscibles.

1. Eau + essence. **2.** Eau + vinaigre. **3.** Vinaigre + huile.

11 Utiliser des liens logiques

Recopie et complète les phrases ci-dessous avec **car**, **si** ou **donc**.

1. Je ne peux pas distinguer le sirop de menthe ajouté à de l'eau ...... l'eau et le sirop de menthe sont miscibles.

2. ...... je veux séparer totalement et rapidement le solide et le liquide d'un mélange hétérogène, je vais réaliser une filtration.

3. Je peux séparer l'eau et l'huile d'un mélange grâce à une ampoule à décanter ...... elles sont non miscibles.

4. ...... je mélange de l'eau et du sable, je distingue à l'œil nu les deux constituants ...... il s'agit d'un mélange hétérogène.

J'applique...

12 Mange ta soupe !

Dans un dictionnaire, on trouve les définitions suivantes :

- ***Soupe :*** *potage ou bouillon épaissi avec des tranches de pain ou avec des légumes non passés au mixeur.*
- ***Bouillon :*** *potage d'aspect clair et limpide obtenu en faisant bouillir de la viande ou des légumes dans de l'eau.*

1. La soupe et le bouillon sont-ils des mélanges ?

2. De quels types de mélanges s'agit-il ?

3. Que signifie le mot *limpide* ?

13 La vinaigrette

Une vinaigrette est préparée à partir d'huile, de vinaigre, de sel et de poivre.

1. La vinaigrette est-elle un mélange ? Justifie ta réponse.

2. Précise si ce mélange est homogène ou hétérogène.

3. Le vinaigre est-il miscible à l'huile ? Justifie ta réponse.

14 Peinture à l'eau !

Voici le résultat d'un mélange de deux peintures à de l'eau.

1. Décris l'aspect des deux tubes à essais.

2. Les deux peintures sont-elles miscibles à l'eau ?

3. Pour diluer une peinture glycérophtalique (B), peux-tu utiliser de l'eau ?

15 Le sang

Le sang est un liquide composé pour l'essentiel d'eau, de sucres, de globules rouges et blancs. Les globules rouges transportent le dioxygène vers les organes et évacuent le dioxyde de carbone produit par l'organisme.

1. Le sang est-il un mélange ?

2. À ton avis, d'après la photographie 1, le sang est-il un mélange homogène ou hétérogène ? Justifie ta réponse.

3. D'après la vue au microscope (photographie 2), le sang te semble-t-il un mélange homogène ou hétérogène ? Justifie ta réponse.

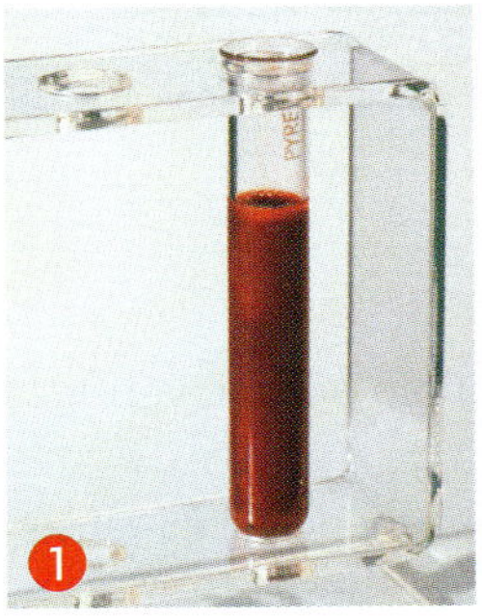

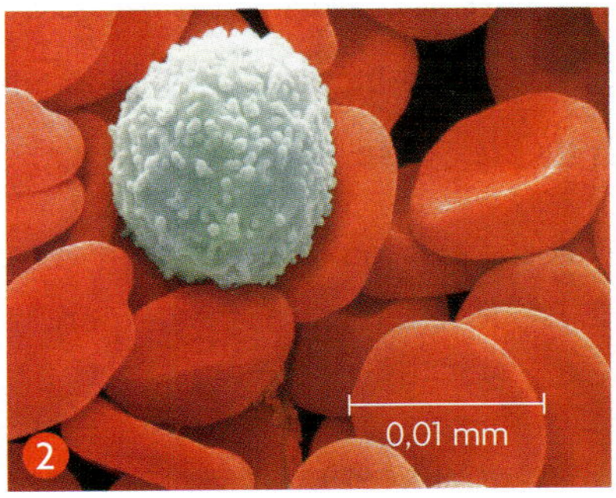

EXERCICES

16 Le chercheur d'or

Un chercheur d'or veut récupérer les pierres contenues au fond d'une rivière où il peut y avoir des pépites.
Il dispose de trois tamis dont les pores ont les diamètres suivants : 15 mm, 2 mm ou 0,5 mm.

Type de particules	**Diamètre des particules (en mm)**
Gravier	10
Sable	1
Sable fin	0,1
Argile	0,01
Bactérie	0,001

1. Qu'est-ce qu'un *tamis* ? Qu'appelle-t-on les *pores* du tamis ?

2. Le chercheur ne veut récupérer dans son tamis que les pépites qui ont un diamètre supérieur à 2 mm. Quel tamis va-t-il prendre sachant qu'il veut éviter de récupérer autant que possible les solides autres que l'or ?

3. Avec ce tamis, les graviers seront-ils séparés des pépites d'or ?

17 De l'eau sale à l'eau claire...

Les élèves d'une classe se posent la question suivante : « Pour rendre l'eau sale plus claire est-il utile de filtrer plusieurs fois ? »
Voici les arguments de deux élèves.

Flora : NON si les solides n'ont pas été arrêtées la première fois par le filtre ils repasseront dedans la deuxième fois.

Maxence : Oui mais il faut que je change de filtre à chaque fois car sinon le filtre est sale et il ne retient plus le solide.

1. À ton avis, qui a raison ?

2. Propose une démarche expérimentale pour le vérifier :

a. formule une hypothèse ;

b. propose une ou plusieurs expérience(s) à réaliser pour vérifier ou infirmer tes hypothèses.

18 Qui se ressemble s'assemble

1. Propose une méthode pour tester la miscibilité ou la non-miscibilité de deux liquides.

2. Recopie et complète le tableau ci-dessous en inscrivant une croix lorsque les liquides sont miscibles.

Miscible avec	Eau	Sirop	Vinaigre	Huile
Eau				
Sirop de menthe				
Vinaigre				
Huile				

J'approfondis...

19 Météo, risque sanitaire, catastrophe humanitaire...

Fin août 2005 le cyclone Katrina dévaste une partie du sud des États-Unis d'Amérique. Les pluies torrentielles et la rupture d'une digue font monter le niveau de l'eau, provoquant d'énormes inondations. La partie dévastée est grande comme la moitié de la France.

« C'est le cruel paradoxe des inondations. Dans les contrées noyées, le problème sanitaire le plus grave est le manque d'eau potable. Nous craignons que le choléra, la typhoïde et la déshydratation apparaissent à cause des eaux stagnantes. [...] Des milliers de tonnes de déchets dispersés dans des décharges, sans parler des eaux des égouts, forment un vrai brouet de sorcière. [...] »

Le Figaro, vendredi 2 septembre 2005

1. Quel est l'aspect de l'eau au cours d'une inondation ? De quel type de mélange s'agit-il ?

2. Pourquoi manque-t-on d'eau potable alors que l'eau est partout autour de nous dans une inondation ?

3. Quelles conséquences sanitaires peut entraîner cette inondation ? Pourquoi ?

4. Cherche dans le dictionnaire la définition d'*eau stagnante*.

5. Quels sont les facteurs qui peuvent aggraver la pollution de cette eau ?

20 La carafe filtrante

On peut lire sur la boîte d'une carafe filtrante le mode d'emploi suivant :

Pour obtenir de l'eau filtrée, propre, cristalline et sans arrière-goût, il vous suffit de remplir la carafe avec de l'eau du robinet. Grâce à une cartouche composée de charbon actif, l'eau est débarrassée du dichlore, des impuretés, des substances qui lui donnent mauvais goût et elle conserve les minéraux et oligo-éléments. Idéale pour cuisiner et préparer vos boissons préférées, chaudes ou froides, elle améliore considérablement leur goût, leur aspect et leur arôme.
La carafe filtrante est vendue avec une cartouche qui a une durée de 30 jours.

1. Quelle est la partie de la carafe qui joue le rôle de filtre ?

2. Quel est l'intérêt de cette filtration ?

3. Pourquoi est-il important que les minéraux et les oligo-éléments soient conservés ?

21 @ Obtenir de l'eau potable

La cartouche filtrante de l'exercice précédent est une des méthodes utilisées pour obtenir de l'eau potable quand on part en voyage.

1. Cherche dans le dictionnaire la définition du mot *potable*.

2. Quels sont les dangers de boire directement l'eau qu'on trouve en voyage ? Pour répondre, aide-toi du site www.routard.com et utilise le moteur de recherche du site en tapant « eau en voyage ».

3. À l'aide du même site, trouve les différentes méthodes utilisées pour obtenir de l'eau potable.

22 La sédimentation en expérience

Kévin a mélangé dans une bouteille du gravier, du sable, de la terre et de l'eau.
Après avoir bien agité l'ensemble, il a laissé reposer le mélange. Le résultat est représenté sur la photographie 1.

1. Décris ce que tu observes.

2. Que s'est-il passé ? S'agit-il d'une filtration ou d'une décantation ?

1

2

3. De quoi est constituée la couche inférieure ? Pourquoi est-elle en bas ?

4. Déduis-en une explication de l'ordre des couches.

5. La photographie 2 montre des couches *sédimentaires* au bord d'une rivière. Cherche dans le dictionnaire la définition des mots *sédiment* et *sédimentation*.

6. Au départ, les particules étaient en suspension dans l'eau. À l'aide de l'expérience de Kévin, explique comment se sont formées les couches que l'on voit sur la photographie. La séparation des couches de sédiments a-t-elle eu lieu par décantation ou par filtration ?

Une expérience simple et amusante

Le champignon bleu

Matériel et produits
- un verre incolore
- de l'eau
- de l'huile de cuisine
- de l'encre bleue

→ Remplis la moitié du verre avec de l'eau. Ajoute de l'huile sur 1 à 2 cm de hauteur.

→ Fais tomber délicatement une goutte d'encre bleue et regarde attentivement : la goutte bleue reste d'abord en suspension dans l'huile et forme une boule. Elle ne se disperse pas dans l'huile. Puis elle s'arrête en bas de l'huile, sans entrer dans l'eau.

→ Avec un couteau pointu ou une fourchette, perce la goutte d'encre : elle entre dans l'eau et se disperse en formant un joli champignon bleu – ou un feu d'artifice à l'envers si tu préfères.

L'encre est-elle miscible à l'eau ou à l'huile ?

SCIENCES mag

L'eau potable

Sommes-nous conscients que l'eau potable au robinet est une richesse inestimable ? Nous avons la chance dans nos pays d'avoir de l'eau douce en abondance, ainsi que des installations performantes de purification des eaux. Mais ces ressources naturelles ne sont pas inépuisables : il nous faut les préserver en faisant attention aux eaux usées que nous rejetons dans la nature…

HISTOIRE ET SANTÉ

L'eau potable, une conquête de l'homme

L'eau limpide qui coule dans une fontaine n'est pas forcément potable. Elle peut en effet contenir des microbes et des substances qui ne sont pas visibles à l'œil nu mais qui sont toxiques.

Dès la seconde moitié du XVIIIe siècle, les fontaines publiques de Paris ont été équipées de filtres de sable. Mais le développement du réseau de distribution d'eau a favorisé l'apparition d'épidémies sans précédent de choléra et de typhoïde. Au XIXe siècle, le chimiste français Pasteur (photographie ci-contre) écrivit à ce propos : « Nous buvons 90 % de nos maladies. »

En 1881, le médecin allemand Robert Koch découvre une méthode d'aseptisation de l'eau par des substances chimiques. Depuis, la mortalité par le virus de la typhoïde a chuté, passant de 1 million de morts dans le monde par an à 25 000. Toutefois, on considère qu'aujourd'hui 80 % des maladies du globe sont attribuables à une eau de mauvaise qualité.

DÉVELOPPEMENT DURABLE

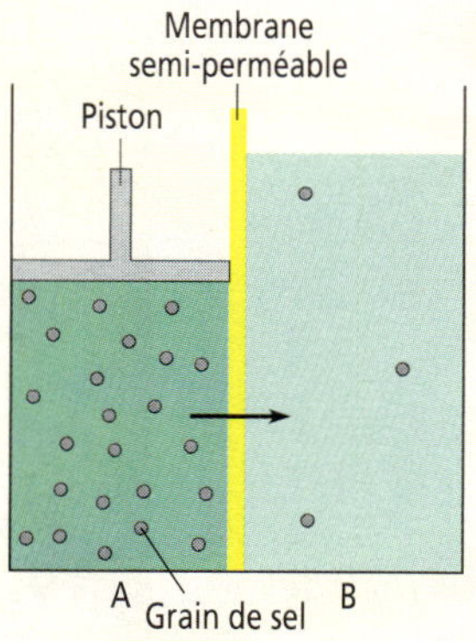

Dessaler l'eau de mer

L'eau est le bien le plus mal réparti sur la Terre : un tiers de la population mondiale n'a pas accès à l'eau potable. 20 % de la population d'Europe et d'Amérique utilisent une eau polluée qui ne satisfait pas aux normes sanitaires. Bref, l'eau est un véritable enjeu stratégique, tant pour la santé que pour l'économie (agriculture, industrie).

Dessaler l'eau de la mer est une solution face au manque d'eau douce. Le procédé le plus utilisé est appelé *osmose inverse* (voir ci-contre). On place côte à côte deux compartiments séparés par une membrane semi-perméable : l'un contient de l'eau de mer, l'autre de l'eau douce. La membrane est un filtre dont les trous sont suffisamment petits pour laisser passer l'eau, mais pas le sel qui est contenu dans l'eau de mer. On impose une forte pression – de 50 à 80 fois la pression atmosphérique – sur le compartiment contenant l'eau salée. En appuyant ainsi, l'eau passe à travers la membrane alors que le sel est retenu. On récupère donc de l'eau douce dans le deuxième compartiment.

@ Pour répondre aux questions suivantes tu pourras aller sur le site Internet www.aquajunior.fr dans la rubrique « Usages de l'eau », ou bien utiliser des encyclopédies au CDI.

1. L'eau potable est le bien le plus mal réparti sur la Terre. Quels sont les pays qui manquent d'eau ? Quels sont ceux qui ont de l'eau en surabondance ?
2. À la maison, quelles sont les différentes utilisations de l'eau ? Comment pourrais-tu économiser l'eau à la maison ?
3. Quelles sont les autres utilisations de l'eau douce en France ?

SCIENCES mag

L'eau potable à la maison

L'eau que tu bois vient d'une usine qui pompe l'eau dans les rivières ou les nappes souterraines. Pour devenir potable, cette eau est traitée dans une usine. Plusieurs étapes sont nécessaires.

TECHNOLOGIE

Le dégrillage et le tamisage

Lors du *dégrillage*, les plus gros déchets (bouteilles, sacs plastiques, branches …) sont arrêtés par des grilles composées de barreaux espacés d'environ 5 cm les uns des autres. Vient ensuite le *tamisage* où l'eau passe au travers d'un grillage fin. Les déchets de petites dimensions (mégots de cigarette, feuilles…) sont alors filtrés.

La floculation

Pour éliminer les substances que contient encore l'eau, on y verse un produit coagulant. L'objectif est de rassembler les particules de petite taille sous forme de flocons plus gros et donc plus faciles à séparer : c'est la *floculation*. Les flocons sont plus lourds et tombent au fond du bassin de décantation.

La filtration sur sable

L'eau traverse de haut en bas un bassin qui comprend une couche de sable de plus d'un mètre d'épaisseur. Les dernières particules solides présentes après la floculation sont arrêtées par le sable. À la sortie, on obtient un liquide d'aspect homogène.

1. Trouve dans les étapes du traitement de l'eau celles qui correspondent à une filtration et celles qui correspondent à une décantation.

2. Les chimistes contrôlent l'eau qui sort de l'usine afin de vérifier qu'elle est potable : elle doit vérifier des normes très strictes. Recherche en quoi consistent ces normes.

@ www.cieau.com/junior

Rubrique « la qualité de l'eau du robinet »

@ www.aquajunior.fr

Rubrique « eau potable »

Rendre potable l'eau limpide

Pour détruire les virus et les bactéries, on utilise un gaz : l'ozone. Une dernière filtration sur charbon actif à pour but d'éliminer les micropolluants de très petite taille non retenus par le sable.
Enfin du dichlore gazeux est ajouté à l'eau à la sortie de l'usine pour éviter le développement de bactéries dans les canalisations.

Chimie 4 Séparer les constituants d'un mélange homogène

Observer pour s'interroger

Les eaux minérales, les sodas, l'eau du robinet ou des océans sont des mélanges homogènes. L'eau y est mélangée avec des substances solides (sels minéraux), liquides (sirops, colorants) ou gazeuses. Regardons et étudions quelques-uns de ces mélanges...

1 Un Perrier menthe s'il vous plaît !

SIROP DE MENTHE

Ingrédients :
sirop de glucose,
eau,
sucre,
arômes naturels de menthe,
jus concentré d'agrumes.

Colorants : E102, E131.

Un Perrier menthe et les informations figurant sur les étiquettes des deux composants.

1. Comment prépare-t-on un Perrier menthe ?
2. S'agit-il d'un mélange homogène ou hétérogène ? Justifie ta réponse.
3. En t'aidant des étiquettes des deux boissons, dresse une liste des substances contenues dans le Perrier et dans le sirop de menthe.
4. D'où provient la couleur de cette boisson ? Qu'est-ce qu'un colorant alimentaire ? À quoi sert-il ?
5. En peinture, à partir de quelles couleurs primaires peux-tu obtenir du vert ?

2 De l'eau et des bulles

CONTIENT DE L'EAU DE SOURCE NATURELLE

- Sodium .... 1,8 mg/200 mL
- Potassium .... 9,1 mg/200 mL

Avec adjonction de gaz carbonique

Pour savoir s'il n'y a que de l'eau dans la bouteille (à gauche), tu peux faire une expérience et l'ouvrir (à droite).

1. Qu'observes-tu ? Qu'en déduis-tu ?
2. L'eau est-elle pure ? Sinon, que peut-elle contenir ? Aide-toi de l'étiquette.
3. Quelle peut être l'origine des bulles qui se forment ? Aide-toi de l'étiquette.
4. Donne d'autres exemples de boissons pétillantes.

3 Dans la mer, il n'y a pas que des poissons et des algues...

Une situation que tu as peut-être déjà vécue à la plage...

1. L'eau de mer est-elle de l'eau pure ou contient-elle d'autres substances ? Pour répondre à cette question, aide-toi du dessin.
2. Quelle est la différence entre l'eau de mer et l'eau du robinet ?
3. Après une baignade dans la mer et un bon bain de soleil, ta peau a un goût particulier. Lequel ? Propose une explication.

TU VAS APPRENDRE À...

- **séparer** les constituants d'un mélange homogène par différentes techniques ;
- **recueillir** et **identifier** le gaz présent dans les boissons pétillantes.

ACTIVITÉ expérimentale

1 Recueillir le gaz d'une boisson : la technique du chimiste

▸ Une question ...

Les boissons pétillantes (soda, limonade, eau pétillante...) sont des mélanges aqueux. On les appelle aussi boissons gazeuses car un de leurs constituants est un gaz.

Comment peux-tu récupérer le gaz contenu dans une boisson pétillante ?

▸ Je réalise une expérience ...

Pour récupérer le gaz contenu dans une boisson, les chimistes utilisent la technique de dégazage et du déplacement d'eau.

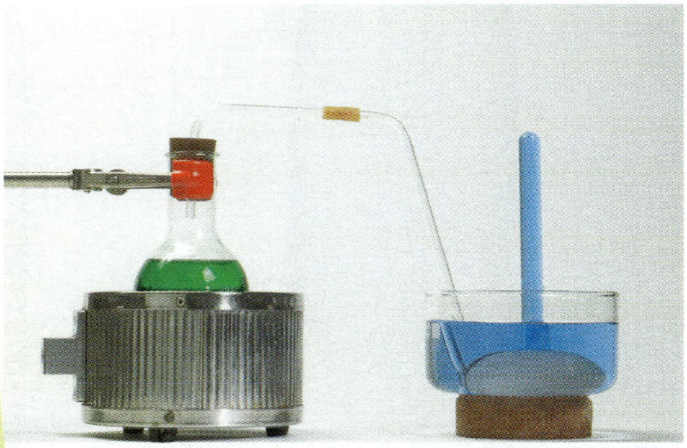

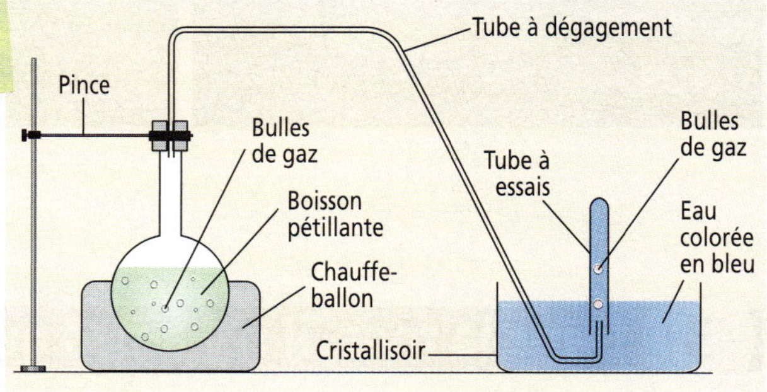

Consigne
Réalise le montage représenté ci-contre.

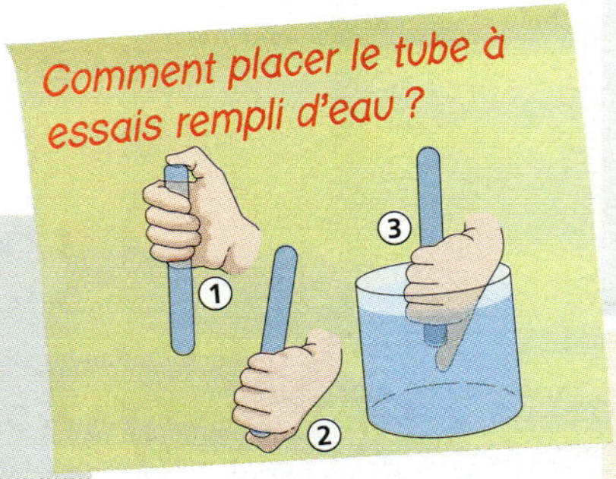

Attention Ne touche pas le ballon pour éviter de te brûler.

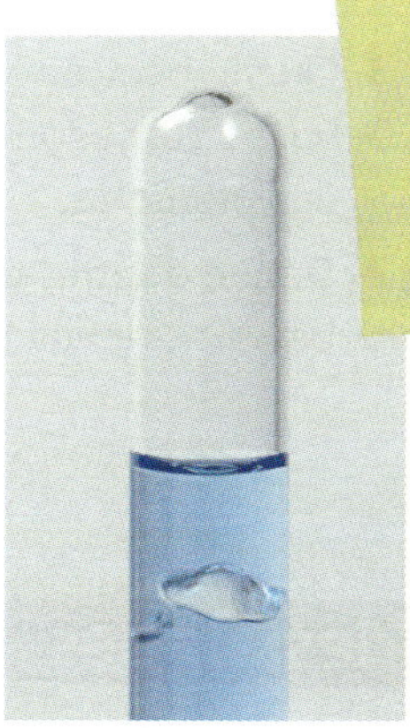

Résultat
La photographie ci-contre montre le tube à essais après quelques minutes de chauffage.

▸ J'observe et j'interprète ...

1. Que se passe-t-il dans le ballon quand on le chauffe ?
2. Décris ce que tu observes dans le tube à essais.
3. Quel est l'effet du chauffage sur le dégagement gazeux ?

▸ Je conclus

4. Explique en une phrase comment le chimiste procède pour récupérer rapidement le gaz contenu dans la boisson pétillante.

MINI-DICO

Boisson pétillante : boisson qui dégage des bulles de gaz. On parle aussi de boisson gazeuse.

Dégazage : élimination du gaz dissous dans une boisson pétillante (au moins en partie).

Déplacement d'eau : les bulles de gaz récupérées lors du dégazage prennent la place de l'eau contenue dans le tube à essais.

Ai-je compris la démarche ? Pourquoi faut-il remplir à ras bord le tube à essais avec de l'eau ?

Pour m'entraîner
Exercices 1, 7, 12

2 Identifier le gaz contenu dans une boisson pétillante

ACTIVITÉ expérimentale

▸ Une question

Le gaz contenu dans une boisson pétillante peut être récupéré par dégazage et déplacement d'eau (voir la technique présentée dans l'activité 1). Pour autant, on ne sait pas quelle est la nature de ce gaz. Il faut donc l'identifier.

Quel test peut-on utiliser pour identifier le gaz contenu dans les boissons pétillantes ?

▸ Je réalise une expérience

Regarde l'étiquette d'une bouteille d'eau pétillante (par exemple, celle du document 2 p. 95). Trouve le gaz dissous dans cette eau.

Attention
Manipule avec précaution l'eau de chaux.

Propriété de l'eau de chaux

Pour mettre en évidence la présence de dioxyde de carbone, il existe un test : le test à l'eau de chaux. L'eau de chaux est un liquide limpide. En présence de dioxyde de carbone elle se trouble : il apparaît un précipité blanc.

Consigne

Réalise une expérience pour vérifier que le gaz recueilli par dégazage de l'eau pétillante est du dioxyde de carbone.

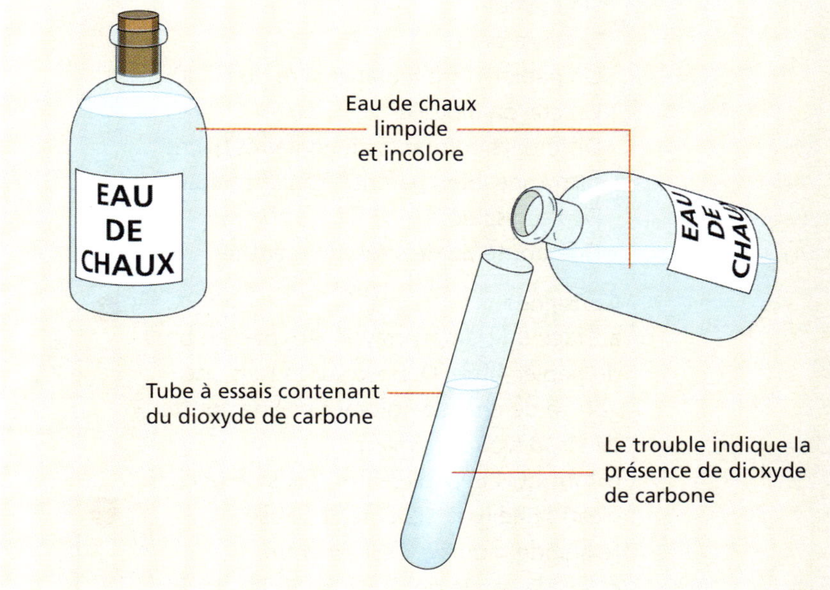

▸ J'observe et j'interprète

1. Qu'observes-tu lorsque tu ajoutes de l'eau de chaux dans le tube à essais contenant le gaz recueilli lors du dégazage ?

2. Qu'en déduis-tu sur ce gaz ?

3. Est-ce en accord avec ce qui est indiqué sur l'étiquette ?

▸ Je conclus

4. Explique en une phrase comment tu peux montrer que le gaz contenu dans une boisson pétillante est du dioxyde de carbone.

5. Comment pourrais-tu montrer qu'une autre eau minérale pétillante contient le même gaz ?

Ai-je compris la démarche ? Pourrais-tu réaliser le test directement sur la boisson pétillante en y versant de l'eau de chaux ?

MINI-DICO

Gaz dissous : gaz présent dans un liquide. L'aspect de ce mélange (gaz plus liquide) est homogène.

Gaz carbonique : autre nom pour le dioxyde de carbone.

Limpide : clair et transparent.

Trouble : qui n'est pas limpide.

Précipité : substance solide qui apparaît dans un liquide. Le précipité se dépose au fond du récipient.

Pour m'entraîner

Exercices 2, 3, 8

ACTIVITÉ expérimentale

3 Séparer les colorants d'une boisson : la technique du chimiste

▸ Une question ...

De nombreux aliments et boissons sont colorés. Cette couleur provient de la présence de colorants alimentaires naturels ou synthétiques. Ces colorants ont pour objectif d'améliorer l'aspect des aliments. La technique de chromatographie permet de séparer et d'identifier les différentes substances.

Comment utiliser la chromatographie pour séparer les colorants d'une boisson ?

▸ Je réalise une expérience ...

Matériel

- Un bécher
- Un cure-dents
- Un papier-filtre rectangulaire de 6 x 10 cm
- Un crayon à papier
- Différents colorants alimentaires (jaune tartrazine, bleu patenté, rouge cochenille)
- De l'eau salée
- Une bouteille de sirop de menthe

Consignes

a. Trace un trait au crayon à papier en bas du papier-filtre. Dépose sur le trait une goutte de chaque colorant et une goutte de sirop (voir schéma 1).

b. Introduis le papier-filtre dans un bécher d'eau salée (voir schéma 2). Laisse le liquide monter. C'est l'*élution*.

c. Sors la bande de papier quand le liquide est à 1 cm du bord supérieur. Entoure les différentes taches.

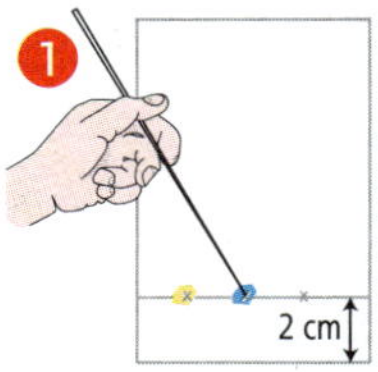

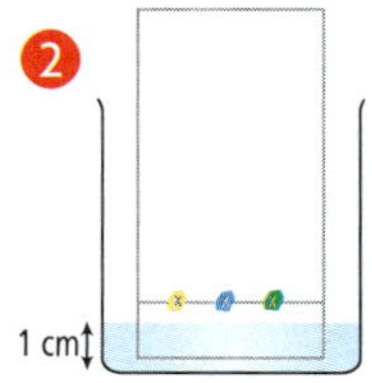

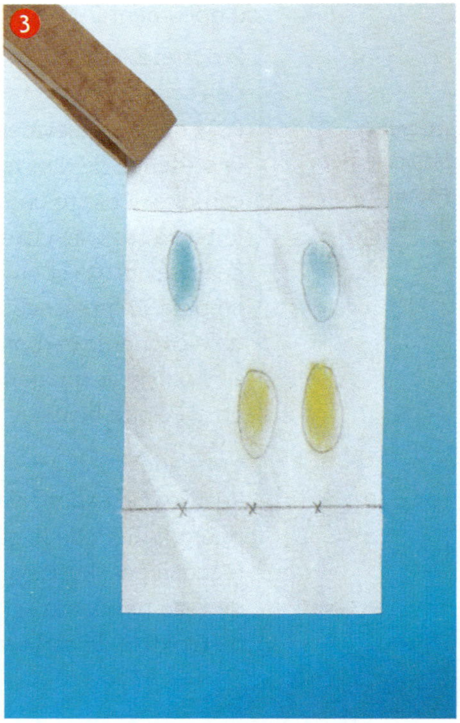

▸ J'observe et j'interprète ...

1. Que se passe-t-il au cours de l'élution ?

2. Qu'est-il arrivé à la tache verte ?

3. Peux-tu dire quels sont les colorants contenus dans le sirop de menthe ? Explique ta réponse.

▸ Je conclus

4. Quelle est l'utilité de la chromatographie ?

5. À ton avis, les différents colorants se déplacent-ils à la même vitesse sur la bande de papier ?

MINI-DICO

Chromatographie : technique permettant de séparer les différents constituants d'un mélange.

Élution : déplacement du liquide sur le papier-filtre.

Témoin : élément d'une expérience qui permet de faire une comparaison avec ce que l'on cherche à étudier.

Pour m'entraîner

Exercices 4, 10

Ai-je compris la démarche ? À quoi servent les colorants témoins dans l'expérience ?

4 Obtenir de l'eau pure : la technique du chimiste

ACTIVITÉ expérimentale

▸ Une question ...

De nombreuses boissons sont des mélanges aqueux homogènes (eau minérale, sirop à l'eau, vin...) : l'eau n'y est jamais pure, mais toujours mélangée à d'autres substances.

Comment séparer l'eau des autres substances présentes dans une boisson ?

▸ Je réalise une série d'expériences ...

La distillation

Consignes

a. Remplis au tiers un ballon avec la boisson.
b. Assemble le montage de distillation comme sur la photographie 1.
c. Ouvre le robinet d'eau froide pour faire circuler l'eau dans le réfrigérant.
d. Chauffe le mélange jusqu'à ébullition du liquide.
e. Recueille le liquide (distillat) dans un erlenmeyer (photographie 3) à la sortie du réfrigérant.
f. Arrête le chauffage lorsqu'il ne reste plus beaucoup de liquide dans le ballon (photographie 2).

Attention Ne touche pas le ballon pour éviter de te brûler.

1
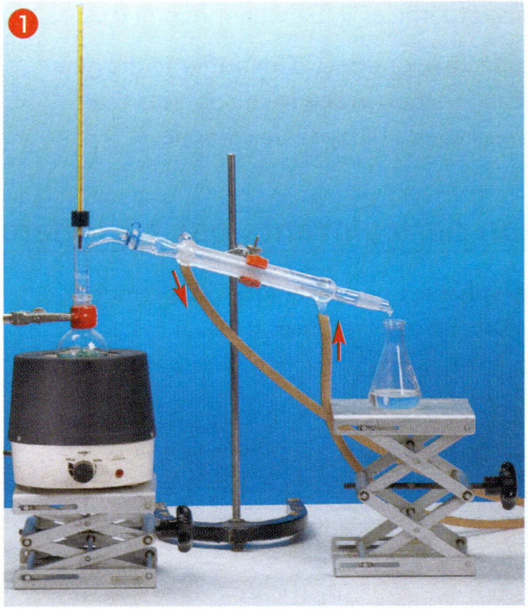

2

3

L'identification du distillat

Consigne

Propose deux expériences, l'une pour montrer que le distillat contient de l'eau, l'autre pour vérifier que le distillat ne contient que de l'eau.

Matériel

- Du sulfate de cuivre anhydre
- Une spatule
- Un tube à essais
- Un chauffe-tube à essais

▸ J'observe et j'interprète ...

1. Qu'observes-tu dans le ballon lorsqu'on le chauffe ?
2. Pourquoi le volume de liquide diminue-t-il dans le ballon ?
3. À la fin de la distillation, que contient le ballon ? Et l'erlenmeyer ?

▸ Je conclus

4. La distillation permet-elle d'obtenir de l'eau pure ? Justifie ta réponse.
5. Fais un schéma légendé du montage de distillation.

MINI-DICO

Réfrigérant : appareil qui permet de faire passer la vapeur d'eau à l'état liquide.

Résidu : ce qui reste dans le ballon de distillation à la fin de la distillation.

Distillat : liquide recueilli à la sortie du réfrigérant.

Corps pur : corps formé d'une seule substance.

Ai-je compris la démarche ? Le test au sulfate de cuivre anhydre permet-il de prouver que le distillat est de l'eau pure ?

Pour m'entraîner

Exercices 5, 9, 14

L'ESSENTIEL

1 Recueil et identification du gaz des boissons pétillantes

- Toutes les boissons pétillantes contiennent le même **gaz dissous** : le dioxyde de carbone.
- Quand on décapsule une bouteille, le gaz dissous se dégage sous forme de bulles. Le chauffage et l'agitation accélèrent le dégagement du gaz. On peut ainsi récupérer le gaz par **dégazage**. On le recueille dans un tube à essais retourné et initialement rempli d'eau.
- Le **test à l'eau de chaux** permet d'identifier le dioxyde de carbone : il apparaît un **précipité** blanc dans l'eau de chaux en présence de dioxyde de carbone.

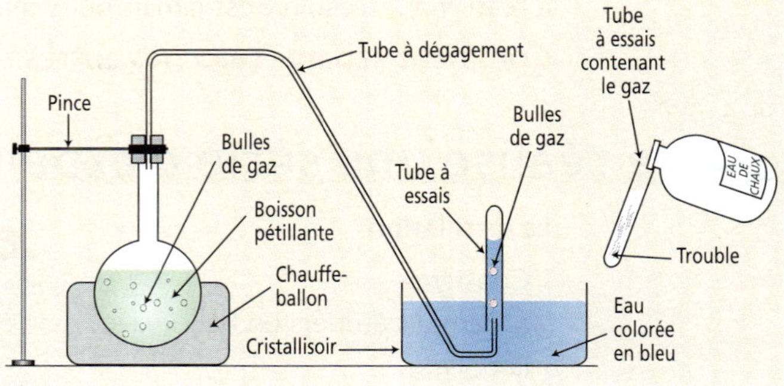

2 Séparation des colorants par chromatographie

- La **chromatographie** est une technique qui permet de séparer les substances présentes dans un mélange aqueux homogène.
- Une chromatographie se déroule en trois phases :
  – le dépôt des échantillons sur la plaque ;
  – l'**élution** au cours de laquelle les substances **migrent** sur le papier et sont séparées les unes des autres ;
  – l'analyse de la plaque.

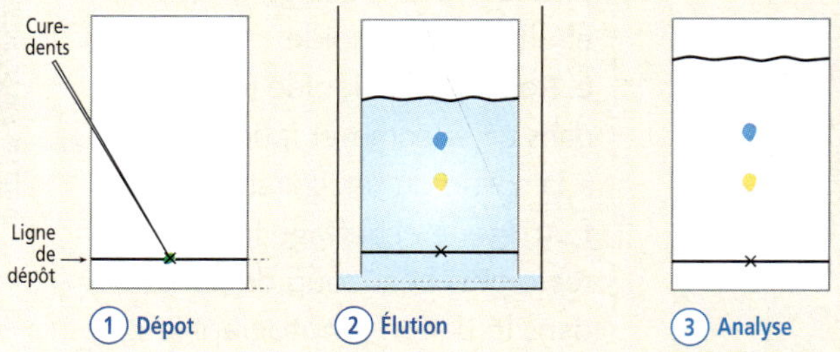

3 Distillation d'un mélange homogène pour récupérer de l'eau pure

- La **distillation** permet de récupérer l'eau contenue dans un mélange.
- Le mélange est chauffé dans un ballon : l'eau se vaporise. La vapeur d'eau passe dans le **réfrigérant** et se liquéfie. L'eau est recueillie dans le bécher : c'est le **distillat**.
- L'absence de résidu quand on vaporise le distillat prouve qu'il s'agit d'**eau pure** : il n'y a pas d'autre substance que l'eau.

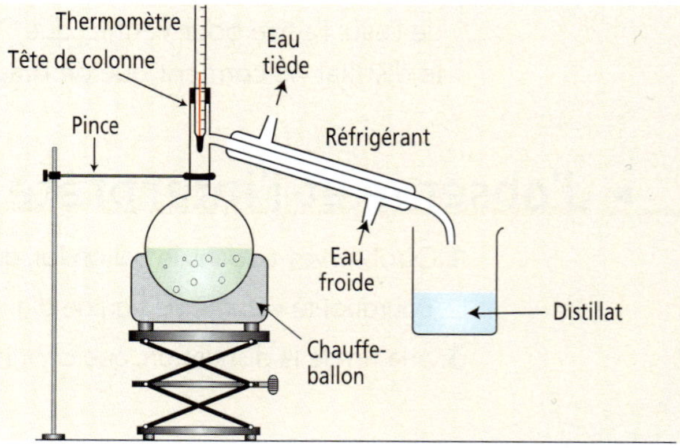

JE DOIS ÊTRE CAPABLE DE :

- **réaliser** le dégazage d'une eau pétillante ;
- **identifier** le dioxyde de carbone par le test à l'eau de chaux ;
- **séparer** les constituants d'un mélange par chromatographie ;
- **obtenir** de l'eau pure par distillation.

Je vérifie mes connaissances

1 Comprendre un montage

1. Donne la légende correspondant à chaque numéro du schéma ci-dessous.

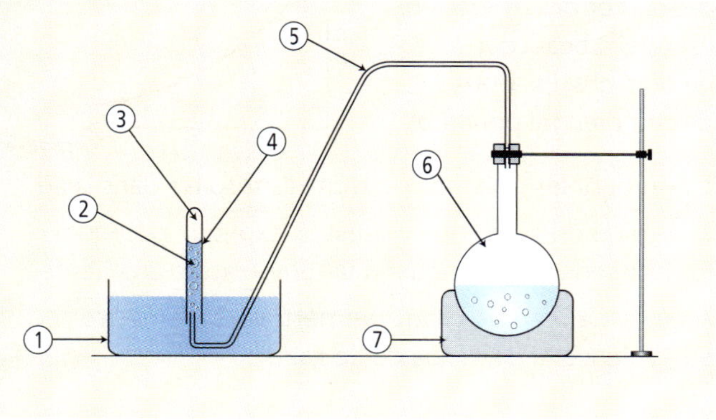

2. À quoi sert ce montage ?

3. Pourquoi chauffe-t-on le ballon ?

2 Réaliser un test

Comment peux-tu mettre en évidence la présence de dioxyde de carbone dans une limonade ?

3 Choisir la bonne réponse

1. Une eau minérale pétillante est un mélange aqueux :
- **a.** qui contient du dioxygène dissous.
- **b.** qui contient du dioxyde de carbone dissous.
- **c.** qui ne contient aucun gaz dissous.

2. Le test à l'eau de chaux permet d'identifier :
- **a.** l'eau dans un mélange.
- **b.** le dioxyde de carbone.
- **c.** si un mélange est homogène ou hétérogène.

4 Remettre des schémas dans l'ordre

Remets dans l'ordre les schémas ci-dessous.

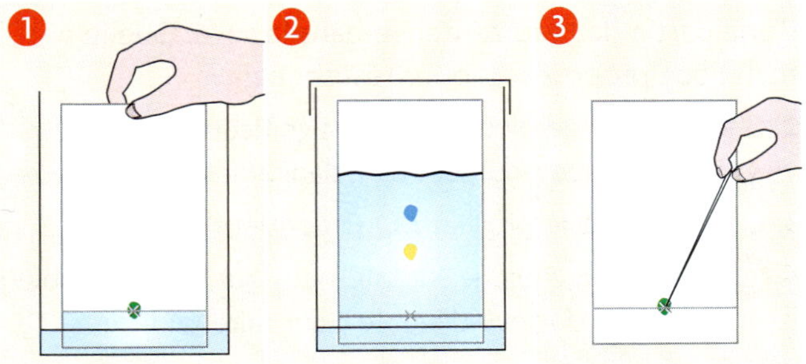

5 Réaliser un montage

Le dessin ci-dessous présente le matériel nécessaire pour réaliser une distillation.

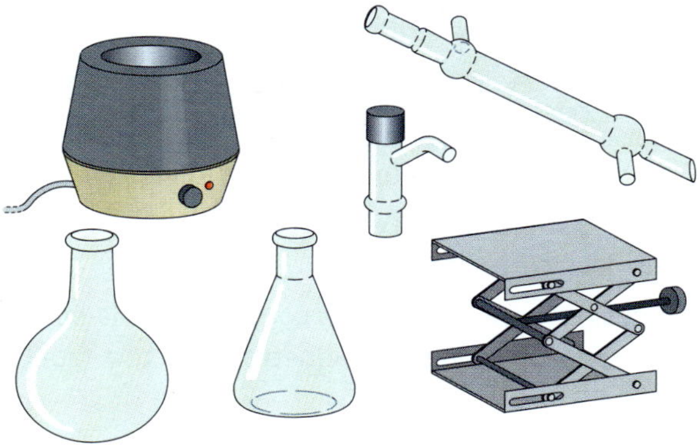

1. Nomme tout le matériel qui figure sur le dessin. Explique le rôle de chaque élément.

2. Propose un schéma du montage à distiller en utilisant tous les éléments figurant sur le dessin.

6 Utiliser des liens logiques

Recopie et complète les phrases ci-dessous avec **si** ou **donc**.

1. Je vais accélérer le dégagement du gaz dissous dans une eau pétillante ...... je chauffe la bouteille.

2. ...... je distille un mélange aqueux, le distillat est de l'eau pure. J'ai ...... séparé l'eau des autres constituants du mélange.

3. Par chromatographie d'une substance j'obtiens deux taches, ... cette substance n'est pas pure.

J'applique...

7 Un nouveau gonfleur de ballon...

On réalise l'expérience suivante : on fixe un ballon à l'extrémité d'une bouteille d'eau minérale pétillante et on agite (photographie ci-contre).

1. Qu'observes-tu lorsque tu agites la bouteille ?

2. Propose une explication.

EXERCICES

8 Comprendre une étiquette

Voici l'étiquette d'une eau minérale pétillante.

Fer	19,80 mg/litre	Potassium	4,84 mg/litre
Calcium	24,00 mg/litre	Manganèse	1,43 mg/litre
Magnésium	25,61 mg/litre	Bicarbonates	484,95 mg/litre
Sodium	62,56 mg/litre	Dioxyde de carbone	2,88 g/litre

1. L'eau minérale pétillante est-elle un mélange ?

2. Un seul gaz figure sur l'étiquette. Quel est le gaz dissous dans cette boisson ?

3. On désire vérifier que le gaz contenu dans la boisson est bien celui indiqué sur l'étiquette. Quel test faut-il faire ?

4. Pour faire le test, il faut récupérer le gaz contenu dans la boisson. Comment appelle-t-on cette expérience ? Représente le montage en le légendant.

9 Un fin observateur

1. Au cours de la distillation d'une eau minérale non pétillante, que se passe-t-il dans le ballon ?
dans le réfrigérant ?

2. Pourquoi la température indiquée par le thermomètre augmente-t-elle ?

3. Comment peux-tu montrer que le distillat est de l'eau pure ?

10 Qui est le coupable ?

Dans le cadre d'une enquête policière, un commissaire de police demande au laboratoire d'analyser l'encre marron qui a servi à écrire la lettre adressée à la victime. La police a saisi les stylos d'encre marron de deux suspects et souhaite savoir si un des suspects a pu écrire la lettre.

1. Propose une technique expérimentale pour analyser les colorants contenus dans l'encre marron.

2. Les résultats obtenus pour les suspects et la lettre sont représentés sur le dessin ci-contre.

Qui a écrit la lettre ? Justifie ta réponse.

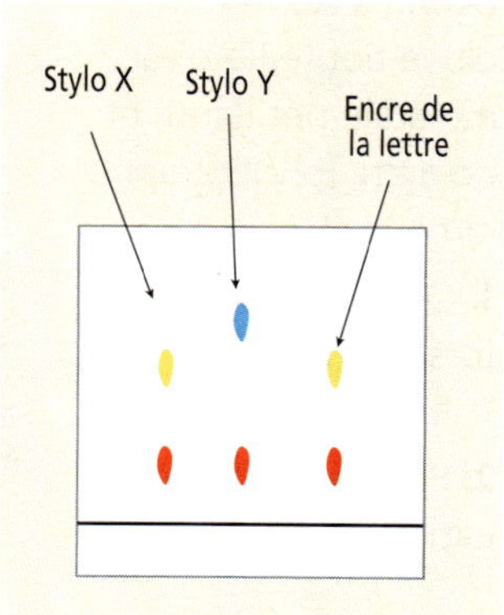

J'approfondis...

11 Un poisson peut-il se noyer ?

La déforestation entraîne un réchauffement des eaux des lacs et des rivières qui est fatal à beaucoup de poissons. Essayons de comprendre pourquoi.

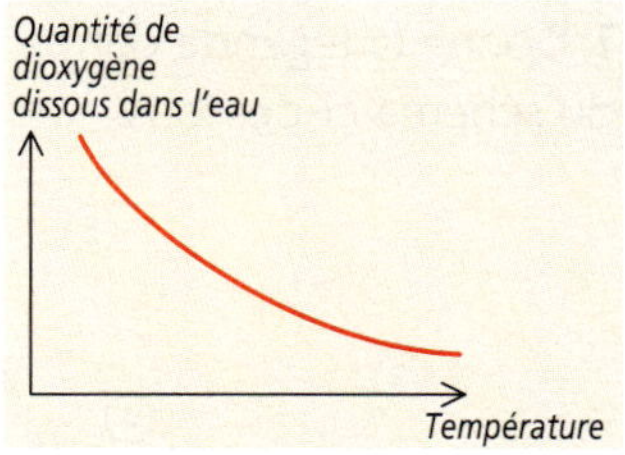

1. Pourquoi les poissons peuvent-ils respirer dans l'eau ?

2. À l'aide du graphique ci-dessus, explique pourquoi les poissons meurent quand la température augmente.

3. Le test à l'eau de chaux permettrait-il de mettre en évidence la présence de ce gaz ?

12 Sève de l'érable et eau pétillante

Le sirop d'érable est obtenu à partir de la sève d'un arbre, l'érable. Les principaux constituants de la sève sont l'eau (majoritaire), les sucres et un gaz dissous : le dioxyde de carbone. Au printemps, on fait un trou dans l'écorce du tronc de l'érable. La sève est alors éjectée de l'arbre par le dioxyde de carbone. La plupart des gaz étant moins solubles dans l'eau chaude que dans l'eau froide, on choisit de récolter la sève au printemps plutôt qu'en hiver.

1. La sève d'érable est-elle un mélange ? Justifie ta réponse.

2. À quelle saison récupère-t-on la sève d'érable ? Pourquoi ?

3. Propose une analogie entre la récolte de la sève et l'ouverture d'une bouteille d'eau pétillante après agitation.

13 Le sirop d'érable

Après récolte de la sève de l'érable, qui est constituée en grande partie d'eau, celle-ci est portée à ébullition. Après quelques heures de chauffage, on obtient un résidu visqueux : le sirop d'érable.

1. La préparation du sirop d'érable nécessite l'élimination d'une partie de l'eau contenue dans la sève. Quelle technique proposes-tu pour réaliser cela ?

2. Cherche dans le dictionnaire la signification du mot *visqueux*. Explique pourquoi le mélange devient visqueux.

3. Que contient le distillat ? Que contient le résidu ?

4. @ Fais une recherche sur Internet pour savoir combien il faut de litres de sève d'érable pour faire un litre de sirop d'érable.

14 De l'eau potable en randonnée

Un randonneur n'a plus d'eau potable. Il fabrique le dispositif ci-dessous pour purifier l'eau d'une mare.

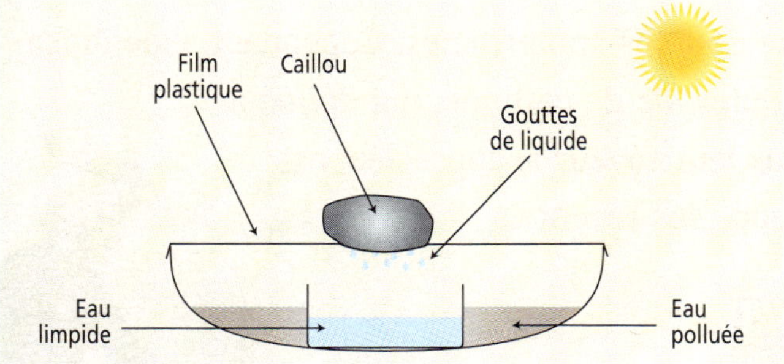

1. Quel rôle jouent le Soleil, le film plastique et le caillou ?

2. Schématise un appareil à distiller.

3. Fais correspondre les différents éléments d'un appareil à distiller avec ceux du distillateur solaire.

15 De la lavande à l'huile essentielle

Les parfums modernes sont des mélanges complexes de substances odorantes. Nombre d'entre elles sont d'origine naturelle. Ainsi, l'huile essentielle de lavande est obtenue en distillant un mélange d'eau et de fleurs de lavande. Le distillat obtenu se sépare en deux liquides distincts : au-dessus de l'eau se trouve une couche d'huile.

1. Le mélange distillé est-il homogène ou hétérogène ?

2. Fais un schéma légendé du montage permettant d'obtenir l'huile essentielle de lavande.

3. Pourquoi faut-il chauffer ?

4. Que contiennent les vapeurs ?

5. Comment ferais-tu pour séparer les deux liquides du distillat et récupérer l'huile essentielle ?

16 L'alambic

L'appareil le plus symbolique des alchimistes est incontestablement l'*alambic* destiné à la distillation. La *cucurbite* est le récipient où l'on place le mélange à distiller : son nom vient de sa forme de courge, en latin *cucurbita*. Ce vase est coiffé d'un chapiteau qui collecte les vapeurs. Ces vapeurs passent alors dans le *serpentin* qui est placé dans une bassine où l'on peut mettre de l'eau froide : c'est là que les vapeurs se liquéfient. Le distillat est alors recueilli au robinet...

1. À quel montage du laboratoire correspond l'alambic ?

2. Par quels mots remplacerait-on aujourd'hui les termes cucurbite et serpentin ?

3. @ L'alambic est encore utilisé dans de nombreux domaines, notamment pour fabriquer le cognac. Va sur le site www.cognac.fr dans la rubrique « élaboration » : regarde l'animation sur la distillation. À l'aide du texte présent sur le site, explique pourquoi il faut distiller le cognac.

Une expérience simple et amusante

Prépare ta limonade

Matériel
- un gobelet en plastique
- une cuillère à café
- un verre
- un presse-agrumes

Produits
- bicarbonate de sodium de qualité alimentaire (en vente en pharmacie ou au supermarché)
- sucre glace
- eau
- citron

→ Presse un citron à l'aide d'un presse-agrumes. Verse le jus dans le gobelet.
→ Remplis à moitié le verre avec de l'eau. Verse l'eau dans le gobelet.
→ Mélange à l'aide de la cuillère.
→ Ajoute 4 cuillerées à café de sucre glace. Mélange bien.
→ Ajoute une pointe de cuillère à café de bicarbonate de sodium.
→ Mélange à nouveau ; c'est prêt.

1. Quel est l'aspect du mélange après l'ajout du bicarbonate de sodium ?

2. Par analogie avec les boissons pétillantes, à quoi peut servir le bicarbonate de sodium ? Propose une expérience pour le vérifier.

SCIENCES mag

Le **dioxyde de carbone** hier et aujourd'hui

De tout temps, les hommes connaissaient les bienfaits des eaux pétillantes naturelles, mais aussi les dangers de leurs sources souterraines. Cependant, l'identification du dioxyde de carbone, qui donne à ces eaux leur saveur si appréciée, est beaucoup plus récente.

HISTOIRE

La découverte du dioxyde de carbone

En 1638, un médecin belge, Jan Baptist Van Helmont, fait de nombreuses expériences pour recueillir des gaz. C'est lui qui invente le nom de *gaz* à partir du mot latin *chaos* qui signifie « masse confuse et désordonnée ». Il met en évidence un gaz aux propriétés particulières : le *gaz ventosum*. En 1766, le pasteur anglais Joseph Priestley (en médaillon) recueille de son côté le même gaz qui est produit pendant la fermentation de la bière : il l'appelle *air fixe*. Il se rend compte que l'air fixe est le gaz contenu dans les eaux pétillantes naturelles et réussit même à préparer des eaux minérales pétillantes artificielles en mélangeant de l'air fixe et de l'eau. Dix ans plus tard, le chimiste français Antoine Laurent de Lavoisier (gravure ci-dessus) identifie ce gaz et le nomme dioxyde de carbone.

1. D'où vient le nom de *gaz* ?
2. Le dioxyde de carbone a été appelé par différents noms : lesquels ?
3. Quel phénomène naturel produit du dioxyde de carbone ?
4. Comment fabrique-t-on des eaux minérales pétillantes artificielles ? Les eaux minérales pétillantes vendues dans le commerce sont-elles artificielles ou naturelles ?
5. Connais-tu d'autres boissons pétillantes artificielles ?

SANTÉ

Le dioxyde de carbone : un gaz dangereux ?

Le dioxyde de carbone n'est pas toxique. Par contre, il peut devenir dangereux quand il est présent en grande quantité. Pour s'en rendre compte, il suffit de secouer une bouteille d'eau minérale pétillante à moitié remplie et de respirer le gaz qui s'échappe de la bouteille quand on l'ouvre délicatement. Il pique le nez !
Le dioxyde de carbone est plus lourd que le dioxygène (gaz nécessaire pour la respiration). C'est pourquoi, dans les sources souterraines d'eaux minérales pétillantes où s'échappe du dioxyde de carbone, celui-ci tend à rester au niveau du sol et « chasse » ainsi le dioxygène. À certains endroits, l'atmosphère est intenable sur une hauteur de 2 mètres tant le nez et les yeux piquent. Une trop grande accumulation de dioxyde de carbone peut même devenir mortelle.

1. Quel est le gaz nécessaire à la respiration ?
2. Pourquoi le dioxyde de carbone s'accumule-t-il dans les sources souterraines ?
3. Pourquoi l'accumulation de dioxyde de carbone dans les sources souterraines est-elle mortelle ?
4. Il arrive souvent que des chiens qui descendent près de ces sources souterraines tombent asphyxiés et soient pris de convulsions violentes. Explique pourquoi.

Pourquoi **des colorants** dans les aliments ?

Les industriels ajoutent des colorants dans les produits alimentaires pour leur donner un aspect appétissant. Ainsi, dans la glace à la vanille, les colorants permettent d'avoir une couleur jaune car une glace à la vanille blanche ne serait pas une bonne glace à la vanille…

1. Cite quelques fruits ou légumes contenant naturellement des colorants.
2. Quel est l'intérêt de fabriquer des colorants déjà présents dans la nature ?
3. Pourquoi les chimistes ont-ils fabriqué de nouveaux colorants qui n'existent pas dans la nature ?
4. @ Recherche sur Internet ou dans une encyclopédie les pays où on cultive le safran.

HISTOIRE

Naturel ou synthétique ?

De nombreux fruits et légumes (carotte, betterave…) contiennent des colorants naturels. Au Moyen Âge, on utilisait le safran (de couleur jaune) pour colorer les infusions. Mais une livre de safran coûtait alors le même prix qu'un cheval ! Cela n'a rien d'étonnant car il faut plus de deux cent mille fleurs pour obtenir un kilogramme de safran…
L'engouement était tel que de nombreux faussaires tentaient de vendre d'autres substances jaunes sous l'appellation de safran. En 1856, le chimiste W. H. Perkins prépare par hasard le premier colorant de synthèse : la *mauvéine*. Depuis, les chimistes copient la nature en fabriquant les colorants alimentaires qui y sont présents ! Ils fabriquent aussi de nouveaux colorants alimentaires qui se conservent mieux ou ont une coloration plus intense (ce qui permet de réduire la quantité mise dans les produits alimentaires industriels).

SANTÉ

Faut-il avoir peur des colorants alimentaires ?

L'industrie alimentaire utilise une quantité de plus en plus importante de colorants naturels ou artificiels (en France, de 100 à 150 tonnes par an) pour des produits variés : confiseries, boissons, charcuterie…
Certains colorants peuvent entraîner des allergies ou des maladies graves (cancers, maladies cardiovasculaires).
C'est pourquoi, avant de mettre un nouveau colorant alimentaire sur le marché, un industriel doit obligatoirement fournir des preuves que le colorant est utile et sans danger. Un nom de code lui est alors remis. En Europe, ce code est précédé de la lettre E et composé de 3 chiffres dont celui des centaines est le 1. Celui des dizaines correspond à sa couleur : 0 jaune, 1 orange, 2 rouge, 3 bleu, 4 vert, 5 brun, 6 noir.
Si la substance est dangereuse à fortes doses, une D.J.A. (dose journalière admissible) est fixée. Son unité se mesure en milligrammes par kilogramme de masse corporelle.

Couleur	Code	Nom	Usages	D.J.A.
Jaune	E 102	Tartrazine	Pâtisseries, boissons	7.5
Orange	E 110	Jaune orangé	Pâtisseries, boissons	2.5
Rouge	E 124	Cochenille	Grenadine, confiseries	0.15
Rouge	E 122	Azorubine	Grenadine, viande	2.0
Bleu	E 131	Bleu patenté	Sirops, glaces	2.5
Brun	E 150	Caramel	Pâtisseries, potage	Admis sans D.J.A.
Variable mais souvent noir	E 160	Caroténoides	Potages, charcuteries, sauces	D.J.A. diverses

1. Qu'est-ce que la *masse corporelle* ?
2. Retrouve la couleur des colorants du tableau à l'aide de leur code.
3. Recherche les colorants sur les étiquettes de yaourts, de sodas, de bonbons... Essaie de retrouver leur couleur à l'aide de leur code.
4. @ Les colorants alimentaires font partie des additifs alimentaires. Il en existe d'autres sortes. Trouve-les et explique leurs rôles en tapant « additif alimentaire » sur un moteur de recherche.

CHIMIE 5

Un solide peut-il disparaître dans l'eau ?

Observer pour s'interroger

Lorsque l'on met du sel ou du sucre dans de l'eau et que l'on agite, on ne voit plus que l'eau. Menons une enquête pour savoir ce qu'ils sont devenus...

1 Les morceaux de sucre ont disparu !

On met du sucre dans du thé et on remue avec une cuillère.

1. Décris l'aspect du mélange avant et après agitation. À chaque fois, précise si le mélange est homogène ou hétérogène.
2. Que s'est-il passé quand tu as agité le thé ?
3. Le sucre a-t-il disparu ? Propose une expérience pour le vérifier.
4. Peut-on dire que les morceaux de sucre ont fondu ?

2 Un médicament qui « aime » l'eau

Voici un médicament d'usage courant.

1. Comment prend-on ce médicament ?

2. Que se passe-t-il quand on mélange l'eau et le médicament ?

3. Quelle quantité d'eau faut-il utiliser ?

4. Cherche dans le dictionnaire la signification du mot *solvant*. Quelle est la substance qui joue ici le rôle de solvant ?

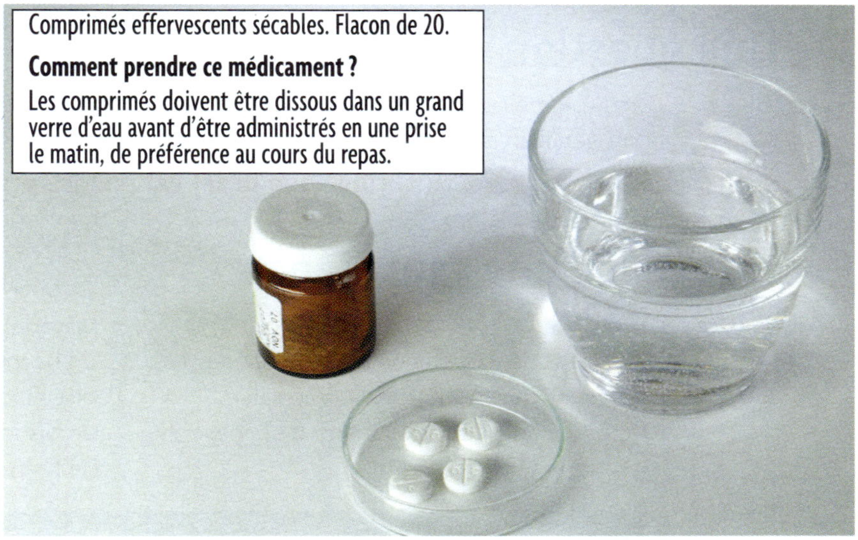

3 Elle sature...

Un verre d'eau salée et ce même verre après plusieurs jours sur un radiateur chaud.

1. Que signifie le mot *saturé* dans les expressions « la ligne téléphonique est saturée », « le trafic est saturé » ?

2. Observe l'eau salée sur la première photographie : le mélange est-il homogène ?

3. Sur la deuxième photographie, on voit du solide au fond du verre. Quel est ce solide à ton avis ?

4. Observe le niveau de l'eau dans le verre laissé plusieurs jours sur le radiateur : que s'est-il produit ? Pourquoi le sel ne forme-t-il plus un mélange homogène avec l'eau ?

5. À ton avis, quel est le point commun entre l'expérience et les expressions citées à la question 1 ?

TU VAS APPRENDRE À...

- **récupérer** un solide contenu dans un mélange homogène ;
- **distinguer** « fondre » et « se dissoudre ».

ACTIVITÉ expérimentale 1 Récupérer le sel d'une eau salée

▸ Une question

Lorsqu'on mélange du sel à de l'eau et que l'on agite, on obtient un mélange homogène. En effet, on ne peut plus distinguer le sel à l'œil nu.

Comment peux-tu vérifier que le sel est encore présent dans le mélange ?

▸ Je réalise une expérience

Consigne

Propose une expérience pour récupérer les grains de sel à partir de l'eau salée (tu peux t'inspirer de l'activité de la page 99).

Matériel

- Un bécher, des tubes à essais, une coupelle
- Une pince en bois
- Un dispositif de chauffage
- De l'eau salée

À gauche, un bécher d'eau salée. À droite, ce qu'on obtient après chauffage.

▸ J'observe et j'interprète

1. Au début de l'expérience, vois-tu le sel dans le bécher ? Le sel est-il soluble dans l'eau ?

2. Reste-t-il de l'eau après le chauffage ? Qu'est-elle devenue ?

3. Que contient la coupelle à la fin de l'expérience ?

▸ Je conclus

4. Le sel a-t-il « disparu » définitivement lors de sa dissolution dans l'eau ?

5. Que suffit-il de faire pour récupérer du sel dissous dans de l'eau ?

MINI-DICO

Dissoudre : amener une substance solide, liquide ou gazeuse à former un mélange homogène avec un liquide.

Soluble : qui peut être dissous dans un liquide.

Pour m'entraîner

Exercices 7, 8

Ai-je bien compris ? Quelle différence fais-tu entre *faire disparaître* et *dissoudre* ?

2 Faire la différence entre fondre et se dissoudre

ACTIVITÉ expérimentale

▸ Une question ...

Quand de la glace fond, elle devient de l'eau liquide et on ne voit plus de solide : c'est la fusion de la glace. De même, quand on met du sel dans de l'eau et que l'on agite, on ne voit plus les grains de sel. À première vue, ces phénomènes se ressemblent...

Peut-on dire que le sel fond quand on le mélange à de l'eau ?

▸ Je réalise une série d'expériences ...

Consignes

a. Enferme un glaçon dans un petit sachet de plastique transparent.
Enferme du sel dans un autre sachet.
Plonge ces deux sachets dans de l'eau comme sur les schémas ci-dessous.

b. Quand le glaçon a fondu, verse le contenu de chaque sachet dans le cristallisoir.
Agite le contenu des deux cristallisoirs.

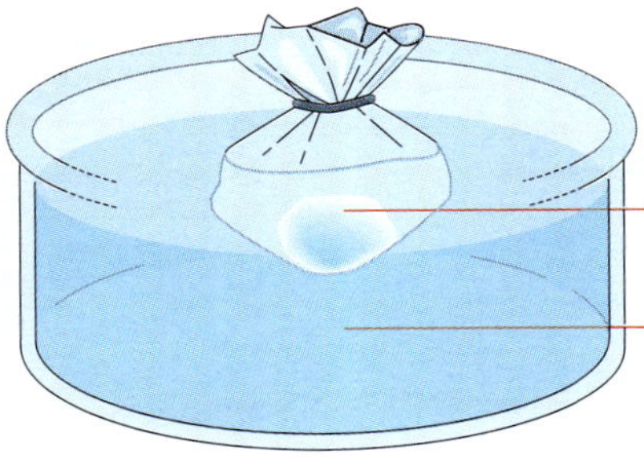

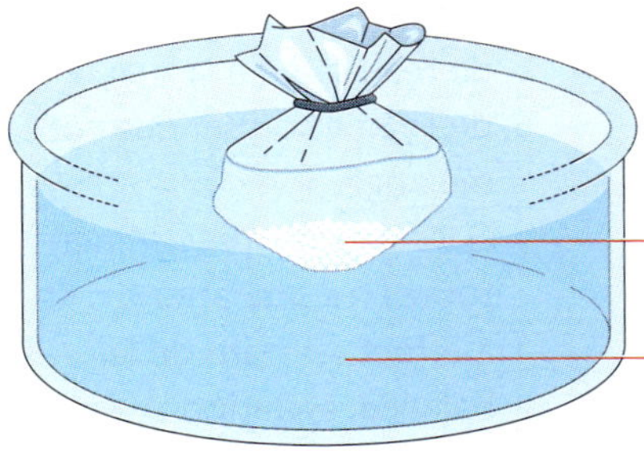

▸ J'observe et j'interprète ...

1. Que contient le sachet du glaçon après quelques minutes (expérience a) ?

2. Que contient le sachet de sel après quelques minutes ?
Le sel est-il toujours visible ? A-t-il été transformé ?

3. Qu'obtiens-tu quand tu verses le sachet du glaçon dans l'eau (expérience b) ? Et quand tu verses le sachet de sel ?

▸ Je conclus

4. Qu'est-il arrivé au glaçon dans l'expérience a ? Comment s'appelle ce phénomène ?

5. Est-il arrivé le même phénomène aux grains de sel ?

Ai-je compris la démarche ? Quelle différence existe-t-il entre *fondre* et *se dissoudre* ?

MINI-DICO

Fusion : passage de l'état solide à l'état liquide.

Fondre : passer de l'état solide à l'état liquide sous l'action de la chaleur.

Dissoudre : amener une substance solide, liquide ou gazeuse à former un mélange homogène avec un liquide.

Pour m'entraîner

Exercice 4

ACTIVITÉ expérimentale 3 Étudier la dissolution du sel

▸ Une question

Dans la cuisine, on mélange parfois du sel à de l'eau. Même si on ne le voit plus, il est encore présent puisqu'on peut le récupérer en chauffant le mélange.

A-t-on la même masse de sel dans le mélange qu'au départ ?

▸ Je réalise une expérience

Matériel

- Une balance
- Une coupelle
- Une éprouvette graduée ou un bécher
- Un agitateur en verre
- De l'eau du robinet
- Du sel de cuisine

Consignes

– Propose une expérience pour comparer la masse de l'eau salée à la masse de l'eau et du sel que l'on mélange.
– Décris très précisément toutes les opérations à effectuer (tare de la balance, agitation avec l'agitateur en verre...).

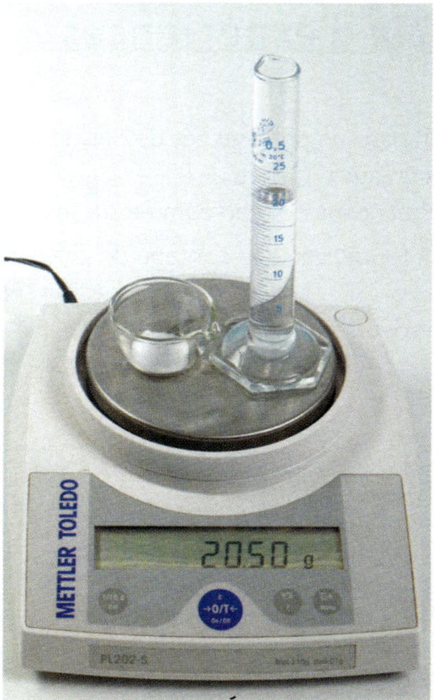

AVANT MÉLANGE

APRÈS MÉLANGE

▸ J'observe et j'interprète

1. Quel est l'aspect (homogène/hétérogène) du mélange après agitation ?

2. Quelle est la masse totale (eau + sel) avant mélange ? après mélange ?

3. Après agitation, le sel est-il visible ? Où est-il alors passé ?

▸ Je conclus

4. À l'aide du mini-dico, indique en une phrase comment la masse d'un mélange est reliée aux masses initiales du solide et de l'eau. Emploie les mots *solvant, soluté, solution.*

5. Explique pourquoi on dit qu'il y a « conservation de la masse » au cours de la dissolution.

6. As-tu la même masse de sel au départ et dans le mélange ?

MINI-DICO

Solvant : liquide permettant de dissoudre des substances pour former un mélange homogène.

Soluté : substance dissoute dans un solvant.

Solution : mélange homogène d'un liquide, appelé solvant, et de substances dissoutes, appelées solutés.

Soluble : qui peut être dissous dans un solvant.

Pour m'entraîner

Exercices 2, 3, 13

Ai-je compris la démarche ? Comment peux-tu prévoir la masse d'un mélange hétérogène ?

4 Dissoudre du sel jusqu'à saturation

ACTIVITÉ expérimentale

▸ Une question

Le sel est soluble dans l'eau, mais il peut réapparaître quand on évapore une partie de l'eau. Le mélange devient alors hétérogène (voir le document 3 p. 107).

Quelle masse maximale de sel peut-on dissoudre dans une quantité donnée d'eau ?

▸ Je réalise une expérience

On cherche une expérience pour connaître la masse maximale de sel qu'on peut dissoudre dans 50 g d'eau.

Matériel

- Une balance
- Des coupelles
- Des béchers
- Un agitateur en verre
- De l'eau du robinet
- Du sel de cuisine

Consignes

– Verse le sel très progressivement et mélange bien avec un agitateur en verre.
– Note très précisément l'aspect du mélange après agitation (homogène ou hétérogène) ainsi que sa masse. Reporte-toi à l'activité 3 (p. 110) pour déduire la masse de sel versée.

À gauche, un mélange homogène d'eau salée. À droite, un mélange hétérogène d'eau salée.

▸ J'observe et j'interprète

1. Quelle est la masse maximale de sel qui se dissout dans 50 g d'eau ?

2. Que se passe-t-il quand on verse une plus grande quantité de sel ? Le sel qu'on rajoute alors se dissout-il ?

▸ Je conclus

3. Pour un volume d'eau donné, peut-on dissoudre n'importe quelle quantité de sel ?

4. Peut-on encore dissoudre du sel dans une solution saturée en sel ? Aide-toi du mini-dico.

MINI-DICO

Solution : mélange homogène d'un liquide, appelé solvant, et de substances dissoutes, appelées solutés.

Solution saturée : solution qui ne peut pas dissoudre une quantité supplémentaire de soluté.

Pour m'entraîner

Exercices 5, 10

Ai-je compris la démarche ? Comment fais-tu pour connaître la masse de sel versé ?

L'ESSENTIEL

1 Dissolution d'un solide dans de l'eau

- Certains solides sont **solubles** dans l'eau : lorsqu'on les verse dans l'eau et qu'on agite, on obtient un mélange homogène. Quand on mélange un solide soluble à de l'eau, on dit que ce solide **se dissout**. Il ne fond pas.
- Il ne faut pas confondre la dissolution et la fusion, qui est un changement d'état.
- Le solide dissous dans de l'eau peut être récupéré par **vaporisation** du solvant.

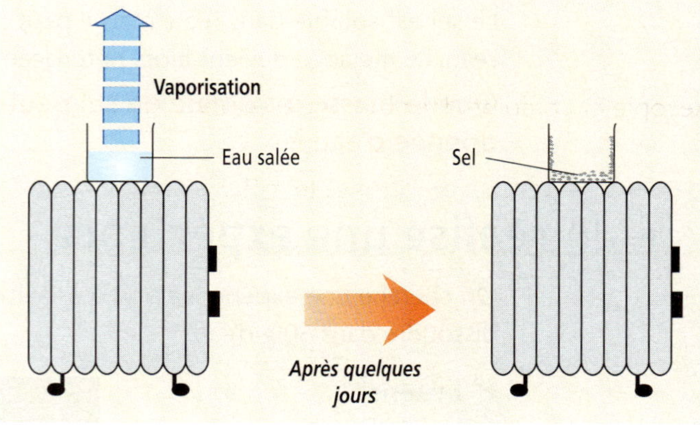

2 Conservation de la masse au cours d'un mélange

- Une **solution** est un mélange homogène d'un liquide, appelé le **solvant**, et de substances dissoutes, appelées **solutés**.
- La masse d'une solution est la somme de la masse du solvant et de la masse du ou des soluté(s).

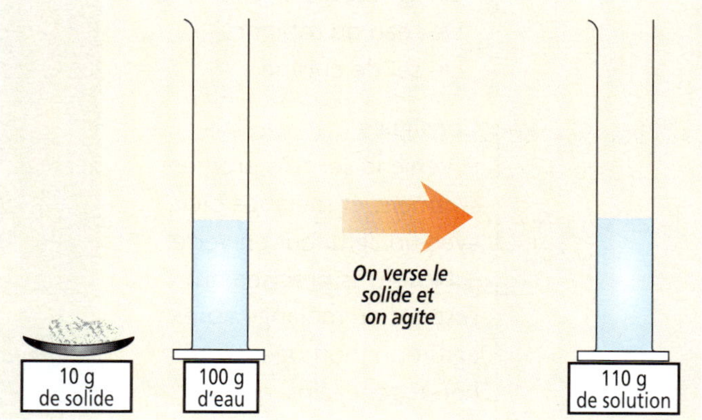

3 Solution saturée

- Quand on ajoute trop de solide dans une quantité donnée de solvant (par exemple de l'eau), seule une partie du solide se dissout, le reste se dépose au fond du bécher.
- La solution est alors **saturée** : elle a incorporé tout le solide qu'elle pouvait et elle ne peut plus dissoudre de solide supplémentaire.

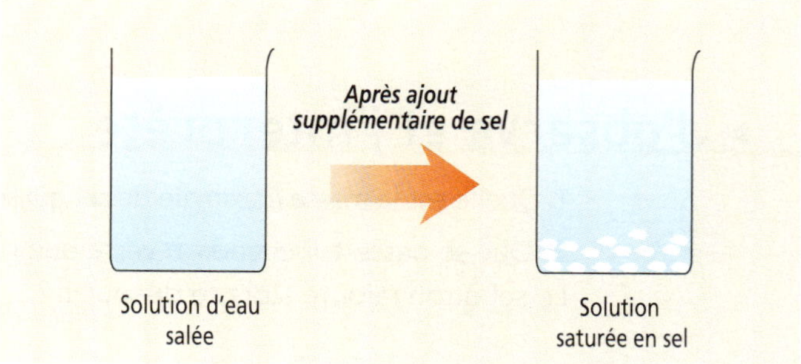

JE DOIS ÊTRE CAPABLE DE :

- **utiliser** correctement les termes *dissoudre, solution, solvant, soluté, solution saturée* ;
- **distinguer** dissolution et fusion ;
- **prévoir** la masse d'une solution à partir de la masse de solvant et de solide avant mélange ;
- **récupérer** une substance dissoute dans l'eau.

Je vérifie mes connaissances

1 Compléter des phrases

Recopie et complète les phrases ci-dessous à l'aide des mots en italique.

1. L'eau dissout le sel de cuisine ; le mélange obtenu est .... On l'appelle une ....

2. Dans ce mélange, l'eau est le ..... et le sel est le ..... .

3. Le sel est ...... dans l'eau.

4. Le sable, lui, est ...... dans l'eau ; le mélange de l'eau et du sable est hétérogène.

soluté – soluble – insoluble – solvant – solution – homogène

2 Repérer une affirmation juste

Les phrases suivantes sont-elles correctes ?

1. Quand on dissout un solide dans de l'eau, la masse de la solution est la somme de la masse du solide et de la masse de l'eau.

2. Quand on dissout un solide dans de l'eau, la température de la solution est la somme de la température du solide et de la température de l'eau.

3 Trouver la masse d'un mélange

Dans une tasse de thé, on dissout 3 g de sucre.
La masse de thé avant l'ajout de sucre est de 20 g.

Quelle est la masse du thé sucré ?

4 Employer le bon mot

Un élève a écrit sur son cahier la phrase ci-dessous. Corrige-la.

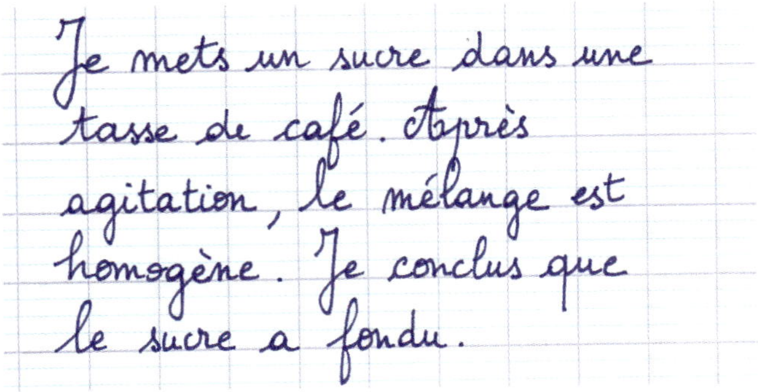
Je mets un sucre dans une tasse de café. Après agitation, le mélange est homogène. Je conclus que le sucre a fondu.

5 Définir des mots

Dans une tasse de thé, on peut dissoudre un morceau de sucre, mais pas 20 morceaux de sucre.

Explique cette affirmation en utilisant les mots *soluble* et *saturé*.

J'applique...

6 Composition d'un sirop

Composition
Glycérol, acide citrique, citrate de sodium, sucre, eau purifiée.

200 mL d'un sirop contre la toux contiennent entre autres 440 g de sucre.

1. Quels sont les constituants présents dans ce sirop ?

2. D'après toi, quel constituant joue le rôle de solvant ?

3. Quelle est la masse de sucre dans un litre de ce sirop ?

4. Quelle masse de sucre ingère-t-on lorsqu'on boit une cuillerée à café (5 mL) de ce sirop ?

7 Le sel de la mer

Comme dans les marais salants (voir « Sciences Mag » p. 117), on veut récolter le sel de l'eau de mer.

1. Propose une expérience pour obtenir du sel à partir d'eau de mer.

2. Un litre d'eau de mer contient 30 g de sel. De combien d'eau de mer as-tu besoin pour obtenir 1 kg de sel ?

8 Une pluie bien mal venue

Un jour d'été, un élève a laissé dehors un verre contenant 50 mL d'eau de mer. Dans un litre d'eau de mer, il y a 30 g de sel. Un orage éclate et ajoute 3 mL d'eau dans le verre.

1. Avant l'orage, quelle masse de sel peut-il espérer recueillir par évaporation de l'eau ?

2. Après l'orage, le contenu du verre est-il homogène ou hétérogène ?

3. Quelle masse de sel peut-il espérer recueillir par évaporation de l'eau après l'orage ?

4. Quel est le volume de la solution contenue dans le verre après l'orage ?

EXERCICES

9 Érosion

1. Qu'appelle-t-on le *lit* d'une rivière ? Aide-toi d'un dictionnaire.
2. Comment cette rivière a-t-elle creusé son lit dans la roche ?
3. As-tu déjà observé d'autres exemples d'*érosion* naturelle ?
4. Repère le solvant, le soluté et la solution dans cet exemple.

J'approfondis...

10 La solution mystère

Je suis une solution incolore et transparente.
Je suis miscible à l'eau. Je suis non miscible à l'huile.
Si on me laisse au soleil ou à la chaleur, je disparais en laissant un dépôt de sel.
Si on m'ajoute du sel, je donne un mélange hétérogène.

Qui suis-je ?

11 Santé et réglementation

Dans le cadre de la lutte contre l'obésité des jeunes, les distributeurs de boissons sont interdits depuis la rentrée 2005 dans les établissements scolaires.

1. Que contiennent les boissons du type soda ?
2. Quel est le solvant ? Donne des exemples de solutés (tu peux lire l'étiquette d'une boisson).
3. Quel est le soluté qui peut entraîner l'obésité si on en consomme trop ?

12 Environnement et santé

L'eau est un très bon solvant. Elle dissout un grand nombre de substances. L'eau dissout même tellement de substances qu'il est très rare de la trouver sous forme pure dans la nature.
C'est parce que l'eau est un solvant si efficace qu'elle est essentielle pour la vie. Tous les êtres vivants utilisent des solutions « aqueuses » (à base d'eau), comme le sang ou les sucs gastriques, dans leurs processus biologiques.
Bien sûr, c'est pour cela que la pollution de l'eau peut être si dangereuse. Les pesticides, par exemple, se dissolvent facilement dans l'eau et peuvent ainsi se retrouver dans les organismes vivants, des plantes aux êtres humains.

D'après « How science works », Éditions Reader's digest

1. Quelle est la substance essentielle à la vie ?
2. Quel est le solvant des solutions suivantes : le sang ? les sucs gastriques ?
3. Cherche le mot *pesticide* dans le dictionnaire.
4. Explique comment les pesticides peuvent entrer dans un organisme humain.

13 Défi expérimental

Lors d'un mélange, il y a toujours conservation de la masse. On cherche à savoir si le volume est lui aussi toujours conservé.
On dissout 1 morceau de sucre dans 20 mL d'eau.

1. Quelle est la forme du morceau de sucre ? Dessine-le et calcule son volume en utilisant ton cours de mathématiques. Explique ton calcul.
2. Quel instrument faut-il utiliser pour mesurer ce volume ?
3. Propose une expérience pour connaître le volume de la solution.
4. Si le volume était conservé lors de la dissolution du sucre dans l'eau, quel devrait être le volume de la solution ?
5. Conclus.

14 Tour des mers du monde

En Méditerranée, le taux de salinité, c'est-à-dire la masse de substances minérales dissoutes dans un litre d'eau, est d'environ 37 g. Dans la mer Baltique, elle est de 20 g et le record de salinité est détenu par la mer Morte (située entre Israël et la Jordanie) avec 79 g par litre d'eau de mer... Le sel y est tellement abondant que les baigneurs flottent sans bouger (comme Obélix sur le dessin ci-dessous).

La salinité est nettement plus élevée dans les mers des zones tropicales et équatoriales où l'évaporation due à la chaleur et au rayonnement solaire est plus forte. Dans les mers froides, où l'évaporation est faible et où se jettent de grands fleuves (et donc d'énormes quantités d'eau douce), le taux de salinité baisse considérablement.

Inspiré d'articles de l'encyclopédie *Tout l'univers*.

1. Qu'est-ce qu'une *eau douce* ?

2. Qu'est-ce que la *salinité* d'une eau de mer ? Tu peux t'aider du dictionnaire.

3. Classe par salinité croissante les eaux de mer citées dans le texte.

4. Pourquoi la faible évaporation des mers froides explique-t-elle leur plus faible salinité ?

Une expérience simple et amusante

Goûter à toutes les mers du monde

Matériel
- une balance de cuisine assez précise ou un pèse-lettre
- un verre doseur
- de l'eau du robinet
- des verres
- une cuillère
- du sel de cuisine

→ En utilisant les informations du texte de l'exercice 14, complète le tableau ci-dessous en indiquant la masse de sel à mélanger à 0,1 L d'eau pour chaque mer.

Mer	Mer Méditerranée	Mer Baltique	Mer Morte
masse de sel			

→ Pour chaque mer, place 0,1 L d'eau du robinet dans une bouteille (tu peux t'aider de la fiche méthode p. 74) et ajoute la masse voulue de sel de cuisine. Mélange bien.

→ Bonne dégustation !

1. Retrouve ces mers sur un planisphère.

2. Quelle est la mer la plus salée ?

3. @ Pourquoi la mer Morte est-elle appelée ainsi ? Renseigne-toi sur Internet.

Le sel, l'or blanc

SCIENCES mag

70 % de la surface de la Terre est recouverte d'eau et 97 % de cette eau est salée. Ce sel est « récolté » pour diverses applications. En cuisine par exemple, le sel permet de faire ressortir la saveur des aliments mais il peut aussi être utilisé pour conserver les viandes ou les poissons. On peut trouver aujourd'hui du sel très facilement, mais cela n'a pas toujours été aussi simple…

1. Recherche, en t'aidant d'un dictionnaire, les définitions des mots *érosion* et *magma*.
2. Indique en « millions de milliards » le nombre de tonnes de sel que les mers et les océans contiennent.
3. @ Pourquoi les mers et océans ne deviennent-ils pas de plus en plus salés ? Tu peux faire une recherche sur Internet.

GÉOLOGIE

Pourquoi l'eau de mer est-elle salée ?

On estime à 50 000 000 000 000 000 le nombre de tonnes de sel dissous dans les mers et les océans. Ce sel proviendrait de plusieurs sources naturelles.

– Les continents, dont les roches ont été partiellement dissoutes par les pluies (érosion), déversent à eux seuls chaque année deux milliards de tonnes de sel dans les océans et les mers.

– La croûte terrestre au fond des océans, en s'écartant de quelques centimètres par an, fait jaillir des magmas contenant différents éléments (chlore, sodium, brome, carbone…). Ces éléments se combinent alors pour former du sel.

Les scientifiques estiment qu'il a fallu cent millions d'années pour « saler » l'ensemble des mers et océans du globe.

D'après Marc Mennessier, *Le Figaro*, 11 janvier 2006

HISTOIRE

Une taxe « salée » : la gabelle

En France, le sel a été taxé pendant plusieurs siècles sous la forme d'un impôt appelé la « gabelle ».

C'est en 1341, en France, que Philippe VI de Valois créa une taxe sur le sel : au prix du sel vendu par les « grenetiers », on ajoutait une somme fixée par le roi. Cette somme variait d'une province à l'autre, mais était toujours très élevée.

Or le sel était essentiel pour conserver les aliments (il n'y avait évidemment pas de réfrigérateur à l'époque !). C'est pour cela qu'est apparue une contrebande du sel, c'est-à-dire une vente illégale du sel (sur laquelle la gabelle n'était pas appliquée). L'impopularité de cet impôt était telle que cela a participé au déclenchement de la Révolution française. La gabelle a ainsi été supprimée en 1789.

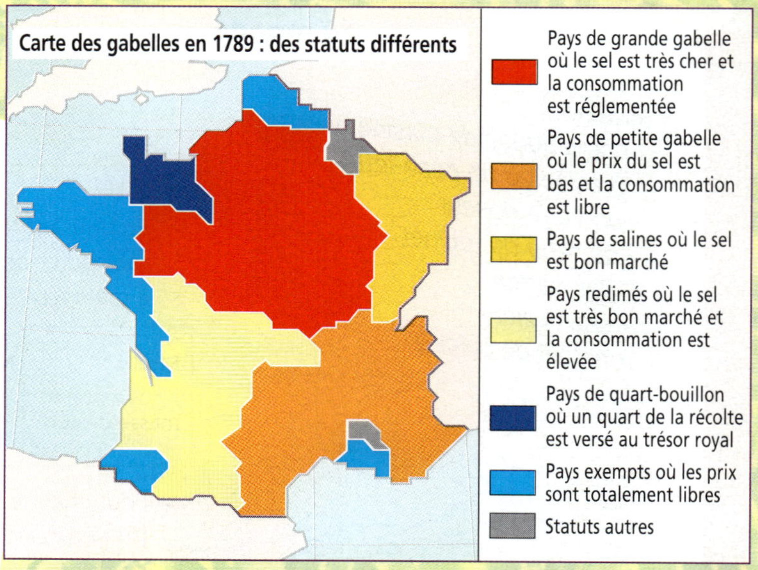

1. Pourquoi le sel avait-il tant d'importance à l'époque ?
2. Quelle est la signification du mot *contrebande* ? Quels types de contrebande existent aujourd'hui ?
3. @ Entre la France et l'Italie, il existe une « route du sel ». Recherche sur Internet l'historique de cette route. Pourquoi a-t-on donné un tel nom à cette route ?

TECHNOLOGIE

Les marais salants

Le sel que nous utilisons en cuisine et dans le salage des routes en hiver provient essentiellement des mers et océans. Comment récolte-t-on ce sel ?

L'eau de mer est amenée par une série de canaux dans de gigantesques bassins de faible profondeur et de grande surface. L'eau de mer circule lentement dans ces bassins peu profonds qui forment des labyrinthes. Par évaporation de l'eau, grâce au Soleil, on obtient au final une *saumure* : c'est une solution d'eau salée contenant environ 270 g de sel par litre d'eau de mer. Pour une telle quantité de sel, la solution devient saturée et du sel solide apparaît au fond des bassins.

La récolte est effectuée par un saunier. Elle se déroule à partir du mois d'août et doit être terminée avant les pluies d'octobre. Le sel est alors ramassé ou déposé en tas. Après plusieurs traitements, le sel est emballé puis expédié vers ses utilisateurs, c'est-à-dire nous…

1. Dans quelle activité de ce chapitre as-tu réalisé une « récolte de sel » selon le même principe que les marais salants ? Pourquoi l'eau de mer contenue dans les bassins devient-elle saturée en sel ?

2. Quel est l'intérêt d'avoir des bassins de faible profondeur et de grande surface ?

3. Pourquoi les sauniers redoutent-ils les averses ?

4. @ Rends-toi sur le site www.marais-salant.com et observe l'animation qui montre le cheminement de l'eau dans les bassins du marais salant. Reproduis le dessin et indique les différentes étapes sur un schéma.

@ www.salins.com
www.salines.com

SANTÉ

Le sel : à consommer avec modération…

Un adulte a besoin de 5 à 8 g de sel par jour. Il ne faut pas en abuser car, consommé en excès, il peut être très dangereux pour la santé : certaines personnes doivent supprimer le sel de leur alimentation et faire un régime *hyposodé*.

Chimie 6 Quand l'eau gèle et la glace fond

Observer pour s'interroger

Au cours du cycle de l'eau sur la Terre, l'eau change d'état plusieurs fois. Ainsi, lorsque l'eau est sous forme de pluie ou de neige, c'est seulement son état qui a changé. Étudions quelques transformations entre les états liquide et solide.

1 Le verglas

En hiver, lorsqu'il pleut, il risque de se former du verglas. Pour empêcher sa formation sur les routes, des saleuses interviennent.

1. Qu'est-ce que le verglas ?

2. Quelles conditions doivent être réunies pour que du verglas se forme sur la route ?

3. À partir de quelle température le verglas peut-il se former ?

4. Quel est le rôle de la saleuse ?

5. À ton avis, pourquoi le sel empêche-t-il l'eau de geler sur la route ?

2 La fonte des glaces

Le réchauffement climatique fait craindre aux scientifiques la fonte des glaces (icebergs, glaciers, banquise). C'est aussi la fonte de la glace qui te permet d'avoir des boissons fraîches.

1. Le verre est rempli à ras bord. D'après toi, va-t-il déborder lorsque le glaçon fondra ? Réalise l'expérience.
2. Quelle est la différence entre un iceberg et un glacier ?
3. Si tous les icebergs venaient à fondre, cela ferait-il monter le niveau des océans ?
4. Et si c'étaient tous les glaciers qui fondaient ?

3 Des précautions pour l'hiver

Voici quelques conseils utiles à l'approche de l'hiver.

1. Vérifie chez toi si les radiateurs ont une position *hors-gel*. Cette position du thermostat est-elle la plus haute ou la plus basse ? À quoi sert cette position sur les radiateurs ?
2. Que signifie l'expression *vidanger les canalisations* ?
3. Que se passerait-il si l'eau gelait dans les canalisations ? Quelle serait la conséquence quand la glace se mettrait à fondre ?
4. En ville, les canalisations d'eau sont enterrées au minimum à 60 cm de profondeur. Sais-tu pourquoi ?

TU VAS APPRENDRE À...

- **réaliser** et **observer** des changements d'état ;
- **suivre** l'évolution de la température au cours de ces changements d'état ;
- **tracer** et **exploiter** un graphique.

ACTIVITÉ expérimentale

1 Comprendre comment le verglas se forme

▸ Une question

Lorsqu'il fait très froid et qu'il pleut, il peut se former du verglas sur la route et sur les trottoirs. L'eau de pluie a gelé.

Que se passe-t-il exactement lorsque l'eau se solidifie ?

▸ Je réalise une expérience

Consignes

– Verse 5 mL d'eau distillée dans un tube à essais.
– Introduis un thermomètre et un agitateur dans le tube. *Pendant toute la durée de l'expérience, mélange doucement et régulièrement le contenu du tube.*
– Place le mélange réfrigérant dans un bécher.
– Déclenche le chronomètre à l'instant où tu places le tube à essais dans le mélange réfrigérant.
– Toutes les deux minutes, lis la température sur le thermomètre et note-la dans un tableau.
– Après chaque mesure, regarde rapidement l'aspect du contenu du tube et note tes observations.

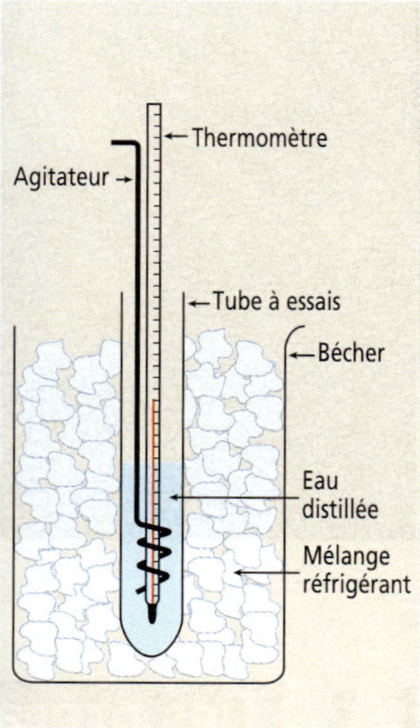

Résultats

Pierre et Karine ont obtenu les résultats regroupés dans ce tableau.

Temps (en min)	0	2	4	6	8	10	12	14	16	18
Température de l'eau (en °C)	20	10	3	1	0	0	0	– 1,5	–5	– 10

▸ J'observe et j'interprète

1. À l'aide de ton tableau de mesures et du mini-dico, trouve les trois parties du déroulement de la solidification de l'eau.

2. D'après les observations que tu as faites pendant l'expérience, indique les états de l'eau dans ces différentes parties.

▸ Je conclus

3. À quelle température l'eau pure se solidifie-t-elle ? Pierre et Karine obtiennent-ils la même valeur que toi ?

4. La température de l'eau pure change-t-elle pendant la durée de la solidification ?

5. Déduis-en la température du sol à partir de laquelle du verglas peut se former.

MINI-DICO

Palier de température : durée pendant laquelle la température ne varie pas.

Solidification : transformation de l'état liquide à l'état solide.

Eau distillée : eau pure que l'on a obtenue par distillation.

Mélange réfrigérant : mélange qui permet d'abaisser la température.

Ai-je compris la démarche ? D'après toi, pourquoi faut-il agiter régulièrement le contenu du tube à essais ?

Pour m'entraîner

Exercices 6, 8

2 Observer la fonte de la glace

ACTIVITÉ expérimentale

▸ Une question ...

Après le gel, lorsque la température remonte, la glace et le verglas fondent. C'est le même phénomène qui se produit lorsqu'un glaçon fond dans un verre.

Que se passe-t-il exactement lorsque la glace fond ?

▸ Je fais une hypothèse ...

En utilisant tes connaissances sur la solidification et sur la fusion, essaie de prévoir comment va se dérouler la fonte de la glace.

▸ Je réalise une expérience ...

Consignes

– Prends dans ta main un tube à essais contenant de la glace pure et un thermomètre.
– Déclenche alors le chronomètre, lis la température toutes les deux minutes et note-la dans un tableau.
– Après chaque mesure, note l'aspect du contenu du tube.

Résultats

Sarah et Faustine ont obtenu le tableau ci-dessous. Elles ont représenté l'évolution de la température en fonction du temps.

Temps (en min)	0	2	4	6	8	10	12	14	16	17	18
Température de l'eau (en °C)	– 7,5	– 2,5	– 1,2	0,0	0,0	0,0	1,0	2,1	6,0	14,9	22,0

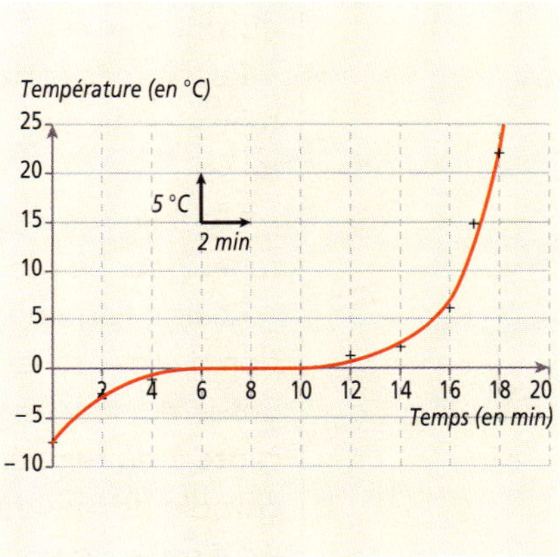

▸ J'observe et j'interprète ...

› Méthode p. 125

1. Représente graphiquement l'évolution de la température en fonction du temps à partir des résultats que tu as obtenus.

2. Peux-tu séparer le déroulement de l'expérience en trois parties ? Sépare-les sur ton graphique par des traits verticaux.

3. À l'aide de tes observations, précise pour chacune de ces parties l'état (ou les états) dans le(s)quel(s) se trouve l'eau.

▸ Je conclus

4. La température de l'eau change-t-elle pendant la fusion ?

5. À quelle température la glace fond-elle ? Obtiens-tu la même température de fusion que Sarah et Faustine ?

6. Compare la température de fusion de l'eau avec sa température de solidification.

Ai-je compris la démarche ? Si tu avais mis le tube à essais dans de l'eau tiède au lieu de le garder dans ta main, que se serait-il passé ?

MINI-DICO

Fusion : transformation de l'état solide à l'état liquide.

Pour m'entraîner

Exercices 1, 2, 5, 9

ACTIVITÉ expérimentale 3 Empêcher la formation du verglas sur les routes

▸ Une question ...

En hiver, on sale les routes pour éviter la formation de verglas. Le sel versé par la saleuse se mélange alors à l'eau qui est sur la route.

Quelle est la différence entre la solidification de l'eau pure et celle de l'eau salée ?

▸ Je réalise une expérience ...

Consignes

– Dans un tube à essais, verse environ 5 mL d'eau distillée et ajoute deux pincées de sel. Bouche le tube avec un bouchon et agite-le pour dissoudre le sel.

– Recommence dans un deuxième tube à essais avec quatre pincées de sel.

– N'oublie pas de numéroter les tubes pour ne pas les confondre.

– Réalise l'expérience de solidification de l'eau salée (photographie) en utilisant un mélange réfrigérant et un capteur de température relié à une console de mesure.

– Observe les deux courbes tracées sur l'écran.

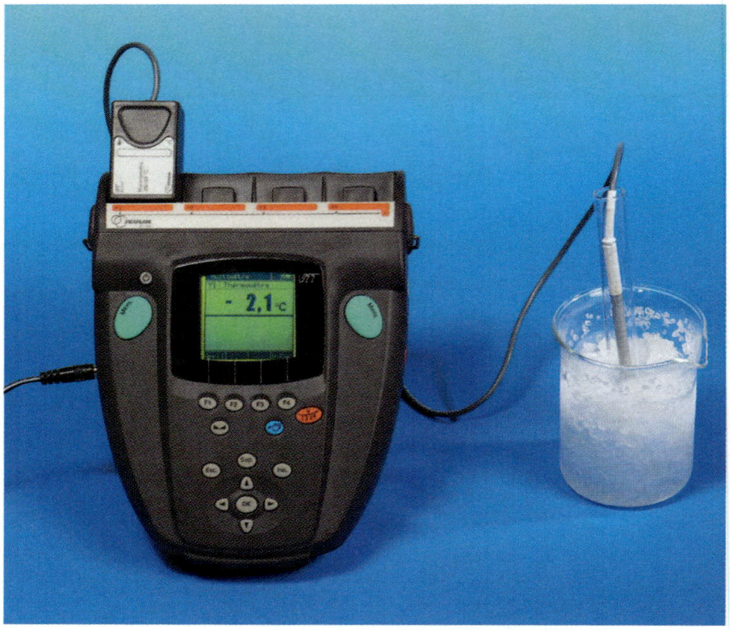

▸ J'observe et j'interprète ...

1. Pour chaque mélange, indique si l'eau salée s'est solidifiée.

2. Compare l'allure des deux courbes.

3. Observe-t-on un palier de température pendant la solidification de l'eau salée ?

▸ Je conclus

4. La quantité de sel dissoute dans l'eau a-t-elle une influence sur la température d'apparition des premiers cristaux de glace ?

5. Quelle est la différence entre la solidification de l'eau pure (corps pur) et celle de l'eau salée (mélange) ?

6. Explique pourquoi le salage préventif des routes permet d'éviter la formation du verglas.

MINI-DICO

Console de mesure : appareil permettant de relever différentes grandeurs (température, pression...) de manière régulière et automatique.

Solide dissous : solide qui a formé un mélange homogène lorsqu'on l'a mélangé à un liquide.

Corps pur : corps constitué d'une seule substance.

Mélange : ce qui est constitué de plusieurs substances.

Pour m'entraîner

Exercices 4, 7, 10

Ai-je bien compris ? Peux-tu distinguer trois parties sur le graphique obtenu, comme dans le cas de la solidification de l'eau pure ?

4 Comprendre la rupture des canalisations d'eau en hiver

ACTIVITÉ expérimentale

▸ Une question ...

En hiver, la solidification de l'eau contenue dans des canalisations peut provoquer leur explosion, et donc des inondations lors du dégel. L'évolution des propriétés de l'eau lors de sa solidification permet de comprendre ce phénomène.

Lorsque la glace fond, son volume et sa masse changent-ils ?

▸ Je réalise une série d'expériences ...

On va étudier en parallèle deux corps purs : l'eau et le cyclohexane.

Expérience 1 : évolution du volume

Consignes

– Écris « E » sur une éprouvette et « C » sur une autre. Verse 10 mL d'eau dans l'éprouvette « E » et 10 mL de cyclohexane dans l'éprouvette « C ». Ferme-les à l'aide d'un bouchon.

– Note le niveau du liquide dans chaque éprouvette et place-les verticalement au congélateur.

– Au bout de quelques heures, observe le niveau du solide dans chaque éprouvette.

Attention
Le cyclohexane est un produit nocif et inflammable.

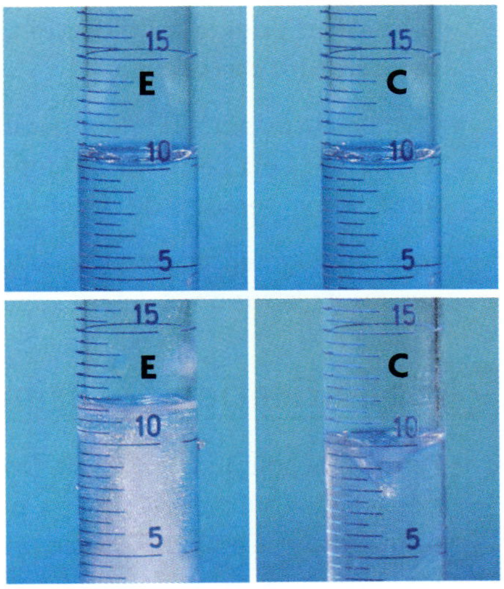

Expérience 2 : évolution de la masse

Consignes

– Pèse chaque éprouvette (avec la glace et le cyclohexane solide).

– Attends que la glace et le cyclohexane soient totalement fondus et pèse de nouveau chaque éprouvette.

Résultats

Bastien a obtenu les résultats suivants :

État de la substance contenue dans l'éprouvette	Masse de l'éprouvette, de l'eau et du bouchon	Masse de l'éprouvette, du cyclohexane et du bouchon
Solide	77,2 g	75,1 g
Liquide	77,2 g	75,1 g

▸ J'observe et j'interprète ...

1. Que peux-tu dire de l'évolution du volume de l'eau lors de la solidification ? Même question pour le cyclohexane.

2. La masse de l'eau solide est-elle la même que la masse de l'eau liquide ? Même question pour le cyclohexane.

▸ Je conclus

3. Dans les deux cas, comment la masse varie-t-elle lors du changement d'état ?

4. Comment le volume de l'eau évolue-t-il lors de la solidification ? Est-ce le cas de tous les corps purs ?

5. Déduis-en pourquoi les canalisations remplies d'eau peuvent se rompre en cas de gel.

MINI-DICO

Corps pur : corps constitué d'une seule substance.

Cyclohexane : corps pur obtenu à partir du pétrole. La manipulation de ce liquide incolore et nocif impose le port de gants et de lunettes de protection.

Ai-je compris la démarche ? Dans la deuxième expérience, pourquoi faut-il boucher l'éprouvette ?

Pour m'entraîner

Exercices 3, 11, 12

L'ESSENTIEL

1 Solidification et fusion d'un corps pur

- Au cours de la solidification ou de la fusion d'un **corps pur** :
  – on a un **mélange de liquide et de solide** ;
  – pendant toute la durée du changement d'état, la température reste constante et suit un **palier** ;
  – la température de ce palier est la même pour la fusion et pour la solidification. On l'appelle **température de fusion.**
- Chaque corps pur a une température de fusion différente. Cela permet de l'identifier. Ainsi, la température de fusion de l'eau est de **0 °C**.
- Lors de l'augmentation de la température du corps pur, ou de la fusion, il y a un apport d'énergie.

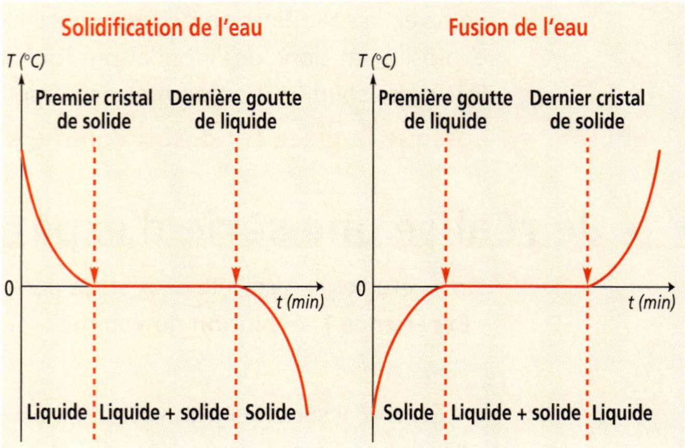

2 Solidification et fusion d'un mélange

- Pendant la solidification ou la fusion d'un **mélange** de plusieurs substances, il n'y a **pas de palier** de température. Cette différence permet de distinguer les corps purs des mélanges.
- Un mélange d'eau et de sel se solidifie à des températures inférieures à 0 °C.

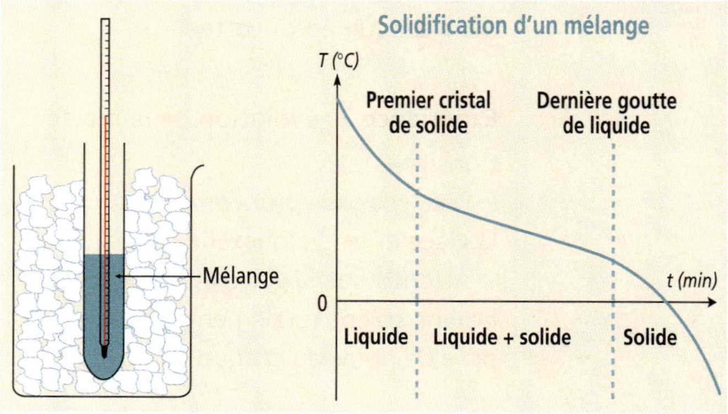

3 Variation de masse et de volume

- Au cours d'un changement d'état, **la masse se conserve**.
- Lors d'un changement d'état, **le volume ne se conserve pas**.
  – Lorsque de **l'eau se solidifie, son volume augmente**.
  – Pour la plupart des autres liquides (comme le cyclohexane par exemple), le volume diminue au cours de la solidification.

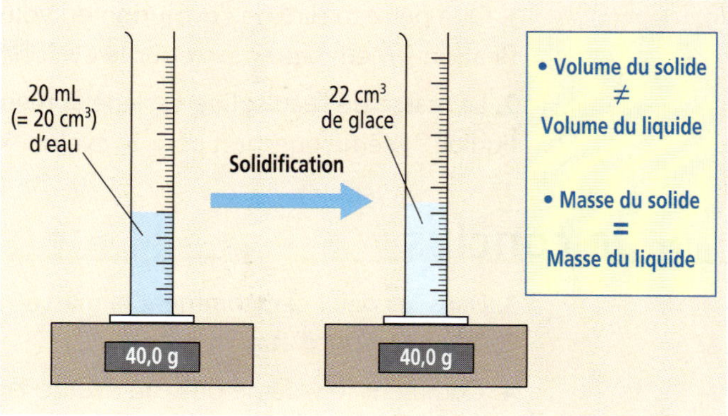

JE DOIS ÊTRE CAPABLE DE :

- **suivre** l'évolution de la température lors d'un changement d'état en fonction du temps et la **représenter** graphiquement ;
- **repérer** une température de changement d'état sur un graphique ;
- **prévoir** la variation de la masse et du volume au cours d'un changement d'état.

MÉTHODE 5 Construire un graphique

Un objectif

Au cours d'une expérience concernant la fusion de la glace (voir p. 121), on a suivi l'évolution de la température en fonction du temps. Les résultats se trouvent dans le tableau de mesures ci-dessous.

Temps (en min)	0	2	4	6	8	10	12	14	16	17	18
Température de l'eau (en °C)	– 7,5	– 2,5	– 1,2	0,0	0,0	0,0	1,0	2,1	6,0	14,9	22,0

On veut représenter graphiquement l'évolution de la température **en fonction du temps**.

Une démarche

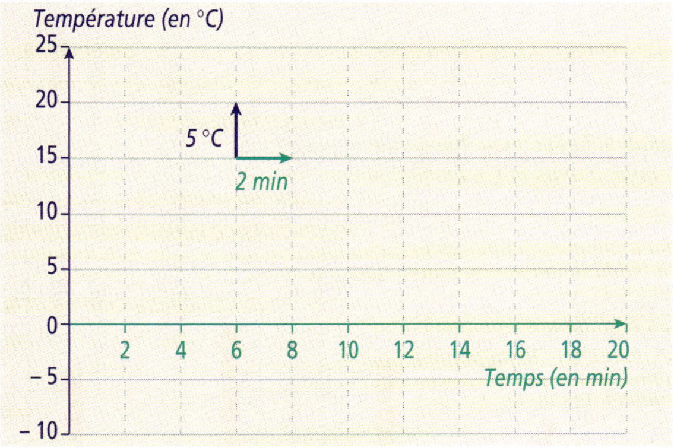

1. Trace deux axes perpendiculaires en tenant compte des valeurs négatives dans ton tableau de mesures (si tu en as).
2. Pour ce graphique, on utilise l'échelle suivante :
– en abscisse : 1 cm pour représenter 2 minutes ;
– en ordonnée : 1 cm pour représenter 5 °C.
3. Place la **grandeur température** sur l'axe des ordonnées en précisant l'**unité**.
4. Place la **grandeur temps** sur l'axe des abscisses en précisant l'**unité**.
5. Ajoute les graduations sur les axes et l'échelle en haut du graphique.

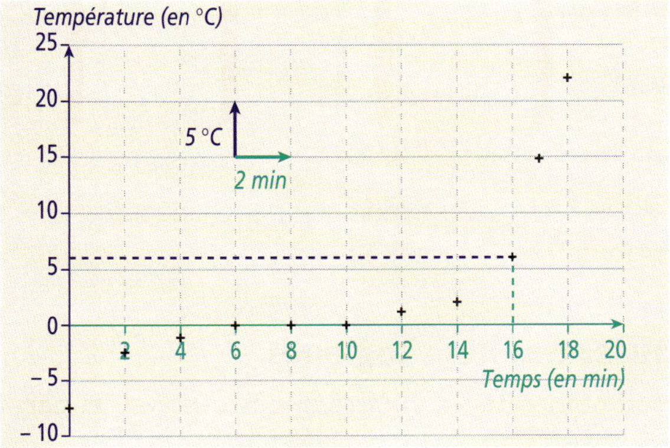

6. Place les points correspondant à l'expérience : chaque colonne du tableau donne les coordonnées d'un point.

Exemple :

Temps	16
Température	6

Chaque point est représenté par une croix : +.

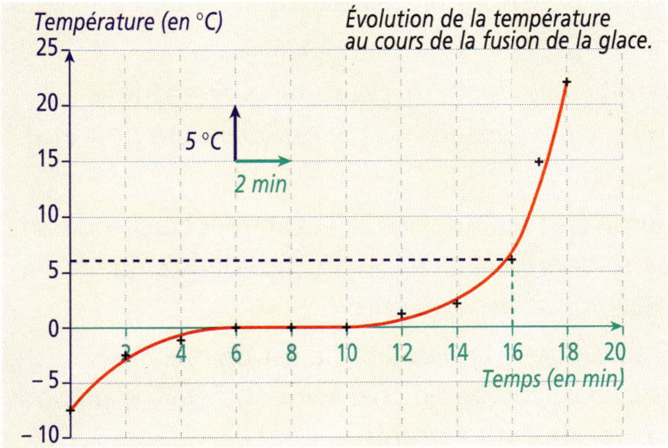

7. Trace une courbe régulière à main levée : cette courbe ne passe pas forcément par tous les points à cause des éventuelles erreurs de mesure.
8. Ajoute un titre : « Évolution de la température au cours de la fusion de la glace ».

EXERCICES

Je vérifie mes connaissances

1 Compléter des phrases

Recopie et complète les phrases ci-dessous.

1. La solidification de l'eau est le passage de l'état …… à l'état …… .

2. La température de solidification de l'eau est de …… .

3. Lorsque de la glace fond, sa température reste …… .

4. La température de fusion de la glace est de …… .

2 Compléter un diagramme

Recopie et complète le diagramme ci-dessous.

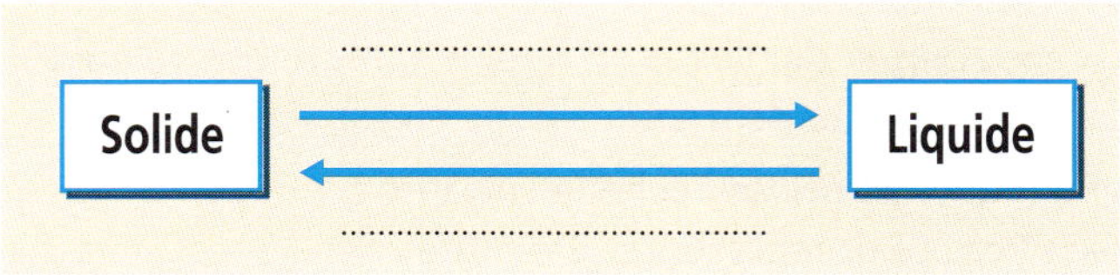

Donne la température de solidification de l'eau.

3 Vrai ou faux

Indique si chacune des phrases ci-dessous est vraie ou fausse. Corrige celles qui sont fausses.

1. 40 mL d'eau liquide donnent en gelant 40 mL de glace.

2. 20 g d'eau liquide donnent en se solidifiant 20 g de glace.

3. 50 g de glace donnent en fondant 45 g d'eau liquide.

4 Comprendre un graphique

Réponds à chacune des questions suivantes et justifie tes réponses en utilisant la conjonction **car**.

1. Ce graphique correspond-il à une solidification ou bien à une fusion ?

2. Ce graphique correspond-il au changement d'état d'un corps pur ou d'un mélange ?

3. Ce graphique correspond-il à un changement d'état de l'eau ?

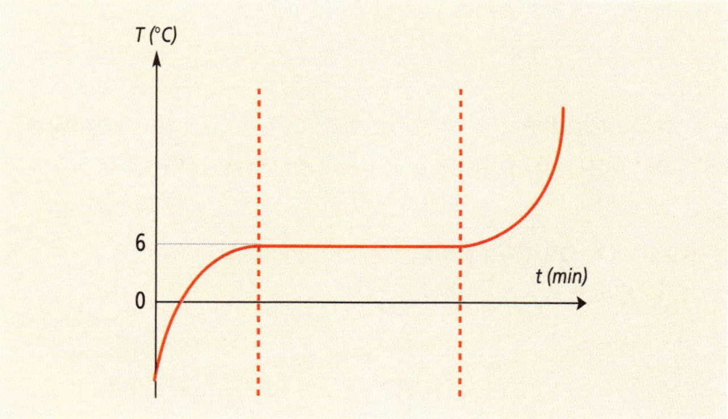

5 Retrouver l'ordre chronologique

Amina a dessiné le contenu d'un tube à essais au cours d'une expérience de fusion de la glace. Retrouve l'ordre de ses schémas.

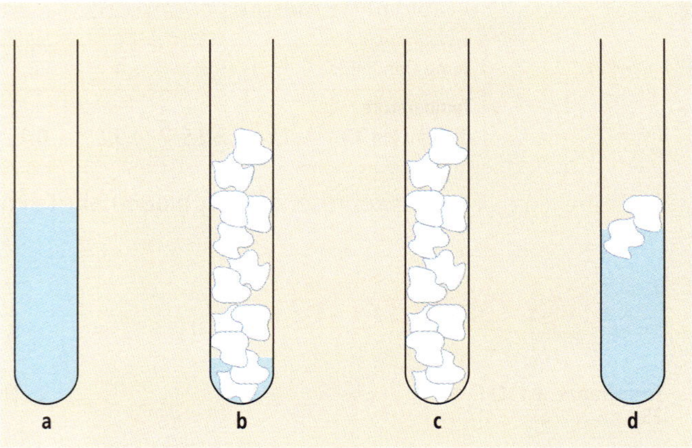

6 Savoir lire un thermomètre

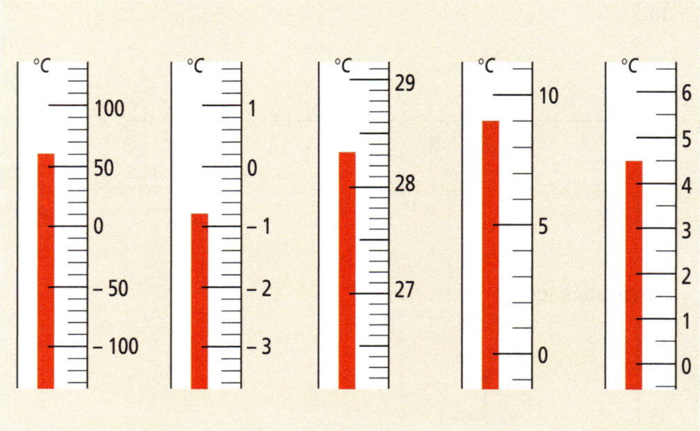

Quelle est la température indiquée par chacun de ces thermomètres ?

7 Utiliser des liens logiques

Recopie et complète les phrases ci-dessous avec **si**, **car** ou **donc**.

1. …… je veux réaliser une solidification, j'ai besoin d'un mélange réfrigérant.

2. Pendant la solidification, j'agite régulièrement le contenu du tube à essais …… la température doit être la même partout dans le tube.

3. La courbe tracée au cours de l'expérience possède un palier de température à 0 °C, …… j'en déduis que le liquide étudié est de l'eau pure.

4. Je conclus que le liquide étudié est un mélange …… j'observe que sa courbe de changement d'état ne possède pas de palier de température.

8 Comprendre un montage

1. Recopie le schéma ci-contre en ajoutant les légendes.

2. Quel type de changement d'état ce montage permet-il d'étudier ?

3. Décris précisément le mode opératoire de la manipulation.

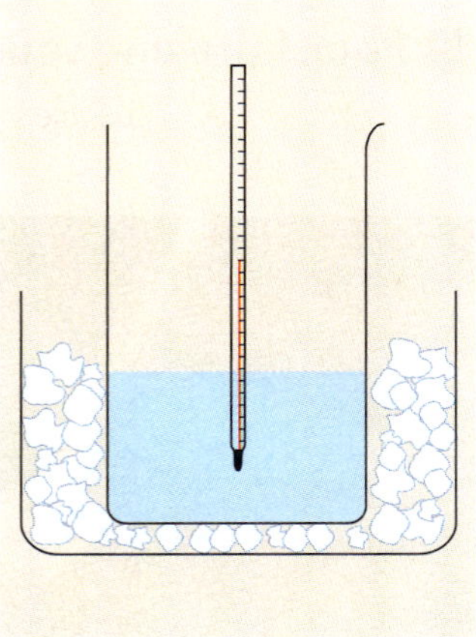

11 Prévoir un résultat

Flora place sur une balance une éprouvette graduée contenant de l'eau liquide. Elle fait le schéma ci-contre. Elle place ensuite l'éprouvette au congélateur. Après quelques heures, elle sort l'éprouvette du congélateur et la pèse à nouveau.

Indique le schéma qui correspond au résultat de Flora. Justifie ta réponse.

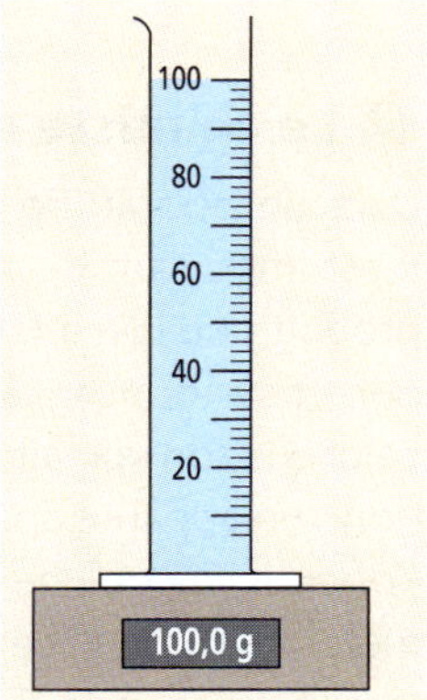

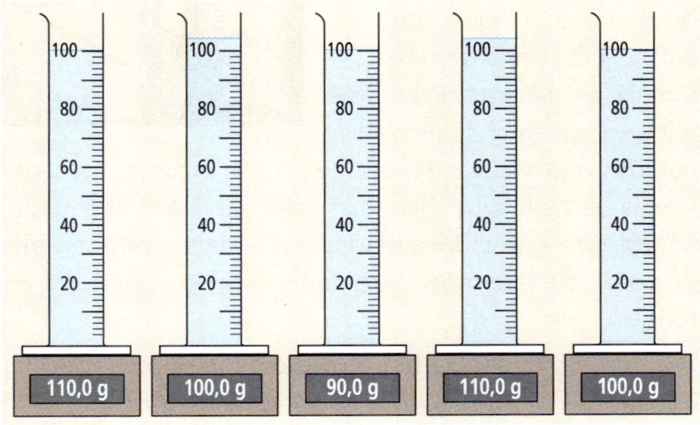

J'applique…

9 La fusion du cyclohexane

Antoine a réalisé la fusion du cyclohexane. Voici le tableau de valeurs qu'il a obtenu :

Temps (en min)	0	1	2	3	4	5	6	7	8	9	10	11	12	13
Température (en °C)	– 10	– 5	1	4	5	6	6	6	6	7	9	12	17	24

1. Trace le graphique représentant la variation de la température en fonction du temps. Pour l'échelle, prends 1 cm pour 1 min (en abscisse) et 1 cm pour 2 °C (en ordonnée). Attention : la température varie de – 10 °C à 24 °C.

2. Sépare ta courbe en trois parties : indique l'état, ou les états, du cyclohexane pour chaque partie.

3. Combien de temps le cyclohexane a-t-il mis à fondre ?

10 Corps pur ou mélange ?

Des élèves ont relevé la température au cours de la solidification d'un liquide inconnu.

Temps (en min)	0	1	2	3	4	5	6	7	8	9	10
Température (en °C)	22	8	0	– 2	– 4	– 5	– 6	– 7	– 9	– 11	– 15

1. Trace le graphique représentant la variation de la température en fonction du temps. Pour l'échelle, prends 1 cm pour 1 min (en abscisse) et 1 cm pour 2 °C (en ordonnée).

2. Comment les élèves ont-ils procédé pour obtenir ce tableau de valeurs ? Propose un mode opératoire pour réaliser ces mesures.

3. Ce graphique correspond-il à la solidification d'un corps pur ou d'un mélange ? Justifie ta réponse en t'aidant de la fiche méthode p. 14.

J'approfondis…

12 De l'antigel pour la voiture

Il est essentiel de nettoyer son pare-brise avec du liquide de lave-glace pour s'assurer une bonne visibilité.

1. Il existe deux types de liquides lave-glace : un pour l'été et l'autre pour l'hiver. D'après toi, quelle est la principale différence entre ces deux produits ?

2. Que risque-t-on si on utilise de l'eau comme liquide lave-glace en hiver ?

3. Pourrait-on utiliser de l'eau du robinet à la place du liquide lave-glace en été ? Justifie ta réponse.

13 Défi : fabriquer un mélange réfrigérant

Jade se pose les questions suivantes : « Quelle est la température minimale que l'on peut obtenir avec un mélange de glace pilée et de gros sel ? Quelles doivent être les proportions de glace et de gros sel ? »

1. Propose un protocole expérimental permettant de répondre à ces questions.

2. Réalise l'expérience. Pense à noter précisément les proportions de glace pilée et de gros sel de chaque mélange. *Attention, utilise un thermomètre qui peut descendre jusqu'à – 30 °C.*

EXERCICES

14 Le chimiste et la fusion

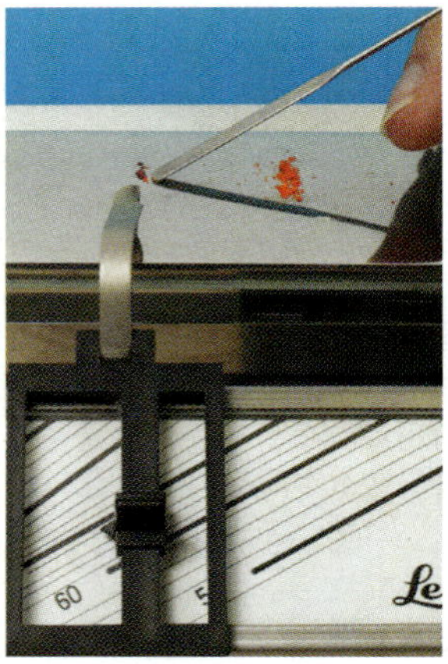

Dans un laboratoire de chimie, il est important de savoir si le produit que l'on a fabriqué est pur, et surtout s'il s'agit bien de celui que l'on voulait ! On utilise donc un appareil appelé *banc Kofler*. Il s'agit d'une plaque métallique chauffée dont la température varie de 50 °C à droite de la plaque jusqu'à 260 °C à l'autre extrémité. On place sur l'extrémité froide quelques cristaux du produit que l'on veut étudier. Puis on le pousse progressivement vers la partie la plus chaude et on observe à quel endroit il fond. Des graduations le long de la plaque permettent de connaître la température de l'endroit où la poudre a fondu.

1. Comment évolue la température de la poudre que l'on déplace de droite à gauche sur la plaque chauffée ?

2. Pourquoi ne pose-t-on pas d'abord le produit sur l'extrémité chaude ?

3. Lors d'une expérience avec un produit inconnu, on trouve une température de fusion de 68 °C. De quel produit s'agit-il ? Aide-toi du tableau ci-dessous.

Produit	Azobenzole	Benzile	Acétanilide
Température de fusion	68 °C	95 °C	114,5 °C

15 Pour faire une soudure

En électronique, on utilise de l'étain pour faire des soudures.

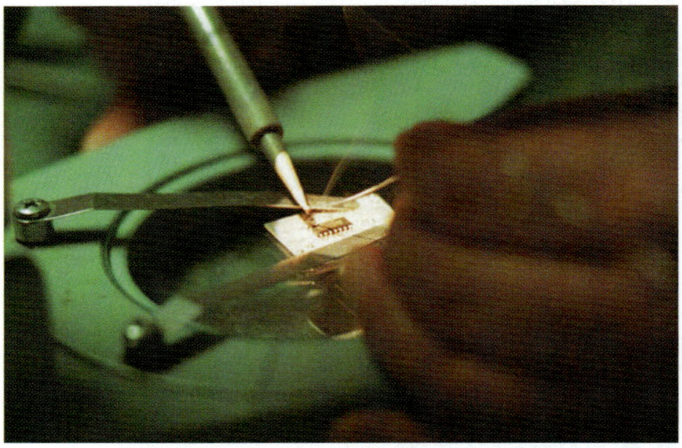

1. Quel est le rôle du fer à souder ?

2. Quel est le changement d'état qui se produit lorsque le fer à souder touche le fil d'étain ? Et lorsque la soudure refroidit ?

3. @ Recherche sur Internet à quelle température fondent l'étain, le cuivre, le fer et l'aluminium.

Pourquoi utilise-t-on l'étain pour faire les soudures ?

Une expérience simple et amusante

Fabrique un granité aux fruits

Produits
- *0,5 L de jus de fruit*
- *quelques fruits frais ou des feuilles de menthe*

Matériel
- *un plat à gratin rectangulaire*
- *une fourchette*
- *une cuillère à soupe*
- *deux grands verres*
- *deux pailles*

→ Verse le jus de fruit dans le plat à gratin et place-le au congélateur.

→ Toutes les 30 minutes, gratte la surface du jus de fruit dans le plat pour obtenir des paillettes.

→ Lorsque tout le jus de fruit a congelé, répartis-le dans les verres, ajoute une paille et des fruits frais ou de la menthe pour décorer les verres.

→ Bonne dégustation !

1. Pourquoi faut-il gratter la surface du jus de fruit régulièrement lorsqu'il est au congélateur ?

2. Sachant que le jus de fruit est essentiellement composé d'eau, indique approximativement la température du granité lorsqu'il commence à fondre.

SCIENCES mag

Le **thermomètre** et la **température**

Dans notre quotidien, nous avons très souvent besoin de déterminer des températures : celle de notre corps pour savoir si nous sommes malades, celle de l'eau pour nous baigner, celle de l'air pour savoir comment nous habiller ou encore celle du réfrigérateur pour bien conserver les aliments. Pour cela, nous utilisons des thermomètres adaptés à chaque situation…

SANTÉ

Notre corps, un thermomètre qualitatif

Notre corps est couvert de cellules *thermosensibles* qui nous permettent de savoir si un objet est chaud ou froid. Il a de plus un thermostat interne qui maintient naturellement notre température à 37 °C, sauf en cas de maladie… En hiver, notre corps dépense beaucoup d'énergie pour maintenir nos organes à la bonne température, et les vêtements « chauds » servent à conserver la chaleur produite par le corps. Le maintien à une bonne température des organes vitaux comme le cerveau, qui est prioritaire, se fait grâce au sang et parfois au détriment des mains et des pieds : donc, pour avoir moins froid aux mains, mieux vaut mettre un bonnet.

1. Que signifie le mot *thermosensible* ?

2. On recommande de ne pas donner de médicament contre une fièvre inférieure à 38 °C. Est-il suffisant de poser une main sur le front d'un enfant malade pour savoir s'il faut lui donner un médicament ? Explique ta réponse.

3. Explique la dernière phrase du texte.

Peux-tu toujours évaluer une température avec tes mains ?

- Prépare trois bols remplis d'eau. Le premier contient de l'eau chaude (ne te brûle pas !), le second de l''eau froide et le troisième de l'eau tiède.
- Trempe ta main droite dans l'eau froide et ta main gauche dans l'eau chaude pendant une à deux minutes.
- Puis trempe tes deux mains dans le bol d'eau tiède.
- Que remarques-tu ?

HISTOIRE

Les échelles de température

Il a fallu presque un siècle pour que les scientifiques se mettent d'accord sur les graduations des thermomètres. Aujourd'hui encore, tout le monde n'utilise pas la même échelle de température.

Pour définir une échelle, il faut choisir deux points fixes, un nombre de divisions entre ces points et un sens. On a par exemple utilisé comme repère la température de fusion du beurre ou la température du sang humain. En 1741, le Suédois Anders Celsius construisit un thermomètre indiquant 0 à l'ébullition de l'eau et 100 à la congélation de l'eau. À la même époque, J.-P. Christin fabriqua un thermomètre indiquant l'inverse : 0 dans la glace fondante et 100 dans l'eau en ébullition. Aujourd'hui, nous utilisons en France cette dernière échelle et la température est exprimée en degrés Celsius (°C).

1. Il existe une autre échelle de température : le degré Fahrenheit (°F). Dans quels pays utilise-t-on cette échelle aujourd'hui ?

2. @ Aujourd'hui, les scientifiques utilisent l'échelle Kelvin (K). Pour connaître la température en kelvins, il suffit d'ajouter 273,15 à la valeur lue sur un thermomètre en degrés Celsius. Recherche sur Internet à quoi correspond la valeur zéro de l'échelle Kelvin.

Chimie 7

Quand l'eau se vaporise et se liquéfie

Observer pour s'interroger

Les changements d'état entre l'eau liquide et sa vapeur sont visibles partout autour de nous : cuisson, séchage du linge, formation de la rosée sur l'herbe... Certains sont observables dans la nature, d'autres nécessitent l'intervention de l'homme.

1 Faire cuire des pâtes à la maison

Pour faire cuire des pâtes, il faut d'abord faire chauffer de l'eau jusqu'à ébullition.

1. À quel changement d'état de l'eau correspond l'ébullition ?

2. À ton avis, quel est le gaz contenu dans les bulles qui éclatent à la surface de l'eau ?

3. D'où viennent les gouttes d'eau que l'on voit ruisseler sur le couvercle de la casserole ? Quel changement d'état ont-elles subi ?

2 L'avantage d'une Cocotte-Minute

La cuisson dans une Cocotte-Minute (ou autocuiseur) est beaucoup plus rapide qu'une cuisson à l'eau dans une casserole. En revanche, à la montagne, les aliments mettent plus longtemps à cuire...

1. De quoi est formée la vapeur qui s'accumule à l'intérieur de la Cocotte-Minute ?
2. Qu'est-ce qui s'échappe lorsqu'on retire la soupape de la Cocotte-Minute ?
3. À ton avis, pourquoi la vapeur sort-elle très vivement de la Cocotte-Minute ?
4. Recherche dans un dictionnaire ou sur Internet la définition de la *pression atmosphérique*. Cherche aussi comment la pression atmosphérique varie avec l'altitude.

3 Changements d'état à température ambiante

Les changements d'état de l'eau se produisent aussi à la température ambiante...

1. Quel est le nom du changement d'état de l'eau qui se produit quand le linge sèche ?
2. Quel est le nom du changement d'état qui a eu lieu lors de la formation de la rosée ?
3. D'où provient l'eau que l'on voit sur l'herbe ?
4. Quel est le point commun entre la rosée et le brouillard ?

TU VAS APPRENDRE À...

- **déterminer** la température d'ébullition de l'eau ;
- **prévoir** l'influence de la pression sur la température d'ébullition ;
- **reconnaître** des changements d'état à la température ambiante.

ACTIVITÉ expérimentale 1 Faire bouillir de l'eau

▸ Une question ...

Quand on fait chauffer de l'eau dans une casserole, il faut du temps avant d'observer les grosses bulles qui caractérisent l'ébullition.

Comment évolue la température d'une eau que l'on chauffe ?

▸ Je réalise une expérience ...

Consignes

a. Propose un protocole expérimental permettant de suivre l'évolution de la température pendant le chauffage et l'ébullition d'un liquide.

b. Réalise ce montage avec de l'eau distillée. Note tes mesures et tes observations dans un tableau.
Arrête l'expérience lorsque l'ébullition est atteinte depuis cinq minutes.
Trace un graphique qui rend compte de ton expérience.

c. Recommence la même expérience avec de l'eau très salée.

Attention
Ne dirige pas l'ouverture du récipient vers tes voisins car des projections peuvent survenir pendant le chauffage.

Résultats

Héléna et Adrien ont réalisé le montage ci-contre. Voici les mesures qu'ils ont effectuées avec de l'eau distillée.

Temps (en min)	0	2	4	6	8	10	12
Température de l'eau (en °C)	22	35	59	87	100	100	100

▸ J'observe et j'interprète ...

1. Que contiennent les grosses bulles que tu vois lors de l'ébullition ?
2. À quels endroits du montage vois-tu de l'eau à l'état liquide ?
3. Observe les courbes que tu as tracées : quelles ressemblances et quelles différences vois-tu avec les autres changements d'état que tu as déjà étudiés (voir Chimie 6) ? Tu peux t'aider du mini-dico.
4. Toute l'eau liquide se transforme-t-elle instantanément en vapeur ?

▸ Je conclus

5. Pour chacun des liquides étudiés, la température varie-t-elle pendant l'ébullition ?
6. Quelle est la température d'ébullition de l'eau pure à la pression atmosphérique de la classe ?

Ai-je compris la démarche ? Peut-on avoir de l'eau liquide à plus de 100 °C à la pression atmosphérique de la classe ?

MINI-DICO

Palier de température : durée pendant laquelle la température ne varie pas.

Eau distillée : eau pure que l'on a obtenue par distillation.

Pression atmosphérique : force exercée par l'air qui nous entoure sur tous les objets, y compris nous.

Ébullition : cas particulier de vaporisation caractérisé par l'apparition de bulles. L'ébullition se fait à une température donnée, caractéristique du corps pur considéré.

Pour m'entraîner

Exercices 1, 4, 9

2 Simuler une ébullition en altitude

ACTIVITÉ expérimentale

▸ Une question ...

Les alpinistes ont constaté qu'il est plus long de faire cuire des aliments dans l'eau lorsqu'on est à la montagne. Or, lorsqu'on monte en altitude, la pression atmosphérique diminue.

Quel est le lien entre la pression et la température d'ébullition de l'eau ?

▸ Je réalise une expérience ...

Consignes

a. Dans une fiole à vide, verse de l'eau chaude. Ferme la fiole avec un bouchon percé de deux trous où tu introduis une sonde de température et une sonde de pression reliées à une console de mesure. Relie la fiole à une trompe à eau qui permet d'aspirer l'air, et donc de diminuer la pression dans la fiole.

b. Mets en marche la trompe à eau et observe les indications de pression et de température.
Lorsque l'eau se met à bouillir, relève les valeurs de la température et de la pression.

c. Arrête l'aspiration, attends quelques minutes puis recommence plusieurs fois l'expérience à partir de l'étape b.

Résultats

Température de l'eau	97 °C	93 °C	89 °C	50 °C	26 °C
Pression à l'ébullition	899 hPa	795 hPa	680 hPa	114 hPa	40 hPa

Voici les mesures relevées dans une classe. Les mesures de pression sont indiquées en hectopascals (hPa). Pour indication, la pression atmosphérique est en moyenne de 1 013 hPa au niveau de la mer.

▸ J'observe et j'interprète ...

1. La pression au sommet de la Cime de Caron (3 200 m) près de Val-Thorens est d'environ 680 hPa. À quelle température l'eau se met-elle à bouillir à cette altitude ?

2. Comment évolue la pression à l'ébullition de l'eau quand la température diminue ?

3. Est-il possible de faire bouillir de l'eau à température ambiante, c'est-à-dire 20 °C ? Comment faudrait-il faire ?

▸ Je conclus

4. L'eau bout-elle toujours à la même température ? Justifie ta réponse.

5. Explique pourquoi il est plus long de faire cuire des aliments en montagne plutôt qu'en plaine.

Ai-je compris la démarche ? Pourquoi ferme-t-on la fiole hermétiquement avant de mettre en marche la trompe à eau ?

MINI-DICO

Sonde : dispositif utilisé pour mesurer une grandeur physique comme la température ou la pression.

Trompe à eau : dispositif branché sur un robinet qui permet d'aspirer l'air.

Pression : force exercée par un gaz sur toutes les choses qui l'entourent. L'unité légale de mesure de la pression est le pascal, noté Pa.

Hectopascal (hPa) : unité de pression. 1 hPa = 100 Pa.

Pour m'entraîner

Exercices 2, 8, 14

ACTIVITÉ documentaire 3 Vaporisation et liquéfaction à température ambiante

▸ Une question ...

Il n'est pas nécessaire d'être à 0 °C ou à 100 °C pour observer des changements d'état de l'eau. Ils se produisent parfois à température ambiante (séchage du linge, buée...).

Dans quelles conditions ont lieu les changements d'état de l'eau à température ambiante ?

▸ J'étudie des documents ...

1. Deux torchons sèchent dans une cuisine. L'un des deux va sécher plus rapidement...

2. Le verre de gauche vient juste de sortir du congélateur, celui de droite sort du placard.

Température (en °C)	Masse maximum de vapeur d'eau dans 1 m³ d'air (en g)
0	4,9
8	8,3
10	9,4
12	10,7
14	12,0
16	13,5
18	15,0
20	17,2
22	19,6

3. Ce tableau indique la quantité maximale de vapeur d'eau que peut contenir 1 m³ d'air en fonction de la température de la salle. S'il y en a plus, une partie de la vapeur d'eau se liquéfie.

▸ J'observe et j'interprète ...

1. Quel changement d'état de l'eau se produit quand le linge sèche ? Pour quel torchon de la photographie 1 sera-t-il plus rapide ?

2. À l'aide du tableau 3, indique comment évolue la masse maximale de vapeur d'eau dans l'air en fonction de la température.

3. La température de la pièce est de 20 °C. On a mesuré que l'air contient 9 g de vapeur d'eau par m³ d'air. Pourquoi ne voit-on pas de buée sur le verre qui a été sorti du placard ?

4. Lorsque le verre sort du congélateur, quelle est sa température ? Pourquoi se couvre-t-il de buée en quelques instants ?

▸ Je conclus

5. La vaporisation de l'eau se produit-elle seulement à 100 °C ? Explique la différence entre *ébullition* et *évaporation*.

6. Comment la température de l'air ambiant influe-t-elle sur l'évaporation et la liquéfaction ?

MINI-DICO

Température ambiante : température de la pièce. Pour avoir de l'eau à température ambiante, il faut la laisser à l'air libre quelques heures.

Liquéfaction : transformation de l'état gazeux à l'état liquide.

Air ambiant : air qui nous entoure, dans une pièce ou à l'extérieur.

Buée : gouttelettes d'eau dues à la liquéfaction de la vapeur d'eau contenue dans l'air. La buée apparaît au contact de parois froides comme une vitre ou un miroir.

Pour m'entraîner

Exercices 3, 5, 7

Ai-je bien compris ? Pourquoi le linge humide sèche-t-il difficilement lorsqu'il fait froid ? Aide-toi du tableau.

L'ESSENTIEL

1 Vaporisation et ébullition de l'eau

- La **vaporisation** est le passage de l'état liquide à l'état gazeux. Ce changement d'état peut se produire à n'importe quelle température et nécessite un apport d'énergie.
- L'**ébullition** est un cas particulier de vaporisation observé quand on chauffe de l'eau : des bulles de vapeur d'eau viennent éclater à la surface du liquide. À la pression atmosphérique habituelle, l'ébullition de l'eau pure a lieu à la **température constante de 100 °C**.
- La température d'ébullition d'un mélange (comme l'eau salée) n'est pas constante.

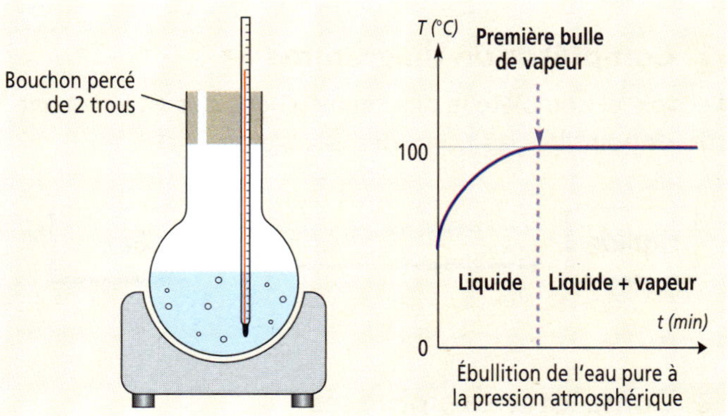

Ébullition de l'eau pure à la pression atmosphérique

2 Pression et température d'ébullition de l'eau

- La température d'ébullition varie en fonction de la pression.
- Si la pression augmente, la température d'ébullition augmente : elle est supérieure à 100 °C. C'est ce phénomène qui est utilisé dans la Cocotte-Minute pour cuire plus rapidement les aliments.
- Si la pression diminue, la température d'ébullition diminue aussi. En altitude, il est ainsi impossible d'avoir de l'eau liquide à 100 °C : il faut donc plus de temps pour cuire les aliments.

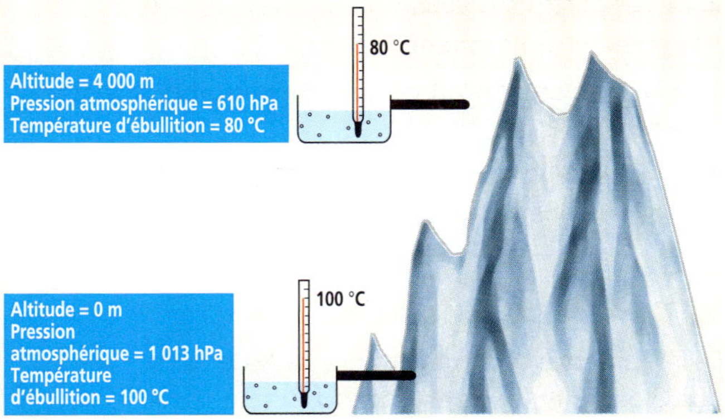

3 Changements d'état de l'eau à température ambiante

- L'air contient de la **vapeur d'eau** : on parle d'**humidité de l'air**. La quantité maximale de vapeur d'eau dans l'air dépend de la température de l'air.
- S'il y a trop de vapeur d'eau dans l'air, une partie de cette vapeur va se liquéfier. On observe alors la formation de **rosée**, de **buée** ou de **brouillard**.
- Si l'humidité de l'air est faible, de l'eau liquide peut s'évaporer : le linge sèche donc mieux quand l'air est sec.
- L'ébullition et l'évaporation sont les deux formes possibles de la vaporisation.

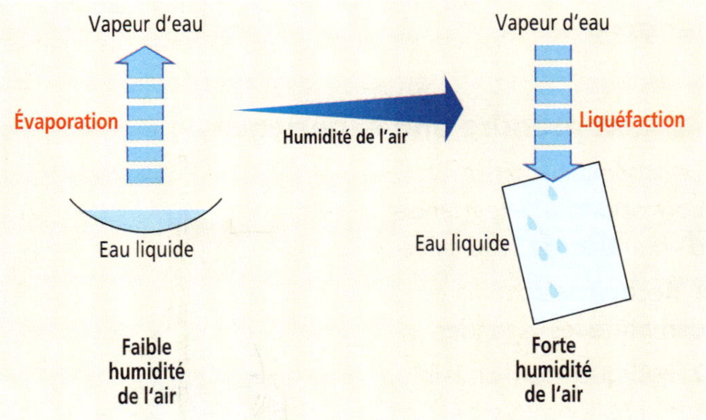

JE DOIS ÊTRE CAPABLE DE :

- **donner** la température d'ébullition de l'eau à la pression atmosphérique normale ;
- **prévoir** l'influence de la pression sur la température d'ébullition de l'eau ;
- **différencier** un corps pur et un mélange à l'aide de leur courbe d'ébullition ;
- **distinguer** ébullition et évaporation.

EXERCICES

Je vérifie mes connaissances

1 Compléter un diagramme

Recopie et complète le diagramme ci-dessous en indiquant sur les pointillés les noms des changements d'état.

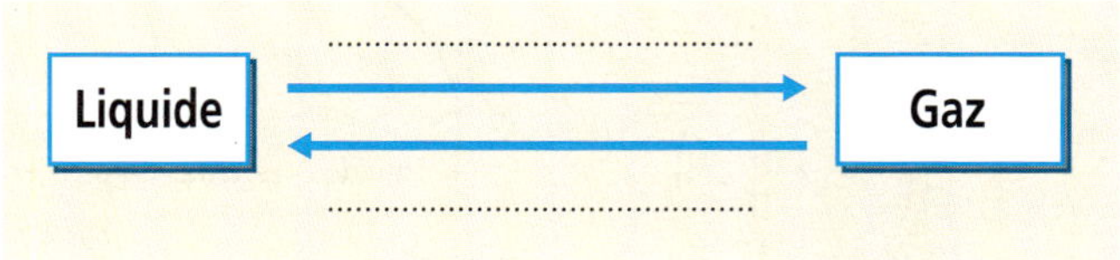

2 Compléter des phrases

Recopie et complète les phrases ci-dessous.

1. La vaporisation de l'eau est le passage de l'état …… à l'état …… .

2. La température d'ébullition de l'eau pure est de …… à la pression atmosphérique normale.

3. Si la pression atmosphérique diminue alors la température d'ébullition …… .

4. Lorsque de l'eau pure bout, sa température reste …… tant qu'il y a de l'eau liquide.

3 Dans la salle de bains

Deux serviettes sèchent dans une salle de bains. L'une est posée en tas et l'autre est étendue sur un sèche-serviettes.

1. Quel changement d'état se produit lorsque les serviettes sèchent ?

2. Quelle serviette va sécher le plus rapidement ? Explique ta réponse.

4 Comprendre une expérience

Le schéma ci-contre correspond à l'expérience d'ébullition de l'eau salée.

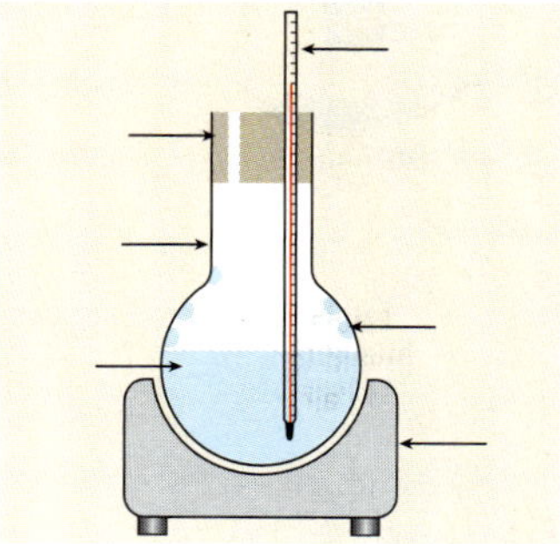

1. Recopie le schéma et complète les légendes.

2. Pourquoi doit-on laisser le ballon ouvert ?

5 Vrai ou faux

Indique si chacune des phrases suivantes est vraie ou fausse. Corrige celles qui sont fausses.

1. La vaporisation de l'eau est le passage de l'état liquide à l'état solide.

2. La liquéfaction est le changement d'état inverse de la vaporisation.

3. L'ébullition de l'eau pure se produit toujours à 100 °C.

4. L'évaporation peut se produire à la température ambiante.

5. Au cours de l'ébullition d'un mélange, on observe un palier de température.

6 Utiliser des liens logiques

Recopie et complète les phrases ci-dessous avec **si**, **car** ou **donc**.

1. On fait bouillir de l'eau sous une basse pression …… sa température d'ébullition sera inférieure à 100 °C.

2. …… le liquide étudié est un mélange, la température d'ébullition varie pendant l'expérience.

3. Je pense que de la rosée peut se former …… l'air est très humide et la température est basse.

J'applique…

7 La vapeur d'eau se condense

Dans la vie courante, lorsqu'on voit apparaître de la rosée ou du brouillard, on dit que la vapeur d'eau « se condense ».

1. Quel est l'état physique de l'eau dans le brouillard et dans la rosée ?

2. À quel changement d'état correspond « la condensation » ?

3. Trouve un autre exemple désignant de l'eau « condensée ».

8 Drôle d'ébullition

Clément a versé de l'eau à 50 °C dans une fiole à vide. Il a ajouté un thermomètre et il a relié la fiole à une trompe à eau. Il a ensuite ouvert le robinet. Au bout de quelques instants, il observe de grosses bulles dans la fiole.

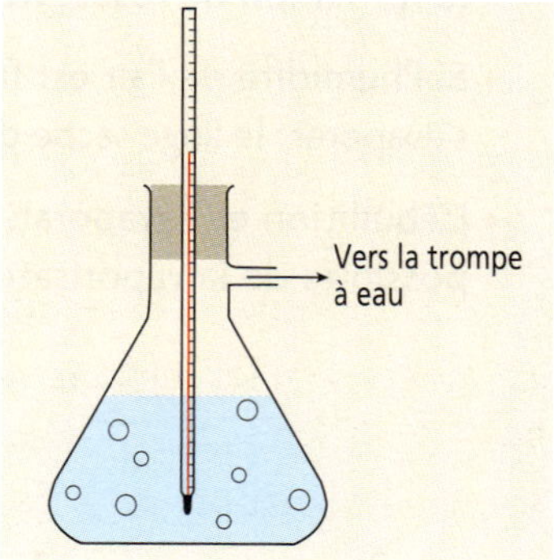

1. À quoi sert la trompe à eau ?

2. Pourquoi Clément observe-t-il des bulles dans la fiole ?

3. Comment expliquer que de l'eau bouillante ne soit pas toujours brûlante ?

9 Étudier un liquide inconnu

1. Décris le protocole expérimental permettant d'étudier l'ébullition d'un liquide à la pression atmosphérique.

2. Priscillia a réalisé l'expérience avec un liquide inconnu. Voici le tableau de mesures qu'elle a obtenu :

Temps (en min)	0	2	4	6	8	10	12	14
Température (en °C)	20	38	60	80	100	100	100	100

Réponds aux questions suivantes pour représenter l'évolution de la température en fonction du temps.

a. Quelle grandeur dois-tu mettre en abscisse ? Indique son unité.

b. Quelle grandeur dois-tu mettre en ordonnée ? Indique son unité.

c. Trace la courbe sur une feuille de papier millimétré (échelles : 1 cm pour 1 min ; 1 cm pour 10 °C).

3. À partir de l'étude de la courbe, réponds aux questions suivantes en utilisant la conjonction **car**.

a. Peux-tu savoir si le liquide étudié par Priscillia est un corps pur ou un mélange ?

b. Peux-tu savoir si le liquide étudié est de l'eau ?

10 Un graphique bien utile

Arthur a placé un peu de glace pilée, sortant d'un congélateur à – 18 °C, dans un bécher. Il a chauffé ce bécher et a relevé la température toutes les minutes. Voici le graphique qu'il a obtenu.

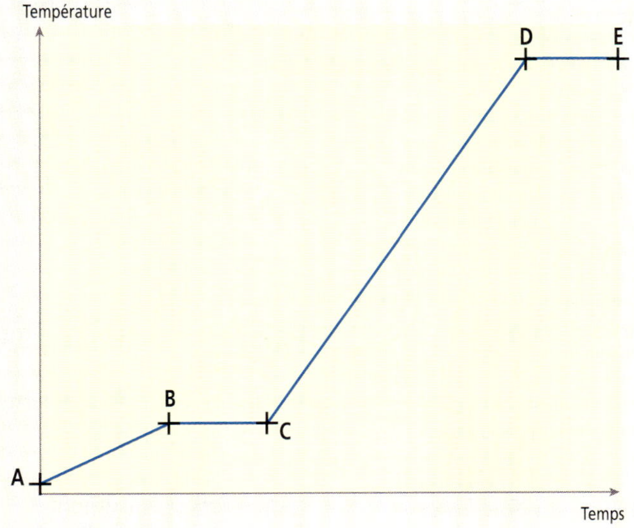

1. À quoi correspondent les morceaux de courbe *BC* et *DE* ?

2. Quelles sont les températures correspondant aux points *A*, *B*, *C*, *D* et *E* ?

3. Quel est l'état physique de l'eau entre les points :

a. *A* et *B* ? **b.** *B* et *C* ?
c. *C* et *D* ? **d.** *D* et *E* ?

11 Quel liquide pour quel thermomètre ?

Les thermomètres à alcool et à mercure ont un point commun : ils ne peuvent fonctionner que lorsque l'alcool ou le mercure qu'ils contiennent est à l'état liquide.
Le tableau ci-dessous donne les températures de solidification et d'ébullition de l'alcool et du mercure présents dans les thermomètres.

	Température de solidification	Température d'ébullition
Alcool	– 117 °C	78 °C
Mercure	– 39 °C	357 °C

1. Dans quel état physique se trouvent l'alcool et le mercure à 0 °C ?

2. Quel(s) thermomètre(s) peux-tu utiliser pour étudier la solidification de l'eau pure ? Justifie ta réponse.

3. Peux-tu utiliser les deux thermomètres pour étudier l'ébullition de l'eau pure ? Pourquoi ?

4. On dispose également d'un thermomètre numérique. Le fabricant précise qu'on peut l'utiliser pour des températures comprises entre + 10 °C et + 120 °C.

Pour quel(s) changement(s) d'état de l'eau peut-il être utilisé ? Justifie ta réponse.

12 Petites et grosses bulles

Olivia a réalisé l'ébullition d'un liquide. Elle a relevé la température toutes les deux minutes.

Temps (en min)	0	2	4	6	8	10	12	14
Température (en °C)	24,0	40,2	59,7	78,1	96,1	100,7	104,3	105

1. Trace la courbe correspondant à l'expérience d'Olivia (échelle : 1 cm pour 1 min ; 1 cm pour 10 °C).

2. Olivia a-t-elle réalisé l'ébullition d'un corps pur ou d'un mélange ? Justifie ta réponse.

3. « À partir de 3 minutes, j'observe de petites bulles. » L'ébullition est-elle atteinte ? À ton avis, de quoi sont constituées les bulles décrites par Olivia ? Justifie tes réponses.

4. « À partir de 12 minutes, j'observe de grosses bulles. » Réponds aux mêmes questions que précédemment.

13 Une hypothèse

Lise pense que, si on chauffe très fort de l'eau dans une casserole, on peut atteindre 150 °C. Caroline pense que Lise a tort.
À ton avis, qui a raison ? Justifie ta réponse.

EXERCICES

14 Un résultat étrange

Dans la ville de La Paz en Bolivie, située à 3 700 m d'altitude, les élèves du collège Franco-Bolivien ont relevé une température d'ébullition de l'eau de 88 °C.

Se sont-ils trompés ? Justifie ta réponse.

J'approfondis…

15 L'expérience du bouillant de Franklin

On fait bouillir de l'eau dans un ballon. Au bout de quelques minutes, le ballon ne contient plus que de l'eau liquide et de la vapeur d'eau. On bouche le ballon puis on le retourne au-dessus d'une cuvette. Lorsqu'on frotte le fond du ballon avec des glaçons, l'eau se met à bouillir.

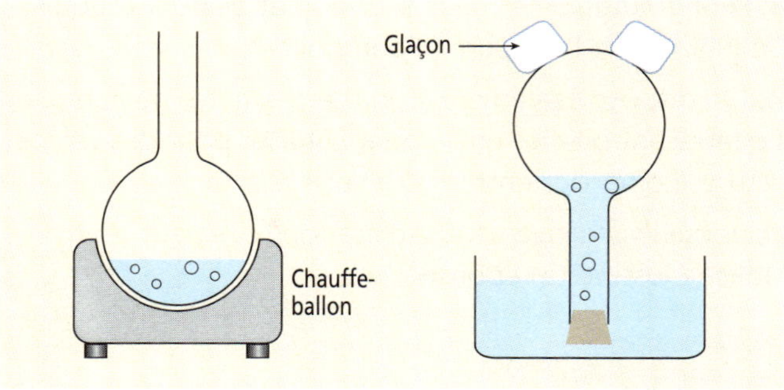

1. Parmi les propositions suivantes, indique celles qui sont vraies.

- **a.** La vapeur d'eau se liquéfie sur les parois froides.
- **b.** La pression dans le ballon augmente.
- **c.** La pression dans le ballon diminue.
- **d.** L'air a été chassé du ballon.
- **e.** Au cours du chauffage, le ballon se remplit de plus en plus de vapeur d'eau.
- **f.** Le glaçon chauffe l'eau.
- **g.** C'est à cause du dioxyde de carbone.

2. Propose une explication de cette expérience en reprenant les phrases vraies de la question 1.
Tu utiliseras des liens logiques comme **car** et **donc**.

16 Le transport du méthane

La société Gaz de France a commandé en juillet 2004 un *méthanier* de près de 300 m de long, nommé *Gaselys*. Il pourra contenir jusqu'à 153 500 m^3 de méthane à l'état liquide. Pour le transport, le *méthane* est liquéfié à la température de –163 °C. Une fois arrivé à destination, le méthane est vaporisé à température ambiante. Il est ensuite acheminé jusque dans les maisons grâce à des *gazoducs*.

1. Quel est l'état du méthane à la température ambiante ?

2. Les gaz occupent un grand volume, ce qui explique qu'on les transporte sous forme de liquide. Quels changements d'état fait-on successivement subir au méthane depuis son extraction jusqu'à sa livraison ?

3. À quelle température le méthane se transforme-t-il en gaz ?

4. @ Le transport par méthanier est-il le seul moyen d'acheminer le méthane vers les zones de consommation ? Tu pourras t'aider de la rubrique « chaîne gazière » du site www.jeunes.gazdefrance.com

Une expérience simple et amusante

La buée et l'humidité

Matériel
- un verre
- un thermomètre
- une cuillère

Produits
- de l'eau
- de la glace pilée

→ Essuie très soigneusement l'extérieur d'un verre.
→ Remplis-le à moitié d'eau à température ambiante. Ajoute un thermomètre dans ce verre ainsi qu'une cuillère pour agiter.
→ Ajoute de la glace pilée dans le verre petit à petit, en remuant doucement.
→ Note dans un tableau la température à laquelle une mince pellicule de buée apparaît sur la paroi extérieure du bécher.
→ Recommence l'expérience deux fois et note à chaque fois précisément la température à laquelle la buée se forme.

1. Utilise le tableau d'équivalence de l'activité 3 pour déduire la masse de vapeur d'eau par m^3 d'air de la pièce le jour de l'expérience.

2. Quel est l'intérêt de reproduire l'expérience trois fois ?

3. Grâce à cette expérience, essaie d'expliquer pourquoi de la buée se forme parfois sur les vitres en hiver.

SCIENCES mag

Quand **l'eau** joue avec **le feu**

La Terre est une véritable chaudière : elle chauffe l'eau qui s'infiltre profondément dans le sol. Cela crée des sources chaudes et des geysers. On utilise aussi ce phénomène pour se chauffer et pour fabriquer de l'électricité.

GÉOLOGIE

Les geysers

Le mot *geyser* vient d'un verbe islandais qui signifie jaillir, bouillonner. En effet, un geyser est une source d'eau chaude qui jaillit du sol plus ou moins régulièrement.

Pour obtenir un geyser, il faut que de l'eau s'infiltre dans le sol et qu'elle s'enfonce assez profondément, jusqu'à atteindre des cavités souterraines comme d'anciennes chambres magmatiques. L'eau y est portée à ébullition par la roche qui est réchauffée par le magma en fusion. Si la sortie de la cavité est très petite, la vapeur d'eau s'y accumule et la pression augmente. Quand la pression est trop forte, la vapeur jaillit en entraînant de l'eau liquide, un peu comme la soupape d'une Cocotte-Minute. À la surface, on observe un geyser !

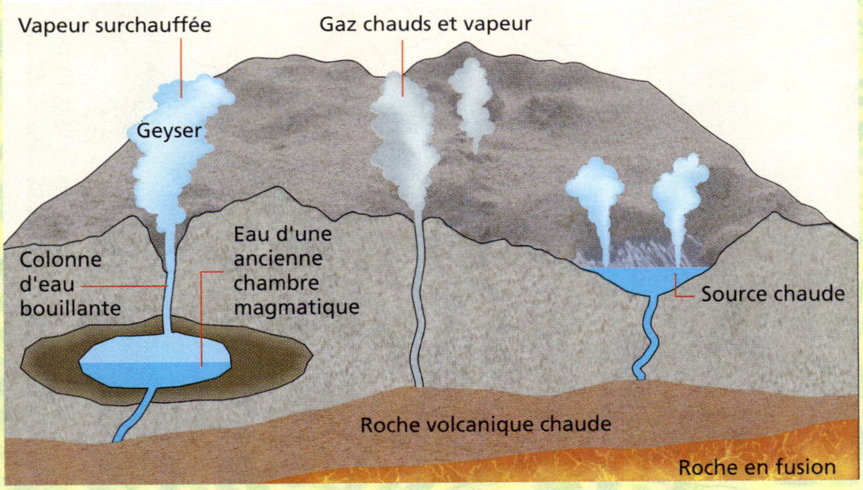

1. Quelle est la source de chaleur qui chauffe l'eau souterraine ?
2. Comment expliques-tu que, dans un geyser, de l'eau liquide soit brutalement éjectée en l'air ?
3. Pourquoi un geyser ne peut-il pas fonctionner en continu ?
4. Recherche dans une encyclopédie ou sur Internet les noms de geysers célèbres. Indique où ils se trouvent.
5. À l'aide du schéma, explique la différence entre une source chaude et un geyser.

@ Tu peux aller voir sur www.gigagraphica.com/geyser
C'est un site en anglais, mais tu peux y voir des films de geysers en activité.

DÉVELOPPEMENT DURABLE

La géothermie

La géothermie est une source d'énergie naturelle, non polluante et pratiquement illimitée. Elle utilise la chaleur dégagée par la croûte terrestre : par exemple, en Alsace, la température du sol peut atteindre 100 °C à 1 000 m de profondeur.

Le principe des centrales géothermiques est simple : de l'eau est injectée profondément dans le sol (de quelques centaines à plusieurs milliers de mètres de profondeur !) où elle est chauffée. L'eau est ensuite pompée dans la centrale où, selon sa température, elle sert, par exemple, à chauffer les habitations ou à produire de l'électricité.

Pour répondre aux questions suivantes, tu pourras t'aider d'une encyclopédie ou du clip vidéo qui est sur le site Internet www.semhach.fr/GeoEduco/GEOeduco.htm

1. Recherche la définition du mot *géothermie*.
2. Trouve des applications de la géothermie.
3. Quels sont les atouts de la géothermie ?

@ www.cea.fr/fr/jeunes/Animation/anim. htm#incollables
@ www.edf.fr/407i/Accueilfr/LAtelierJeunes.html

Optique 1

La lumière, de la source à l'œil

Observer pour s'interroger

Quels sont les objets que l'on peut voir, et comment nos yeux les voient-ils ? Observons autour de nous, la nuit ou le jour, et suivons aussi le regard des autres...

1 Qui voit venir les Normands ?

Goudurix, Idéfix, Astérix et Obélix sont prêts à accueillir le bateau des Normands...

1. À l'instant précis où le dessinateur les a saisis, quels sont les personnages qui voient le bateau ? Quels sont ceux qui ne le voient pas ? Pourquoi ?

2. Obélix voit-il quelque chose ? Pourquoi ?

3. Les personnages pourraient-ils voir le bateau si c'était la nuit ?

2 Une multitude de lumières dans la nuit

La cérémonie d'ouverture des jeux Paralympiques d'Athènes en 2004.

1. Sur cette photographie, quels sont les objets qui produisent de la lumière ?
2. Tu connais certainement beaucoup d'autres exemples : liste-les en distinguant ceux qui sont naturels et ceux qui sont fabriqués.

3 La neige, magnifique et éblouissante !

Une étendue de neige sur le flanc d'une montagne.

1. À ton avis, la neige produit-elle elle-même de la lumière ?
2. Sinon, pourquoi est-elle brillante ?
3. Peux-tu donner un autre exemple d'une grande étendue très lumineuse ?
4. Que peut-on faire pour ne pas être trop ébloui ?

TU VAS APPRENDRE À...
- **connaître** et **classer** les sources de lumière ;
- **prévoir** quand un objet est visible ou non ;
- **éclairer** un objet de différentes manières.

ACTIVITÉ expérimentale 1 Chercher les conditions pour voir une lampe

▸ Une question ...

Selon notre position ou la direction de notre regard, nous ne voyons pas toujours les objets qui nous entourent. Ainsi, ce n'est pas parce qu'il y a une lampe dans une salle qu'on la voit forcément.

Quelles conditions doivent être réunies pour que tu puisses voir une lampe ?

▸ Je réalise une expérience ...

On pose une petite lampe sur une table. Deux élèves s'assoient face à face de chaque côté de cette table : l'élève A tient dans sa main l'interrupteur de la lampe, et l'élève B un écran opaque en carton ou en bois. On éteint la salle, il fait noir et on ne voit rien. L'élève A allume alors la lampe.

Consignes pour l'élève A

C'est toi qui commences l'expérience. Trouve comment faire :

– pour que B ne voie plus la lampe et toi non plus ;

– pour que tu ne voies plus la lampe mais que B la voie toujours.

Consignes pour l'élève B

Maintenant à toi de jouer. Trouve comment faire :

– pour que A ne voie plus la lampe mais que tu la voies toujours ;

– pour que A ne voie plus la lampe et toi non plus.

▸ J'observe et j'interprète ...

1. Dans cette expérience, quel est l'objet qui produit de la lumière ? À quelle condition produit-il de la lumière ?

2. Quand la lampe est éteinte, vois-tu quelque chose ?

3. Quand la lampe est allumée, quelles sont les conditions pour que tu puisses la voir ?

▸ Je conclus

4. On dit qu'une lampe est une source de lumière. Explique ce que l'on entend par là.

5. Quelles sont les conditions pour qu'on puisse voir une source de lumière ? Qu'est-ce qui peut empêcher de la voir ? Aide-toi du mini-dico.

MINI-DICO

Obstacle : ce qui gêne, empêche de passer.

Opaque : qui ne laisse pas passer la lumière.

Source de lumière : objet qui envoie de la lumière autour de lui.

Ai-je compris la démarche ? Pourquoi a-t-on pris une petite lampe et non une lampe plus grande ?

Pour m'entraîner

Exercices 1, 6

2 Comparer deux sources de lumière

ACTIVITÉ expérimentale

▸ Une question

Le Soleil, la neige, une lampe, une balle de ping-pong sont des objets qui peuvent envoyer de la lumière : ce sont alors des sources de lumière.

Une lampe et une balle de ping-pong sont-elles des sources de même type ?

▸ Je réalise une expérience

Matériel

Une petite lampe blanche
Une petite lampe de couleur
Une balle de ping-pong (plantée sur une tige)

Consignes

Dans la salle bien obscure, observe successivement :

– la balle seule ;
– l'une des lampes seule (sans oublier de l'allumer !) ;
– la balle à côté de la lampe blanche ;
– la balle à côté de la lampe de couleur.

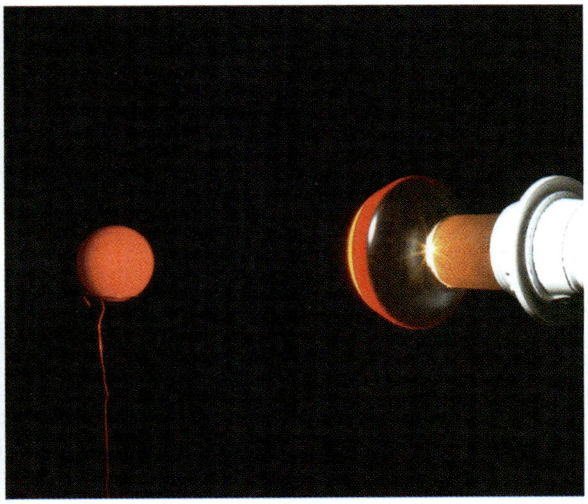

Deux exemples de résultats.

▸ J'observe et j'interprète

1. Vois-tu la balle quand elle est seule dans le noir ? Et la lampe ?

2. La balle produit-elle de la lumière ? Et la lampe ?

3. Quand la balle est placée à côté d'une lampe (blanche ou colorée), de quelle couleur la vois-tu ? D'où vient la lumière que la balle envoie vers tes yeux ?

▸ Je conclus

4. La lampe est-elle une source primaire ou un objet diffusant ? Aide-toi du mini-dico pour répondre.

5. La balle est-elle une source primaire ou un objet diffusant ?

MINI-DICO

Source primaire : source de lumière qui crée elle-même la lumière qu'elle envoie.

Objet diffusant ou source secondaire : objet qui renvoie une partie de la lumière qu'il a reçue d'une autre source.

Diffuser : envoyer dans toutes les directions.

Pour m'entraîner

Exercices 2, 3, 7, 8

Ai-je compris la démarche ? Pourquoi as-tu utilisé deux lampes, une blanche et une colorée ?

ACTIVITÉ expérimentale

3 Éclairer avec différentes sources de lumière

▸ Une question

Dans la journée, aucune lampe n'est allumée dans la maison et on voit bien la plupart des objets. Pourtant certains objets ne reçoivent pas directement la lumière du Soleil.

Pourquoi peut-on voir les objets qui ne sont pas directement éclairés par une source primaire ?

▸ Je fais une hypothèse

Les objets doivent être éclairés indirectement, c'est-à-dire par des objets diffusants.

▸ Je réalise une expérience

Pour vérifier cette hypothèse, réalise une expérience avec une lampe (à la place du Soleil).

Consignes

Dans l'obscurité, pose un écran vertical avec son support sur une table, et place une figurine d'un côté de cet écran (aide-toi du dessin). Tu disposes de deux autres écrans, un blanc et un noir, que tu peux déplacer.

a. Pose une lampe allumée du même côté que la figurine. Regarde si tu as besoin d'un autre écran pour éclairer la figurine et voir ses couleurs.

b. Pose la lampe allumée de l'autre côté de l'écran vertical. Cherche lequel des deux écrans peut éclairer la figurine, et comment tu dois le placer.

Le montage pour la lampe et la figurine du même côté.

▸ J'observe et j'interprète

1. Si la figurine est à côté de la lampe, un écran diffusant est-il utile ?

2. S'il y a un écran opaque entre la lampe et la figurine, peux-tu l'éclairer avec un écran blanc ? avec un écran noir ? Comment dois-tu placer l'écran choisi ?

▸ Je conclus

3. Quel genre d'écran peut-on utiliser pour éclairer un objet ? Cet écran est-il une source primaire ou un objet diffusant ?

4. Quel genre d'écran ne convient pas ? Pourquoi ?

5. Quelles sont les conditions pour qu'un écran puisse éclairer un objet ?

MINI-DICO

Diffuser : envoyer dans toutes les directions.

Opaque : qui ne laisse pas passer la lumière.

Source primaire : source de lumière qui crée elle-même la lumière qu'elle envoie.

Objet diffusant ou source secondaire : objet qui renvoie une partie de la lumière qu'il a reçue d'une autre source.

Ai-je compris la démarche ? Qu'est-ce qui nous a donné l'idée d'éclairer l'objet avec un écran ?

Pour m'entraîner

Exercices 4, 5, 9

L'ESSENTIEL

1 La vision des objets et les sources de lumière

- Les objets que l'on peut voir sont des **sources de lumière** : ils envoient de la lumière qui **entre dans nos yeux**.
- Si un **obstacle** se trouve entre la source de lumière et nos yeux (un objet opaque ou même nos paupières), ou si nos yeux ne sont pas tournés vers la source, on ne peut pas la voir.
- On distingue deux catégories de sources.
  – Les **sources primaires** produisent elles-mêmes de la lumière. Une lampe, une flamme, une étoile sont des sources primaires.
  – Les **objets diffusants** renvoient dans toutes les directions la lumière qu'ils ont reçue d'une autre source ; on les appelle aussi **sources secondaires**. Ce sont les objets habituels qu'on peut voir autour de nous, mais aussi la Lune et les planètes.

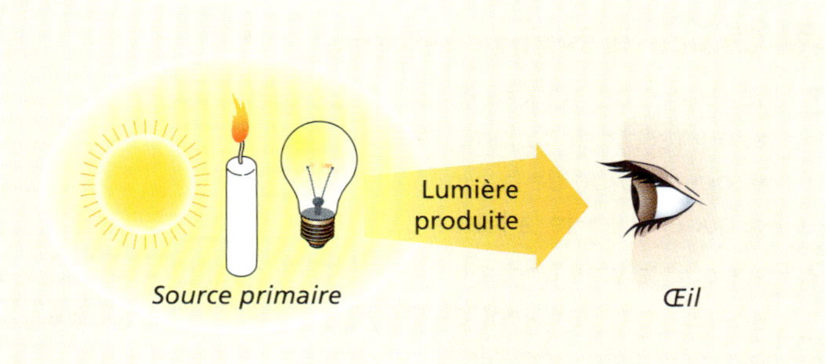

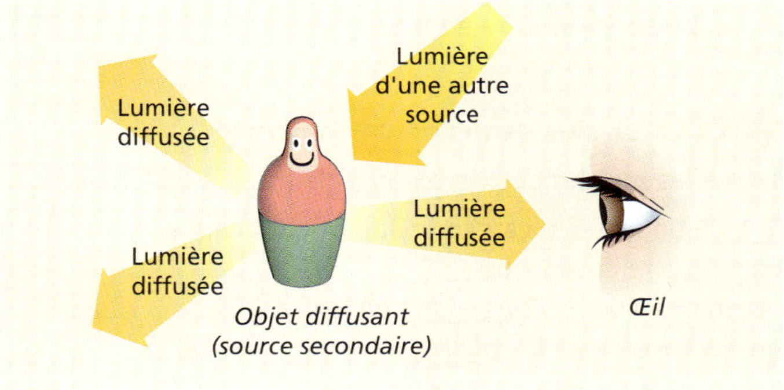

2 Éclairage d'un objet avec un écran diffusant

- Un **écran diffusant** est une source secondaire, que l'on peut utiliser pour éclairer un objet. Pour cela, il faut :
  – qu'il soit **blanc** ou clair (un mur par exemple) ;
  – qu'il soit **orienté vers cet objet** et qu'il n'y ait aucun obstacle entre eux ;
  – qu'il soit lui-même **éclairé** par une autre source.
- Un écran **noir** ne peut pas être utilisé car il **ne diffuse pas** la lumière.

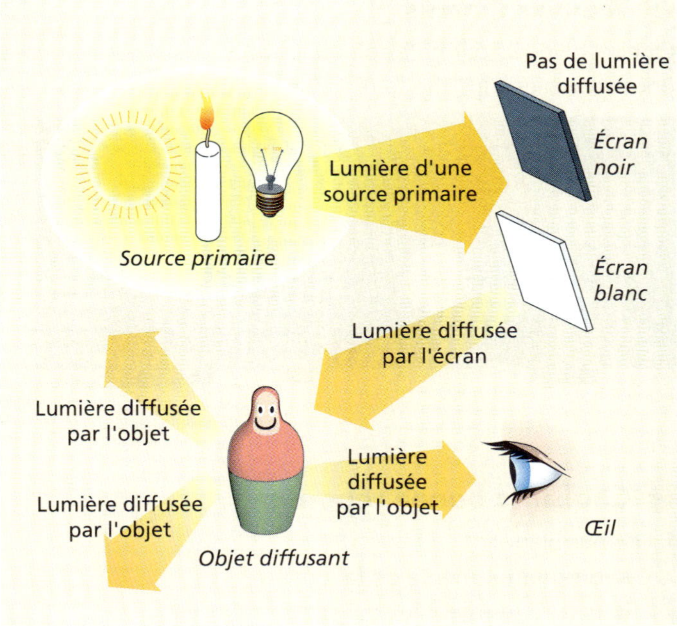

Attention
Il ne faut pas regarder directement certaines sources primaires comme le Soleil ou un laser.

JE DOIS ÊTRE CAPABLE DE :
- **citer** des sources de lumière primaires ou secondaires ;
- **expliquer** si un objet est visible ou non et pourquoi ;
- **éclairer** un objet avec une source primaire ou avec un écran diffusant.

EXERCICES

Je vérifie mes connaissances

1 Choisir la bonne réponse

1. Une source de lumière est un objet :
- **a.** qui reçoit de la lumière.
- **b.** qui absorbe de la lumière.
- **c.** qui envoie de la lumière.

2. Pour que je voie une source de lumière, il faut que :
- **a.** mes yeux envoient de la lumière vers cette source.
- **b.** cette source envoie de la lumière vers mes yeux.
- **c.** personne d'autre ne la voie.

2 Classer des sources de lumière

1. Quelles sont les deux catégories de sources de lumière ?

2. Indique à quelle catégorie appartient chaque source dans la liste ci-dessous :
les phares d'une voiture – un panneau routier – la route – un feu tricolore – le Soleil – un nuage – un éclair

3. Ajoute dans chaque catégorie un objet parmi ceux qui se trouvent autour de toi.

3 Trouver l'intrus

Quel est l'intrus parmi les objets qu'on voit sur ces photographies ? Justifie ta réponse.

4 Choisir la bonne réponse

1. Un mur blanc :
- **a.** produit lui-même de la lumière.
- **b.** éclaire les meubles qui sont devant lui.
- **c.** ne diffuse pas la lumière.

2. Je veux éclairer un objet avec un écran diffusant blanc. Pour cela :
- **a.** je dois utiliser une source primaire qui éclaire l'écran.
- **b.** je dois utiliser une source primaire mais elle n'éclaire pas l'écran.
- **c.** je n'ai pas besoin de source primaire.

5 Utiliser des liens logiques

Recopie et complète les phrases ci-dessous avec **car**, **donc** ou **si**.

1. ...... toutes les lampes de la salle sont éteintes, alors il n'y a pas de lumière ...... on ne voit rien.

2. Un écran blanc peut éclairer un objet ...... on le place correctement, ... il diffuse une partie de la lumière qu'il reçoit.

3. Un écran noir n'est pas une source secondaire ...... il ne diffuse pas de lumière. ...... il ne peut pas servir à éclairer un objet.

J'applique...

6 Les yeux du caméléon

Un caméléon a deux yeux indépendants qui peuvent tourner dans tous les sens, vers l'avant ou vers l'arrière, vers le haut ou vers le bas. Cela lui permet de voir tout autour de lui !

1. Lorsqu'une libellule est droit devant lui, peut-il la voir avec les deux yeux ou avec un seul ?

2. Même question si la libellule est à droite de sa tête.

3. Même question si elle est derrière lui.

7 Le petit ou le grand écran

Comparons un écran de télévision et un écran de cinéma.

1. Les écrans sont-ils tous les deux des sources de lumière ? Quelle est la différence entre les deux ?

2. Pour celui qui est une source secondaire, d'où vient la lumière qu'il diffuse ?

8 Qui a raison ?

Leïla et Benoît discutent à propos d'une bougie : Leïla dit que c'est une source primaire alors que Benoît dit que c'est un objet diffusant. « Vous avez tous les deux raison, dit le professeur. Ça dépend ! »

Explique ce que veut dire le professeur.

9 Lampadaire halogène

Dans beaucoup de maisons, on éclaire une pièce avec un lampadaire halogène, comme sur cette photographie.

1. L'ampoule éclaire-t-elle directement la pièce ? Sinon, qu'est-ce qui l'éclaire ?

2. Peut-on positionner un halogène de cette manière si les murs de la pièce sont noirs ?

3. À ton avis, pourquoi ne tourne-t-on pas directement l'ampoule vers soi ?

10 La lumière du radio-réveil

Sur mon radio-réveil, l'heure s'affiche avec des chiffres lumineux verts.

1. Ces chiffres sont-ils des sources primaires ou des objets diffusants ?

2. La nuit, quand il n'y a pas d'autre lumière dans la chambre, je vois les murs tout verts. Pourquoi ?

11 Un problème, plusieurs propositions

On a demandé à des élèves de répondre au problème suivant :
« Dans la salle, tout est fermé et éteint, donc il fait noir. Propose différentes manières d'éclairer ton cahier, et précise à chaque fois si tu utilises une source primaire ou un objet diffusant. »
Voici quelques réponses d'élèves. Indique ce que tu penses pour chaque réponse en argumentant.

Gabriel : J'ouvre les rideaux, et alors les murs de la salle sont des sources primaires qui éclairent mon cahier.

Lydiane : J'allume mon téléphone portable et je mets son écran au-dessus du cahier. C'est une lumière faible donc sûrement un objet diffusant.

Julia : Je rallume les lumières de la salle, ce sont des sources primaires.

J'approfondis...

12 Attention danger !

Tu peux regarder un écran de télévision pendant longtemps, les phares d'une voiture pendant quelques secondes, mais le Soleil même pas une seconde !

1. Quelle est la différence entre ces trois sources ?

2. Pourquoi as-tu mal aux yeux en regardant certaines sources ? Comment fais-tu pour ne plus avoir mal aux yeux ?

13 Lumière et chaleur

Quand les rayons du Soleil nous éclairent, ils nous réchauffent également : il faut y penser quand on choisit la couleur de ses vêtements...

1. Les vêtements noirs diffusent-ils la lumière ? Sinon, à ton avis, que devient la lumière quand elle arrive sur eux ?

2. La lumière du Soleil est accompagnée de chaleur. Explique alors pourquoi il vaut mieux s'habiller avec des vêtements noirs (ou sombres) en hiver.

3. Et en été, pourquoi vaut-il mieux porter des vêtements blancs ?

4. Est-ce que ce choix de vêtements est aussi important la nuit ?

14 Des couleurs visibles ou invisibles

La lumière blanche que nous voyons est en fait un mélange de couleurs : on peut les séparer avec un *prisme* par exemple, et on obtient alors ce qu'on voit sur la photographie, qui s'appelle un *spectre*.

1. @ Qu'est-ce qu'un *prisme* ? En utilisant un moteur de recherche sur Internet, trouve le nom du premier physicien qui a décomposé la lumière avec un prisme.

2. Nomme les couleurs que tu vois dans ce spectre, de gauche à droite.

3. Les yeux des abeilles peuvent voir ce qu'on appelle l'*ultraviolet*. L'œil humain peut-il le voir ? À ton avis, où se trouve l'ultraviolet sur le spectre précédent ?

4. À l'autre bout du spectre, il y a aussi une autre « couleur » invisible pour nous. Sauras-tu trouver son nom ?

EXERCICES

15 Durée de vie des sources de lumière

Une source primaire émet de la lumière, mais pendant combien de temps ?

1. @ Fais quelques recherches, auprès de ta famille, dans une encyclopédie ou sur Internet, pour trouver pendant combien de temps les sources suivantes peuvent produire de la lumière :

a. une allumette ; **b.** une bougie ;
c. une ampoule ordinaire ; **d.** le Soleil.

2. Pour chacune de ces quatre sources, explique pourquoi elle finit par ne plus fonctionner.

16 Prendre ou regarder une photographie

Quand tu pars pour un voyage, comment faire pour que d'autres puissent voir tout ce que tu as vu ? Il suffit de prendre des photographies ! Explique quel chemin suit la lumière (depuis la source primaire) dans chacune des situations suivantes.

1. Tu regardes un monument pendant la journée.
2. Ton appareil prend une photographie de ce monument.
3. Tu regardes la photographie sur l'écran d'un ordinateur.
4. Tes ami(e)s regardent la photographie imprimée sur du papier, le soir, dans ta chambre.

17 Chez le photographe

Cette photographie montre un dispositif d'éclairage utilisé par un photographe pour faire des portraits.

1. Quel est le rôle joué par le parapluie ?

2. Pourrait-on le remplacer par un parapluie noir ? Par quoi d'autre pourrait-on le remplacer ?

3. Quel peut être l'avantage de ce genre d'éclairage, par rapport à un éclairage direct avec la lampe ?

18 J'ai peur dans le noir !

Non bien sûr, ce n'est pas toi qui as peur du noir, mais ton petit frère qui dort dans la chambre à côté… Alors pour qu'il soit rassuré la nuit, il faudrait qu'il puisse voir un tout petit peu de lumière, mais pas trop pour qu'il puisse s'endormir.
Propose plusieurs solutions.

Une expérience simple et amusante

Fabrique une lampe à huile

La lampe à huile est la plus ancienne source de lumière fabriquée par les hommes.

Attention
Ne laisse pas ta lampe allumée sans surveillance.

Matériel
- un pot en verre
- un bouchon en liège ou en polystyrène
- du papier aluminium
- une grosse aiguille
- une ficelle ou une bande de tissu en coton
- de l'huile de cuisine
- un briquet

→ Recouvre le bouchon avec de l'aluminium, et perce un gros trou au milieu avec l'aiguille.
→ Passe la mèche (ficelle ou bande de tissu) dans le trou du bouchon en la faisant dépasser de 1 cm sur le dessus, tout le reste est en dessous.
→ Verse un peu d'huile dans le pot (1 ou 2 cm).
→ Pose le bouchon sur l'huile : la plus grande partie de la mèche trempe dans l'huile. Attends quelques minutes pour que la mèche s'imprègne d'huile.
→ Tu peux alors l'allumer. Le génie de la lampe, c'est toi !

1. Qu'est-ce qui produit de la lumière dans cette lampe ? Quand va-t-elle s'arrêter de fonctionner ?
2. À ton avis, pourrait-on mettre un autre liquide à la place de l'huile ?

Les **lumières** de la nature

SCIENCES mag

Aujourd'hui nous voyons beaucoup de lumières artificielles autour de nous. Mais les premiers êtres humains ne connaissaient que les sources naturelles de lumière, et elles sont nombreuses !

NATURE

Des phénomènes lumineux le jour et la nuit

Dans la nature, la plupart des lumières viennent du ciel. Le jour, le Soleil éclaire l'ensemble du ciel et crée quelquefois un arc-en-ciel. La nuit, la Lune, mais aussi les étoiles, nous envoient un peu de lumière, et une étoile filante passe parfois au-dessus de nos têtes. Enfin, lors d'un orage, les éclairs peuvent être spectaculaires.
Mais il y a aussi des phénomènes terrestres très lumineux : le feu, et notamment les incendies de forêt, ou encore la lave incandescente des volcans. Tous ces phénomènes étaient effrayants pour les premiers êtres humains : comme ils ne pouvaient pas les expliquer, ils ont imaginé que c'étaient des divinités... qui pouvaient se mettre en colère !

1. La lave est *incandescente* : cherche ce mot dans un dictionnaire. Donne un autre exemple d'incandescence.
2. Quand peut-on voir un arc-en-ciel ? D'où vient la lumière d'un arc-en-ciel ? Pourquoi voit-on des couleurs différentes ?

@ http://fr.wikipedia.org/wiki/Arc-en-ciel

1. À ton avis, pourquoi certains animaux comme cette baudroie ont-ils besoin de produire de la lumière ?
2. Qu'est-ce qu'une réaction chimique ? Quelle est la différence entre cette lumière d'origine chimique et l'incandescence ?
3. À ton avis, pourquoi le calmar géant a-t-il besoin de très grands yeux ?

BIOLOGIE

Des animaux surprenants

La plupart des animaux sont sensibles à la lumière. Ils ont souvent deux yeux comme nous, mais pas de la même taille que les nôtres : ceux du calmar géant, qui vit dans la mer vers 1 000 m de profondeur, mesurent jusqu'à 40 cm de diamètre !
Certains animaux sont également capables de produire eux-mêmes de la lumière, grâce à des réactions chimiques à l'intérieur de leur corps. Tu as peut-être déjà vu des lucioles ou vers luisants pendant une nuit d'été à la campagne. On trouve aussi des animaux lumineux dans la mer, soit à la surface (petits animaux constituant le plancton), soit au contraire dans les profondeurs, comme cette effrayante baudroie abyssale !

Optique 2 Des rayons et des ombres

Observer pour s'interroger

La lumière va des sources vers nos yeux, mais quel chemin suit-elle exactement ? Essayons de la suivre à la trace... et nous comprendrons aussi d'où viennent les ombres et comment expliquer leur forme.

1 Des faisceaux de lumière

Lumières produites par des phares par beau temps et dans le brouillard.

1. Les phares sont-ils allumés sur les deux photographies ?
2. À ton avis, pourquoi vois-tu le chemin de la lumière dans un cas et pas dans l'autre ?
3. La lumière d'une source forme ce qu'on appelle un faisceau. Comment sont les bords des faisceaux que tu vois sur la seconde photographie ?

2 À l'ombre des pyramides...

Les pyramides de Gizeh ont été construites il y a plus de 4 000 ans. La pyramide de Kheops est la plus haute pyramide égyptienne. Sur ces pyramides et autour d'elles, on voit des zones éclairées et des zones d'ombre.

1. À ton avis, de quel côté se trouve le Soleil sur cette photographie ? Explique comment tu peux le savoir.

2. Quelle est la forme de l'ombre de la pyramide sur le sol ?

3. Regarde l'ombre du camion bleu (indiqué par une flèche sur la photographie). Cette ombre a-t-elle la même taille que le camion ?

4. À ton avis, au cours de la journée, l'ombre a-t-elle toujours la même taille ? Propose une expérience que tu pourrais réaliser pour le vérifier.

TU VAS APPRENDRE À...
- **faire** un schéma qui montre le chemin de la lumière ;
- **rendre** visible un faisceau de lumière ;
- **expliquer** la forme et la position d'une ombre.

ACTIVITÉ expérimentale

1 Trouver le chemin suivi par la lumière

▸ Une question ...

La lumière du Soleil, des phares d'une voiture ou d'une bougie va de la source vers nos yeux, mais on ne sait pas par quel chemin.

Comment peux-tu trouver le chemin suivi par la lumière depuis la source jusqu'à l'œil de l'observateur ?

▸ Je réalise une expérience ...

Tu vas observer la flamme d'une petite bougie à travers des trous percés dans des écrans.

Matériel

- Une bougie avec un support
- Trois écrans opaques percés
- Trois supports avec pince
- Deux fines tiges métalliques : une droite et une courbe

Consignes

– Allume la bougie et pose-la sur son support.
– Place un des écrans devant la bougie et regarde si tu peux voir la flamme à travers le trou.
– Maintenant, place le deuxième écran à 15 cm environ du premier, et cherche la position qui permet de voir encore la flamme à travers son trou. Tu peux le monter ou le descendre sur son support, ou déplacer le support à droite ou à gauche.
– Fais la même chose avec le troisième écran.
– Finalement, essaie de voir si tu peux passer l'une des deux tiges à travers les trous des trois écrans.

▸ J'observe et j'interprète ...

1. Arrives-tu à placer les trois écrans de manière à voir la flamme en regardant par le dernier trou ?

2. L'une des deux tiges peut-elle alors passer par les trois trous ?

3. Déduis-en le chemin suivi par la lumière de la flamme à tes yeux.

▸ Je conclus

4. Quelle est la forme d'un rayon de lumière dans l'air ? Aide-toi du mini-dico.

› Méthode p. 156

5. Fais un schéma de l'expérience que tu viens de réaliser. Représente sur ce schéma un rayon de lumière.

MINI-DICO

Rectiligne : en ligne droite.

Rayon de lumière : chemin suivi par la lumière d'un point à un autre.

Ai-je compris la démarche ? Pourquoi a-t-on regardé à travers de tout petits trous, et non pas à travers de grandes ouvertures ?

Pour m'entraîner

Exercices 1, 3, 6

2 Visualiser un faisceau de lumière

ACTIVITÉ expérimentale

▸ Une question

Certains faisceaux de lumière peuvent être vus et d'autres non. Par exemple, selon les conditions météorologiques, on peut voir ou non le faisceau produit par les phares d'une voiture.

Comment peux-tu visualiser un faisceau de lumière ?

▸ Je réalise une expérience

La source lumineuse utilisée dans cette expérience est un pointeur laser : il émet un faisceau très mince de lumière, de couleur rouge. C'est ce faisceau qu'il faut essayer de visualiser.

Attention
Il ne faut surtout pas diriger la lumière laser vers l'œil de quelqu'un !

Consignes

– Dirige le pointeur laser vers l'écran et allume-le. Explique comment tu vois que le laser est bien allumé.
– Propose plusieurs hypothèses pour faire apparaître le faisceau du laser entre le pointeur et l'écran dans l'air de la salle. Vérifie ces hypothèses avec le matériel dont tu disposes.
– Essaie ensuite de visualiser le faisceau dans de l'eau.

▸ J'observe et j'interprète

1. As-tu réussi à voir le faisceau dans l'air ? Qu'a-t-il fallu utiliser pour cela ? Explique pourquoi le faisceau est devenu visible dans ces conditions.

2. As-tu réussi à voir le faisceau dans l'eau ? Réponds aux mêmes questions que précédemment.

3. Le faisceau a-t-il la même forme dans l'air et dans l'eau ?

▸ Je conclus

4. Explique en une phrase ce qu'il doit y avoir dans l'air ou dans l'eau pour qu'on puisse visualiser un faisceau de lumière. Aide-toi du mini-dico.

› MÉTHODE P. 156

5. Un faisceau est constitué d'un grand nombre de rayons de lumière. Fais un schéma de l'expérience en représentant deux rayons du faisceau, quelques rayons diffusés et l'œil de la personne qui visualise le faisceau.

Ai-je compris la démarche ? Pourquoi a-t-on pris un laser plutôt qu'une ampoule ordinaire ?

MINI-DICO

Visualiser : rendre visible, faire apparaître.

Faisceau : ensemble de la lumière qui vient d'une source ; il est formé de nombreux rayons de lumière.

Milieu diffusant : milieu qui contient de petites particules qui peuvent diffuser la lumière.

Pour m'entraîner

Exercices 2, 8

ACTIVITÉ expérimentale 3 Créer et observer des ombres

▸ Une question

Chaque fois que le Soleil éclaire un objet, un monument, une personne, on voit apparaître des ombres. Avec une petite lampe, quelques objets et un écran, on peut aussi faire apparaître des ombres.

Où se trouvent les ombres d'un objet et quelle est leur forme ?

▸ Je réalise une série d'expériences

Consignes

– Éclaire un écran blanc avec une petite lampe blanche.
– Place une carte à jouer entre la lampe et l'écran ; tu peux l'orienter de différentes manières.
– Regarde d'abord ce que tu vois sur la carte (des deux côtés).
– Regarde ensuite ce que tu vois sur l'écran, pour différentes positions de la carte.
– Si tu remplaces la lampe blanche par une petite lampe de couleur, regarde ce qui change et ce qui ne change pas.
– Si tu remplaces la carte par un autre objet, la forme de l'ombre sur l'écran est différente. Propose des objets pour obtenir une ombre carrée, ronde puis rectangulaire.

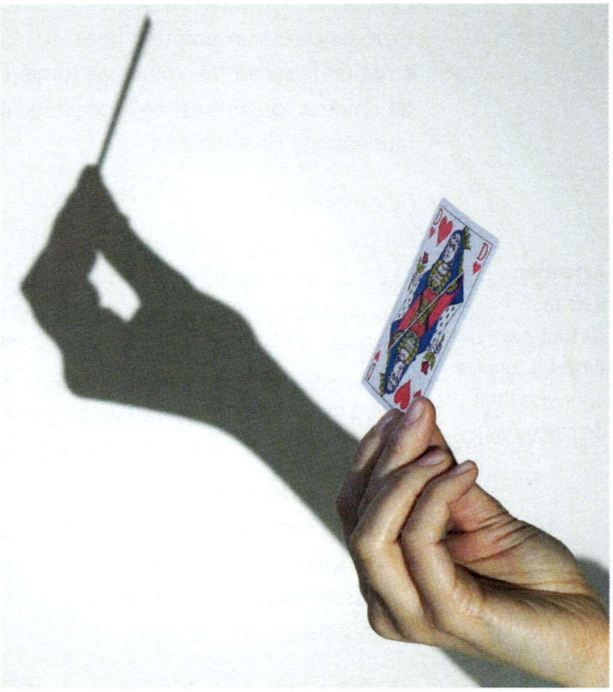

▸ J'observe

1. Quelle partie de l'objet est éclairée et quelle partie est sombre ?

2. Comment est l'ombre qui apparaît sur l'écran (forme, taille, couleur...) ? Comment peux-tu faire varier sa taille et sa forme ? Vois-tu les couleurs de l'objet sur l'écran ?

3. Avec la lampe de couleur, les parties éclairées ont-elles changé ? Les ombres ont-elles changé ?

▸ Je conclus

4. Où se trouvent l'ombre propre d'un objet et son ombre portée ? Aide-toi du mini-dico.

5. Fais un schéma de l'expérience et trace deux rayons passant juste sur le bord de l'objet. Indique où est l'ombre propre de l'objet et où est son ombre portée.

MINI-DICO

Ombre : zone qui ne reçoit pas la lumière provenant d'une source.

Ombre propre : zone sombre qui apparaît d'un côté d'un objet quand on l'éclaire.

Ombre portée : zone sombre qu'un objet éclairé fait apparaître sur un autre, par exemple sur un écran.

Ai-je compris la démarche ? Pourrait-on faire l'expérience avec une plaque de verre à la place de la carte ?

Pour m'entraîner

Exercices 4, 10, 11

L'ESSENTIEL

1 Les rayons de lumière

- Un **rayon de lumière** est le chemin suivi par la lumière pour aller d'un point à un autre.
- En général (dans l'air, dans l'eau...), les rayons de lumière sont des **lignes droites**.
- Sur un schéma, on représente un rayon par un trait avec une flèche qui montre le sens de la lumière.

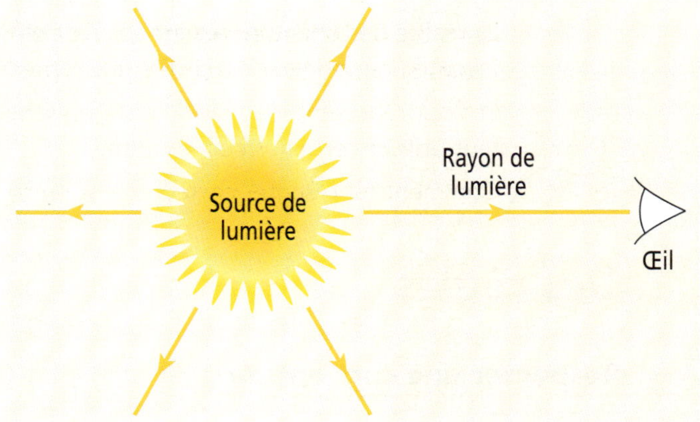

2 Visualisation d'un faisceau de lumière

- Un **faisceau de lumière** est un ensemble de rayons venant d'une source.
- Pour qu'on puisse visualiser un faisceau de lumière, il doit se propager dans un **milieu diffusant**, c'est-à-dire avec de nombreuses petites particules (gouttes, poussières...) qui diffusent une partie de la lumière du faisceau vers nos yeux.

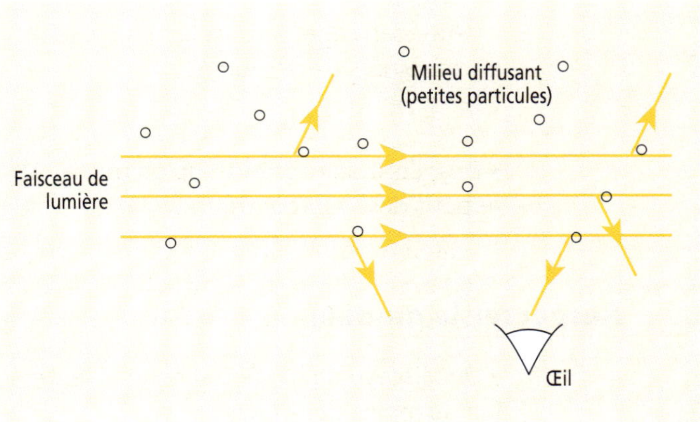

3 Ombre propre et ombre portée d'un objet

- Lorsqu'un objet est éclairé par une source de lumière, on peut voir sur l'objet son **ombre propre**. Elle se trouve du côté opposé à la source, car les rayons de la source n'arrivent pas sur ce côté.
- Si un écran se trouve derrière l'objet, il apparaît sur cet écran une **ombre portée** de l'objet. C'est la partie de l'écran où les rayons de la source n'arrivent pas, car ils sont bloqués par l'objet. La forme de l'ombre portée ressemble à celle de l'objet mais elle dépend de son orientation. Sa taille peut être plus ou moins grande, selon la position de l'objet.

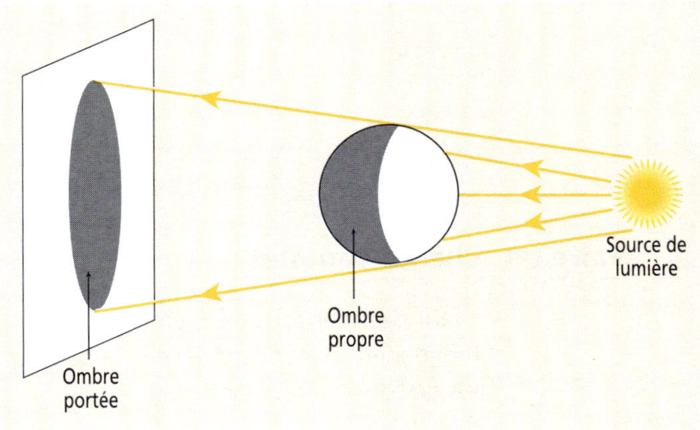

JE DOIS ÊTRE CAPABLE DE :
- **représenter** sur un schéma des rayons de lumière ;
- **visualiser** expérimentalement un faisceau de lumière ;
- **créer** des ombres et expliquer leur forme et leur taille.

MÉTHODE 6 Faire un schéma en optique

Un problème

La réalité des phénomènes est souvent difficile à expliquer. C'est pourquoi le scientifique invente un modèle, c'est-à-dire une représentation simplifiée du phénomène.

Et pour représenter ce modèle sur un schéma que tout le monde puisse comprendre, il faut utiliser certaines conventions.

Comment représenter correctement un rayon ou un faisceau de lumière ?

Des règles

Respecter une convention

- On représente un **rayon de lumière** par **un trait avec une flèche** : le trait montre le chemin suivi par la lumière. La flèche montre dans quel sens va la lumière (elle part toujours de la source).

- Pour l'œil de l'observateur, on utilise le petit dessin ci-contre.

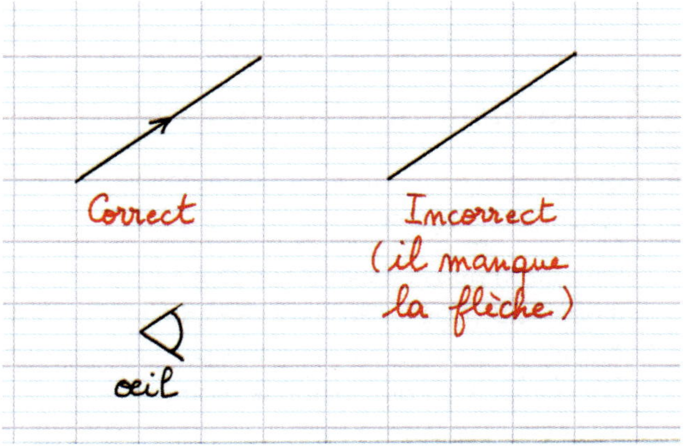

Respecter le modèle

- Un faisceau de lumière sera représenté par au moins deux rayons.
- Dans les conditions habituelles, les rayons de lumière sont des lignes droites. Il faut donc tracer des traits bien droits (à la règle).

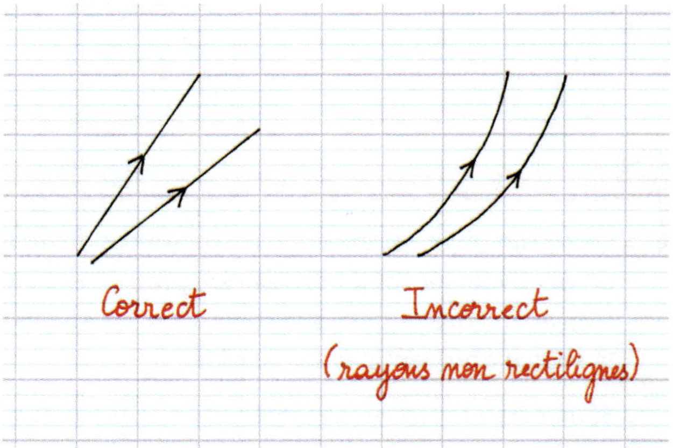

Faire un schéma complet

- Il faut dessiner tous les éléments qui interviennent dans l'expérience : la source, l'œil de l'observateur, un écran...
- Quand on représente la diffusion de la lumière, il faut bien montrer qu'elle se fait dans toutes les directions.
- Une fois le schéma réalisé, il faut le légender.

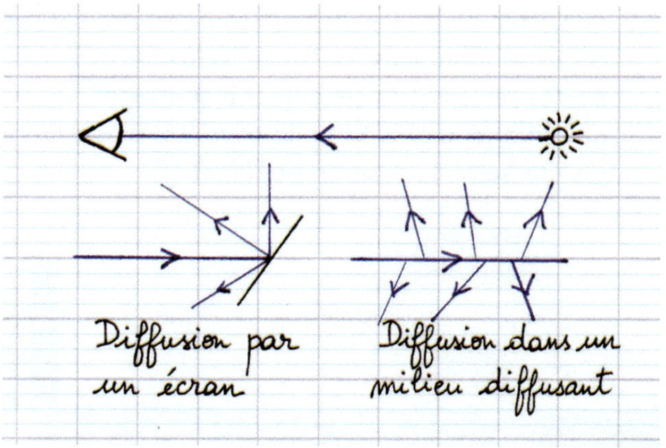

Je vérifie mes connaissances

1 Donner une définition

1. Donne la définition d'un rayon de lumière.

2. Dans l'air ou dans l'eau, quelle est la forme d'un rayon de lumière ?

2 Choisir la bonne réponse

1. Un faisceau de lumière est formé par :
- **a.** un seul rayon de lumière.
- **b.** deux rayons de lumière.
- **c.** un grand nombre de rayons de lumière.

2. Pour qu'un observateur puisse voir le trajet d'un faisceau, il faut qu'il se propage :
- **a.** vers un écran.
- **b.** vers ses yeux.
- **c.** dans un milieu diffusant.

3 Compléter un schéma

Recopie et complète les deux schémas ci-contre en ajoutant des rayons de lumière.

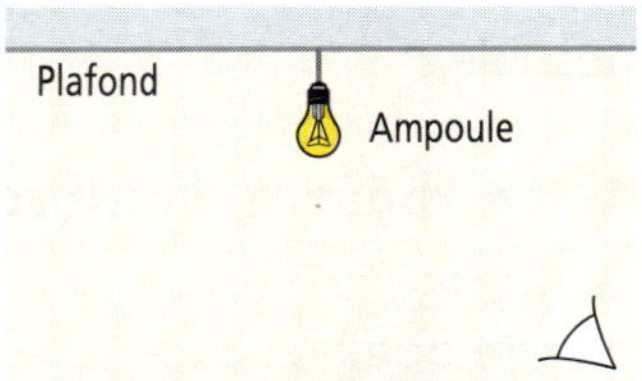

J'observe une lampe au plafond

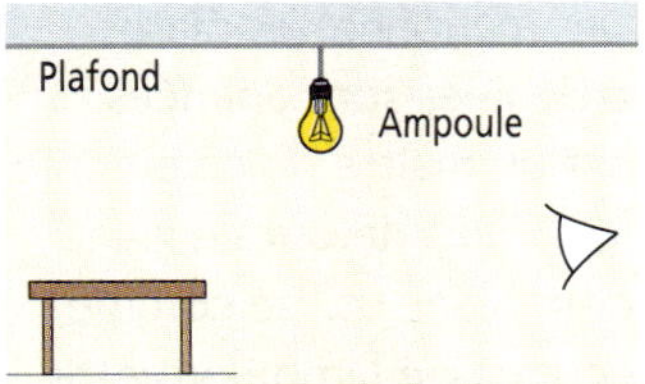

J'observe un meuble éclairé

4 Compléter un texte

Recopie et complète le texte ci-dessous à l'aide des mots en italique.

« J'éclaire un objet avec une petite ampoule : cette ampoule est une ...... qui envoie un ...... de lumière vers l'objet. Sur la face de l'objet opposée à l'ampoule, je peux voir son ......, qui est l'endroit où aucun ...... de lumière ne parvient. Si je place un écran derrière l'objet, je peux alors observer son .... »

ombre propre – ombre portée – rayon – faisceau – source de lumière

5 Utiliser des liens logiques

Recopie et complète les phrases ci-dessous avec **car**, **si** ou **donc**.

1. Je peux voir un faisceau de lumière ...... je suis dans le brouillard, ... ses petites gouttes d'eau diffusent la lumière dans toutes les directions.

2. La lumière ne peut pas contourner un obstacle ...... elle se propage en ligne droite ; ...... derrière l'obstacle il y a une ombre.

J'applique...

6 Observation d'une voiture

1. Une voiture a ses phares allumés. Un observateur regarde directement l'un des phares.
Fais un schéma où apparaissent le phare, l'œil de l'observateur et un rayon de lumière.

2. Dans la journée, les phares sont éteints et l'observateur regarde la voiture qui est éclairée par le Soleil.
Fais un schéma où apparaissent le Soleil, la voiture, l'œil de l'observateur et le chemin complet des rayons de lumière.

7 Chercher l'erreur

Regarde ces deux schémas et indique s'ils sont corrects. S'ils ne sont pas corrects, indique pour chacun la (ou les) erreur(s) que tu repères.

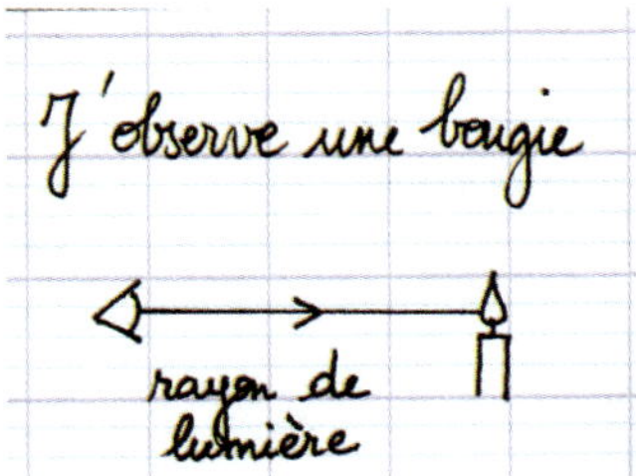

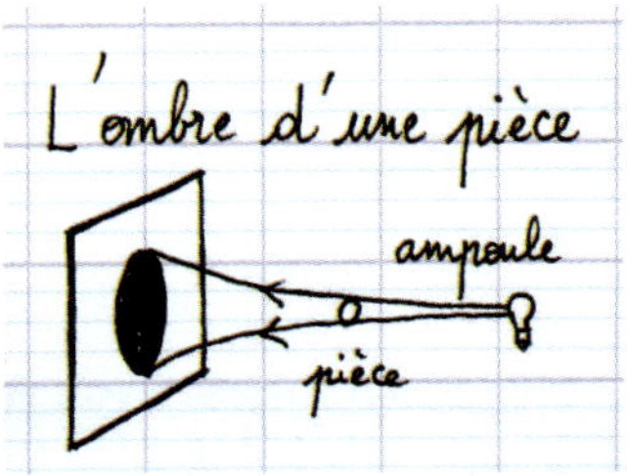

8 Les lumières de la discothèque

Nicolas voudrait réaliser des effets lumineux dans une discothèque avec des faisceaux laser. Il fait un essai quand la discothèque est vide, en envoyant des faisceaux dans toutes les directions. Malheureusement on voit seulement des taches de lumière sur les murs, mais pas les faisceaux.

1. Peux-tu lui expliquer pourquoi ?

2. Pourquoi utilise-t-on souvent, en discothèque et dans les concerts, des machines produisant de la fumée ?

EXERCICES

9 Des sabres laser ?

Dans la série *Star Wars*, on peut voir de beaux combats avec des sabres lumineux. Dans les différentes scènes, on voit ces sabres dans l'air, sans aucune fumée ni poussière.

Trouve deux raisons pour lesquelles les « lames » de ces sabres ne peuvent pas être des faisceaux de lumière (donc ça ne peut pas être des sabres laser !).

10 L'ombre d'une pile

1. Si on projette sur un mur l'ombre d'une pile cylindrique comme celle-ci, quelles sont les différentes formes d'ombres que l'on peut observer ?

2. Fais un schéma pour montrer comment se forme l'ombre de la pile sur le mur.

11 Devinette

J'ai formé sur un écran l'ombre portée de mon porte-clés. Pour deux orientations différentes, j'ai observé les deux ombres représentées ci-contre.

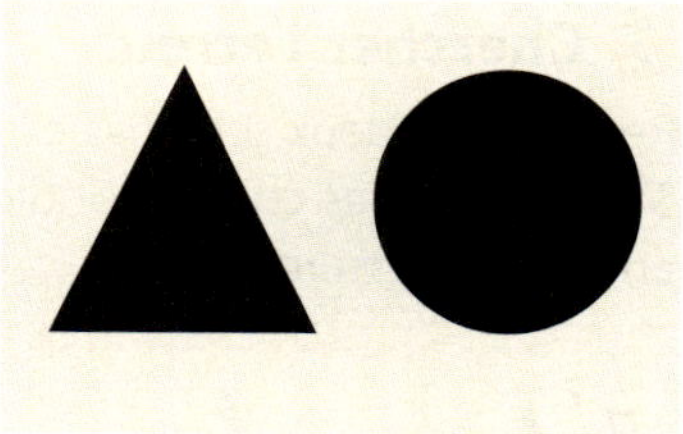

Peux-tu deviner la forme de mon porte-clés ?

J'approfondis...

12 L'ombre des obélisques

Devant certains temples d'Égypte, mais aussi dans d'autres pays, on peut voir une grande colonne appelée *obélisque*.

1. Le matin, en France, le Soleil se trouve au sud-est.

Dans quelle direction est l'ombre portée de l'obélisque sur le sol ?

2. Au cours de la journée, l'ombre portée de l'obélisque se raccourcit le matin, puis s'allonge l'après-midi. Pour l'expliquer, tu vas utiliser les deux schémas ci-dessous.

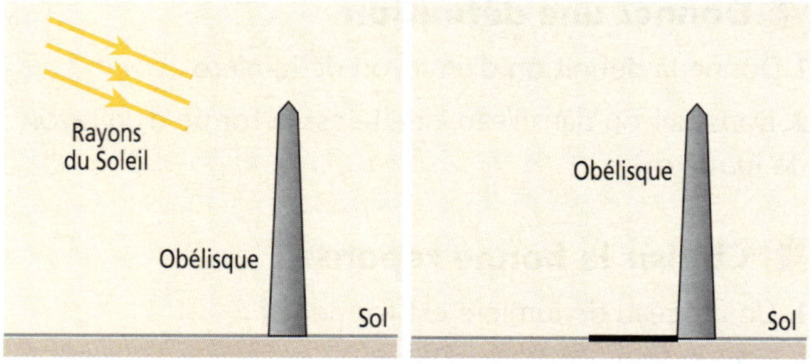

a. Sur le premier schéma, on a dessiné l'obélisque et des rayons du Soleil. Recopie ce schéma, trace le rayon de lumière qui permet de délimiter l'ombre portée puis indique où se trouve cette ombre portée.

b. Sur le deuxième schéma on a dessiné l'obélisque et son ombre portée. Recopie ce schéma et trace un rayon qui permet de savoir dans quelle direction se trouve le Soleil.

3. Il peut arriver qu'à une certaine heure l'obélisque n'ait plus du tout d'ombre portée sur le sol. Comment est-ce possible ?

13 Le théâtre d'ombres indonésien

Le *wayang kulit* est un théâtre d'ombres traditionnel en Indonésie. Des marionnettes plates articulées sont animées par un maître de cérémonie, le *dalang*, devant un grand drap blanc utilisé comme écran. Une lampe projette les ombres des marionnettes sur cet écran.

1. Faut-il utiliser la lampe 1 ou la lampe 2 ?

2. Regarde sur le schéma ci-dessous où sont placés les spectateurs. Comment peuvent-ils voir la lumière et les ombres ? Voient-ils les couleurs de la marionnette ?

3. Si un spectateur se met de l'autre côté de l'écran, que peut-il voir ?

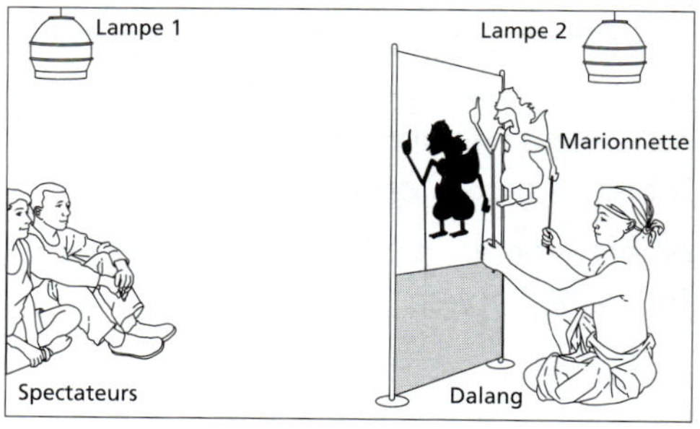

14 Le cadran solaire

Avant l'invention des horloges, on pouvait lire l'heure avec un cadran solaire. On peut en réaliser un simplement avec une planche posée horizontalement sur le sol et une tige (appelée *style*) plantée dessus.

Attention, pour avoir l'heure légale en France il faut ajouter 1 heure à cette heure solaire en automne et en hiver, et 2 heures au printemps et en été.

1. Regarde ce cadran solaire et ses graduations. Le XII représente-t-il midi ou minuit ? Pourquoi ?

2. Quel côté correspond au matin ? Au cours de la journée, l'ombre tourne-t-elle dans le sens des aiguilles d'une montre ou dans le sens inverse ?

3. Sur la photographie, quelle est l'heure solaire ? Si cette photographie a été prise en France le 10 janvier, quelle heure est-il ?

4. Le haut du cadran est-il orienté vers le nord ou vers le sud ? Explique comment tu peux le savoir.

15 Ombre et pénombre

On place une boule devant un écran blanc, et cette boule peut être éclairée par deux lampes différentes.

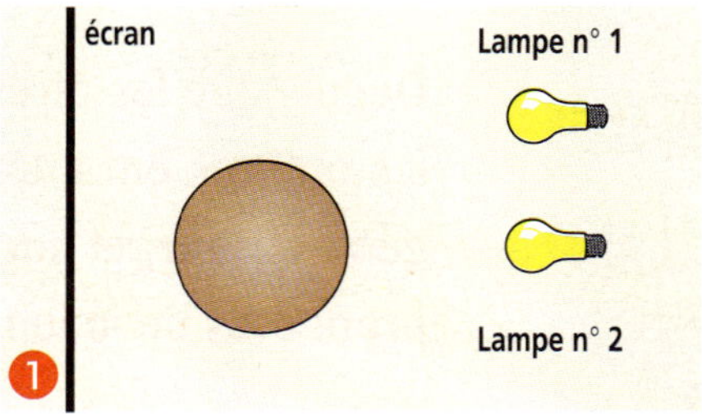

1. On allume seulement la lampe n° 1. Recopie le schéma 1 et dessine en rouge les rayons de lumière qui délimitent l'ombre portée de la boule sur l'écran. Appelle *A* le point le plus haut de cette ombre et *B* le point le plus bas.

2. On éteint la lampe n° 1 et on allume la lampe n° 2. Sur le même schéma, dessine en vert les rayons qui délimitent l'ombre portée, et appelle *C* le point le plus haut et *D* le point le plus bas.

3. Maintenant on allume les deux lampes en même temps.

a. Est-ce que des rayons arrivent entre *A* et *D* ? Et au-dessus de *C* ?

b. Le schéma 2 montre ce qu'on observe sur l'écran. Essaie de placer les points *A*, *B*, *C* et *D* et explique pourquoi il y a une zone blanche, une zone grise et une zone noire.

Une expérience simple et amusante

Fabrique une chambre noire

La chambre noire est l'ancêtre de l'appareil photographique. Tu peux en fabriquer une et observer des images.

Matériel
- une boîte en carton
- des ciseaux
- un feutre noir ou de la peinture noire
- du papier calque
- du ruban adhésif
- une aiguille
- une bougie

- Découpe le fond de la boîte. Avec de la peinture ou un feutre, noircis les parois intérieures de la boîte.
- À la place du fond, fixe une feuille de papier calque avec du ruban adhésif.
- Perce un petit trou du côté opposé de la boîte.
- Maintenant ferme les volets et éteins bien les lumières, en laissant seulement une bougie allumée. Place-toi à 20 ou 30 cm de la bougie et dirige vers elle le côté de la boîte avec le trou. Regarde maintenant le papier calque...

1. Représente sur un schéma la chambre noire, la bougie, un rayon venant du haut de la bougie et passant par le trou, et un autre rayon venant du bas de la bougie. As-tu compris pourquoi l'image est à l'envers ?

2. Comment varie la taille de l'image si tu t'approches de la bougie ? Peux-tu expliquer pourquoi ?

SCIENCES mag

Des **savants aux idées lumineuses**

Depuis que les êtres humains essaient d'expliquer la nature, la lumière et les ombres ont intéressé des mathématiciens, qui ont étudié leur forme géométrique, et surtout des physiciens, qui ont cherché à découvrir les propriétés de la lumière et à comprendre de quoi elle est faite.

GÉOMÉTRIE

Thalès et son théorème

Il y a 26 siècles, un pharaon d'Égypte a mis au défi le Grec Thalès de Milet, le plus ancien savant connu, de mesurer la taille de la grande pyramide de Kheops. Pour cela Thalès n'a eu besoin que d'un bâton... et de sa grande intelligence !

Thalès savait comme tout le monde que la taille de son ombre sur le sol varie au cours de la journée, mais il avait remarqué qu'à une certaine heure la taille de son ombre était exactement égale à sa taille. Et il a pu vérifier que, dans ce cas, toutes les ombres portées sur le sol avaient la même taille que les objets correspondants.

Il a donc simplement attendu ce moment de la journée, et il a alors marqué sur le sol l'ombre du sommet de la pyramide. Il ne lui restait plus qu'à prendre un bâton dont il connaissait la longueur, et à mesurer l'ombre en comptant combien de bâtons elle pouvait contenir.

Thalès a continué ensuite à étudier ces propriétés géométriques et a trouvé que les ombres sont toujours proportionnelles aux objets. C'est pourquoi, aujourd'hui, c'est à une relation de proportionnalité que l'on donne le nom de *théorème de Thalès*... même s'il a été démontré par Euclide, un autre grand mathématicien !

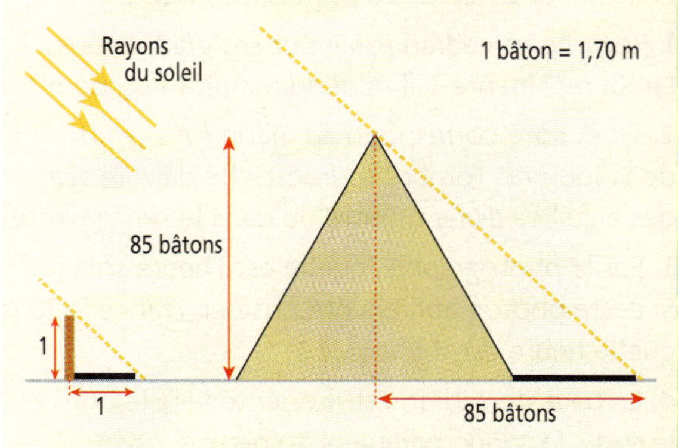

1. Le bâton utilisé par Thalès était de la même taille que lui, soit environ 1,70 m. La longueur qu'il a mesurée était de 85 bâtons. Quelle était donc la hauteur (en mètres) de la pyramide ?

2. @ Fais une recherche sur Internet pour trouver d'autres découvertes de Thalès.

Toi aussi, tu peux utiliser la technique de Thalès pour mesurer approximativement la hauteur d'une maison ou d'un bâtiment. Il te suffit de mesurer la taille de l'ombre du bâtiment à la bonne heure : tu peux par exemple marcher, en faisant de grands pas, depuis le bâtiment jusqu'au bout de son ombre, et mesurer à l'aide d'un mètre la taille d'un de tes pas.

HISTOIRE

Ibn al-Haytham et l'invention de l'optique

L'un des plus grands savants du Moyen Âge fut Al-Hassan Ibn al-Haytham, né à Bassora (actuel Iraq) en l'an 965 et mort au Caire (Égypte) vers 1039. Il a étudié la géométrie, l'astronomie, mais il a surtout été le véritable fondateur de l'optique, en expliquant les principaux phénomènes lumineux. Ainsi, il a étudié en détail la structure de l'œil et en a déduit que celui-ci reçoit les rayons de lumière venant des objets, alors qu'avant lui Euclide et Ptolémée pensaient que l'œil projetait des rayons vers les objets.

Il a aussi étudié les propriétés des lentilles, qui permettent d'agrandir les objets ou de corriger la vision, et décrit les phénomènes de réflexion, de réfraction et de diffraction. Son œuvre majeure, *Al-Kitab al-Manazir (Le Livre des perspectives)*, traduite en latin en Europe, a eu une influence très grande sur tous les savants qui ont ensuite étudié l'optique.

1. Ibn al-Haytham est le fondateur de l'optique. Qu'est-ce que l'*optique* ? Utilise un dictionnaire.
2. Euclide et Ptolémée se trompaient sur le sens de la lumière. Que croyaient-ils, et quelle est la réalité ?
3. Recherche la signification des mots : *réflexion, réfraction, diffraction.* Pour chacun de ces phénomènes, essaie de faire un schéma de rayons lumineux qui montre de quoi il s'agit.

HISTOIRE

Inventions et débat au XVIIe siècle

Alors que les artisans opticiens fabriquaient des lentilles de verre depuis le Moyen Âge, c'est au XVIIe siècle que les lois de l'optique ont été découvertes et qu'on a commencé à comprendre la nature de la lumière.

Tous les grands savants de l'époque s'y sont intéressés. En 1609, l'Italien Galilée utilisa une lunette pour observer le ciel (ce qui lui permit de découvrir des astres inconnus et des montagnes sur la Lune), et plus tard il inventa le microscope. Le Français René Descartes publia en 1637 les lois de l'optique géométrique, pour lesquelles il avait utilisé la méthode scientifique qu'il venait de définir.

Quant à la nature profonde de la lumière, l'Anglais Isaac Newton considérait que c'est un flux de minuscules particules, tandis que le Néerlandais Christiaan Huygens pensait que c'est une onde qui se propage dans la matière. C'est le premier véritable débat scientifique de l'histoire, pour lequel des arguments théoriques et expérimentaux ont été utilisés.

On sait aujourd'hui... qu'ils avaient tous les deux raison !

1. Qu'est-ce qu'un microscope ? Quelles sont les choses qu'on peut observer avec un microscope ?
2. Connais-tu des ondes autres que la lumière ?
3. Connais-tu des débats scientifiques actuels ?
4. @ Chacun des savants cités dans ce texte a travaillé dans plusieurs domaines différents de la physique ou des mathématiques. Choisis l'un d'entre eux et recherche dans une encyclopédie ou sur Internet d'autres travaux scientifiques qu'il a effectués.

@ http://www.wikipedia.fr

Optique 3

La Terre, la Lune et leurs ombres

Observer pour s'interroger

Dans le ciel, nous pouvons observer que les astres (Soleil, étoiles, Lune) changent de position et que la Lune change aussi d'aspect au fil des jours. Parfois, nous pouvons même observer des éclipses. Pour comprendre ces observations, il faut étudier les mouvements de la Terre, du Soleil et de la Lune.

1 Le Soleil est-il en mouvement ?

Un paysage au lever du Soleil (en haut) et dans la matinée (en bas).

1. Décris ce que tu observes sur chacune des photographies.

2. Chez toi, le Soleil se lève-t-il et se couche-t-il toujours au même endroit ?

3. Où le Soleil se trouve-t-il lorsqu'il fait nuit ?

4. Quel est alors, d'après toi, le mouvement apparent du Soleil dans le ciel ?

5. Les mots *lever* et *coucher* du Soleil laissent penser que c'est le Soleil qui se déplace. Qu'en penses-tu ?

Paris

dimanche 1er janvier

5°C	
Lever du Soleil	08:45
Coucher du Soleil	17:02
Durée du jour	+1 min

2 Deux visages de la Lune

L	6	Se Colette	10
M	7	Se Félicité	
M	8	St Jean de Dieu	
J	9	Se Françoise Romaine	
V	10	St Vivien	
S	11	Se Rosine	
D	12	Se Justine	
L	13	St Rodrigue	11
M	14	Se Mathilde	
M	15	Se Louise	
J	16	Se Bénédicte	
V	17	St Patrice	
S	18	St Cyrille	
D	19	3e Dim. de Carême	

Un extrait du calendrier 2006 et les photographies de la Lune le 6 et le 14 mars.

1. À quel type de source de lumière la Lune appartient-elle ? Argumente ta réponse.
2. Quelle était la forme de la Lune à la Sainte-Mathilde ?
3. À la Sainte-Colette, la Lune brillait-elle moins fort ?

3 Une drôle de tache

Photographie de la planète Terre vue de l'espace le 11 août 1999.

Des millions de curieux sont attendus de la Normandie à l'Alsace. Le 11 août, entre 12 h 16 et 12 h 32, une colonne d'ombre de 110 kilomètres de large balaiera le nord de la France, sur une ligne allant de Cherbourg à Lauterbourg (Bas-Rhin).

P. BARTHELEMY et P. KREMER, *Le Monde*, 8 août 1999.

1. Que remarques-tu sur cette photographie de la Terre ?
2. D'après toi, que s'est-il passé ce jour-là ?
3. Que pouvait voir un observateur placé à cet endroit ?

TU VAS APPRENDRE À...

- **connaître** le mouvement de la Terre et de la Lune par rapport au Soleil ;
- **connaître** les différentes formes de la Lune ;
- **expliquer** les éclipses de Soleil et de Lune.

ACTIVITÉ documentaire

1 Connaître les mouvements de la Terre, du Soleil et de la Lune

▸ Une question ...

Quand on regarde le ciel, on voit que le Soleil et la Lune se déplacent. C'est pourquoi, pendant des siècles, les hommes ont pensé que la Terre était au centre de l'Univers et que le Soleil tournait autour de la Terre. Il a fallu attendre le XVIe siècle pour qu'ils acceptent l'idée que c'est en réalité notre planète qui tourne autour du Soleil.

Peux-tu définir quelques caractéristiques des mouvements de la Terre, du Soleil et de la Lune ?

▸ J'étudie un document ...

Le mouvement de la Terre autour du Soleil

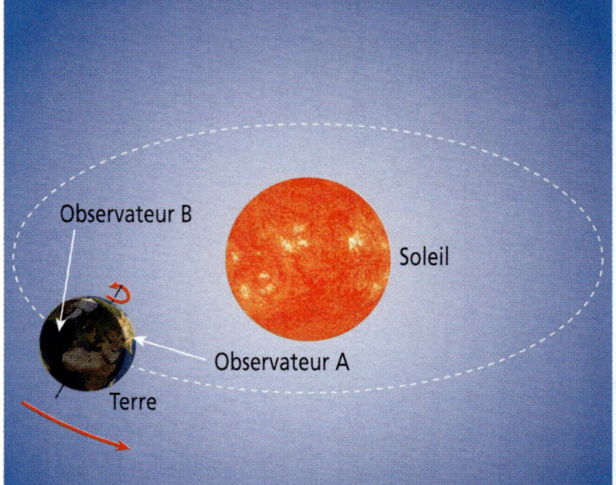

La Terre tourne toujours sur elle-même en 24 heures et elle tourne autour du Soleil en un peu plus de 365 jours.

Le mouvement de la Lune autour de la Terre

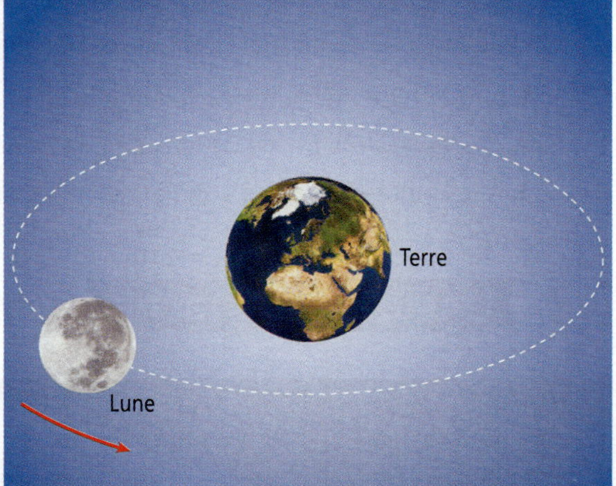

La Lune, satellite naturel, tourne autour de la Terre en 27 jours. Elle présente toujours la même face à la Terre.

▸ J'analyse un document ...

1. Sur le premier document, quel observateur se trouve en plein jour ? Quel est celui qui se trouve en pleine nuit ?

2. D'après toi, quel est le mouvement responsable de l'alternance des jours et des nuits ?

3. D'après toi, quel est le mouvement responsable des saisons ?

▸ Je conclus

4. Combien de temps notre planète met-elle pour faire un tour sur elle-même ?

5. Quelle est la période de révolution de la Terre autour du Soleil ? Quelle est la période de révolution de la Lune autour de la Terre ?

MINI-DICO

Astre : objet naturel de masse importante que l'on trouve dans l'Univers (étoile, planète ou satellite naturel).

Satellite : se dit d'un objet, naturel ou artificiel, qui tourne autour d'une planète.

Période de révolution : durée que met un astre pour faire un tour autour d'un autre.

Ai-je bien compris ? Comment pourrais-tu simuler avec tes camarades les mouvements de ces trois astres ?

Pour m'entraîner

Exercices 1, 3, 11

2 Reproduire les différentes formes de la Lune

ACTIVITÉ expérimentale

▸ Une question ...

La Lune nous apparaît toujours avec une forme différente. Elle est parfois en croissant, en demi-disque ou encore en disque plein.

Comment peux-tu simuler les différentes formes de la Lune par une expérience ?

▸ Je réalise une expérience ...

Consignes

– À l'aide d'une webcam (représentant la Terre), d'une balle de tennis de table (représentant la Lune) et d'une grosse lampe diffusante (représentant le Soleil), réalise une maquette du système Terre – Soleil – Lune.

– Fais tourner la Lune autour de la Terre dans le sens inverse des aiguilles d'une montre (voir les positions successives sur le schéma ci-contre). L'objectif de la caméra simule donc un observateur terrestre fixant la Lune.

– Place la Lune dans les 8 positions indiquées sur le schéma et observe les clichés obtenus.

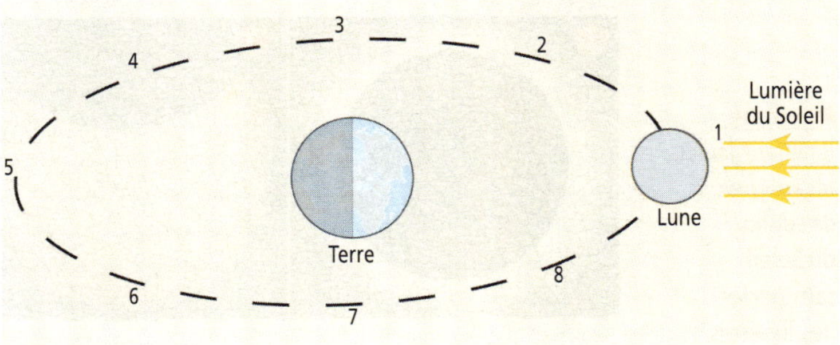

▸ J'observe et j'interprète ...

1. D'après cette expérience, peux-tu expliquer pourquoi la Lune brille ? La forme de l'ombre propre de la Lune varie-t-elle au cours de la simulation ?

2. Réalise un croquis pour chaque position en représentant en blanc la forme de la partie éclairée et en noir la partie se trouvant dans l'ombre.

▸ Je conclus

3. La Lune est-elle une source qui produit ou qui diffuse la lumière ?

4. En utilisant les termes ci-dessous, propose un nom pour chacune des phases de la Lune sur les croquis que tu as dessinés.

dernier quartier – lune gibbeuse décroissante – premier croissant – premier quartier – nouvelle lune – lune gibbeuse croissante – pleine lune – dernier croissant.

Ai-je compris la démarche ? À ton avis, comment un observateur sur la Lune verrait-il la Terre ?

MINI-DICO

Simuler : reproduire à l'aide d'un système fabriqué les caractéristiques d'un système réel.

Phases : diverses apparences de la Lune.

Diffuser : renvoyer la lumière dans toutes les directions.

Disque : surface visible des astres qui nous paraissent ronds et plats.

Gibbeuse : lorsque plus de la moitié de la Lune est éclairée.

Pour m'entraîner

Exercices 4, 7, 9

ACTIVITÉ documentaire 3 Comprendre les éclipses de Lune et de Soleil

▸ Une question

Le spectacle des éclipses attire des milliers de personnes. Ce phénomène peut être observé uniquement quand le Soleil, la Terre et la Lune ont des positions particulières.

Quelles sont les conditions pour qu'il y ait une éclipse ?

▸ J'étudie un document

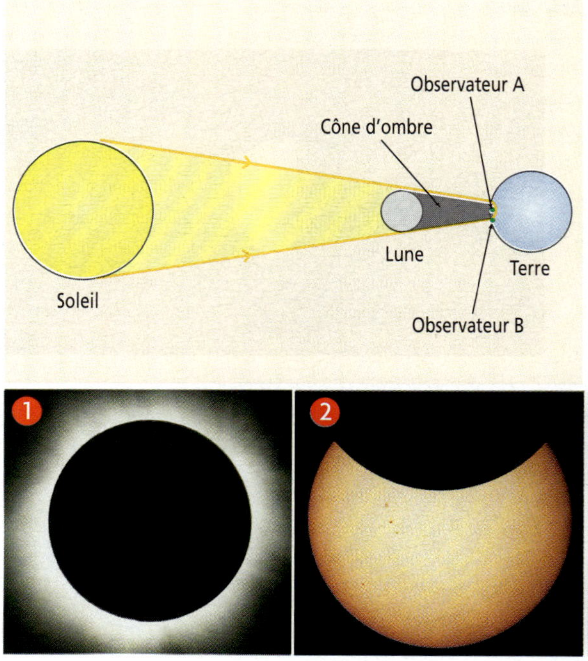

En haut, la Lune entre le Soleil et la Terre.
En bas (1 et 2), ce que voient les observateurs qui regardent le Soleil.

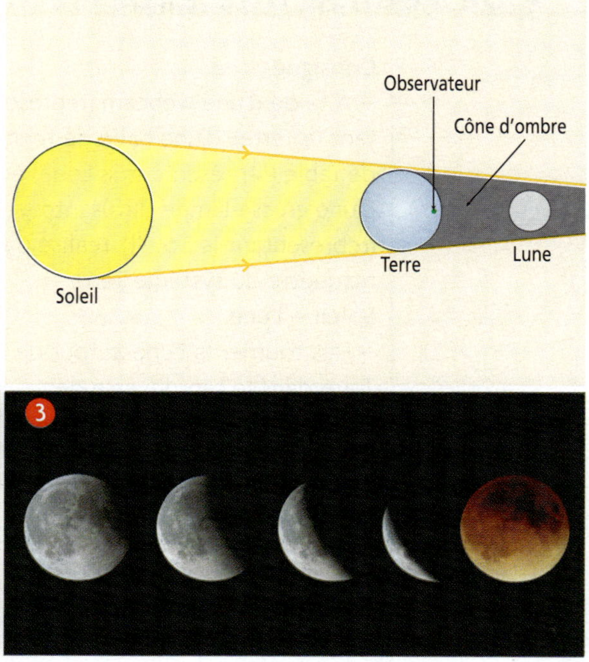

En haut, la Terre entre le Soleil et la Lune.
En bas (3), ce que voit l'observateur qui regarde la Lune.

Attention
Il ne faut jamais regarder en direction du Soleil sans porter des lunettes de protection.

▸ J'analyse un document

1. Qu'est-ce qui cache le Soleil sur les photographies 1 et 2 ?

2. Quelle photographie l'observateur A peut-il prendre ? Et l'observateur B ?

3. D'après toi, d'où vient l'ombre que l'on voit sur la photographie 3 ?

4. @ Recherche sur Internet la raison pour laquelle la Lune apparaît rouge quand elle s'éclipse.

▸ Je conclus

5. Quelles conditions doivent être réunies pour qu'il y ait une éclipse ?

6. En t'aidant du mini-dico, donne un nom à chacune des photographies présentées dans cette activité.

MINI-DICO

Éclipse totale : disparition totale d'un astre derrière un autre.

Éclipse partielle : disparition partielle d'un astre derrière un autre.

Alignés : placés sur une même ligne droite.

Cône d'ombre : zone d'ombre se trouvant derrière un astre à l'opposé du Soleil.

Pour m'entraîner

Exercices 5, 8

Ai-je bien compris ? Pourquoi l'alignement des trois astres, condition nécessaire à une éclipse, est-il rare ?

L'ESSENTIEL

1 Mouvements de la Terre et de la Lune

- La **Terre** tourne autour du Soleil et sa **période de révolution** est de 365 jours et 6 heures, cela correspond à la durée d'une année. Cette révolution explique en partie l'alternance des saisons.
- Notre planète fait un tour sur elle-même toutes les 24 heures, ce qui explique l'alternance des jours et des nuits.
- La **Lune** tourne autour de la Terre et sa période de révolution est de 27 jours. Elle présente toujours la même face à la Terre.

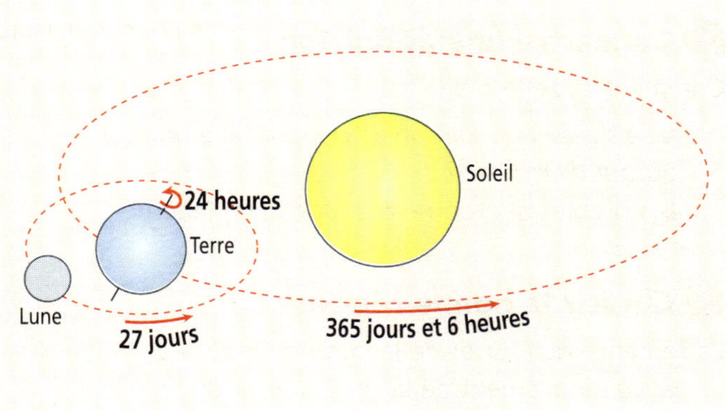

2 Les phases de la Lune

- La Lune est un **objet diffusant**. Une de ses faces est éclairée par le Soleil (source primaire) et l'autre est dans l'obscurité.
- Une partie de la face éclairée est visible depuis la Terre et nous permet d'observer les **phases de la Lune**.
- Dans l'ordre, on peut observer entre autres le *premier croissant*, le *premier quartier*, la *pleine lune*, le *dernier quartier*, le *dernier croissant* et la *nouvelle lune*.

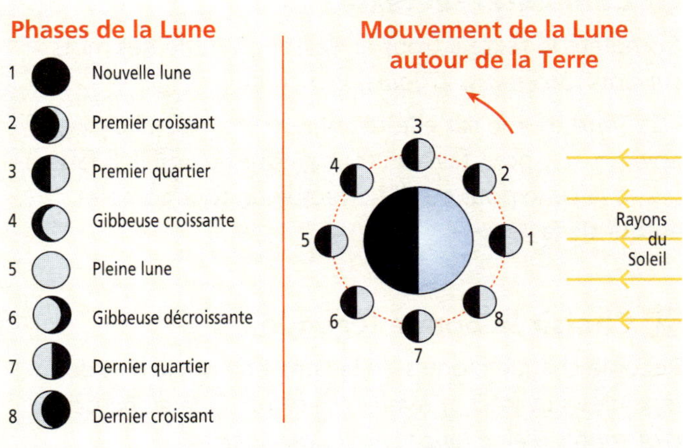

3 Les éclipses

- Pour obtenir une éclipse il faut que les trois astres (Soleil, Terre, Lune) soient **sur une même ligne droite**.
- Lorsqu'une partie de la **Terre** se trouve dans le **cône d'ombre** de la Lune, on peut observer une **éclipse totale de Soleil**. Un observateur qui se trouve à proximité du cône d'ombre peut observer une **éclipse partielle de Soleil**.
- Lorsque la **Lune** se trouve dans le **cône d'ombre** de la Terre, la Lune est moins lumineuse. On observe une **éclipse de Lune**.

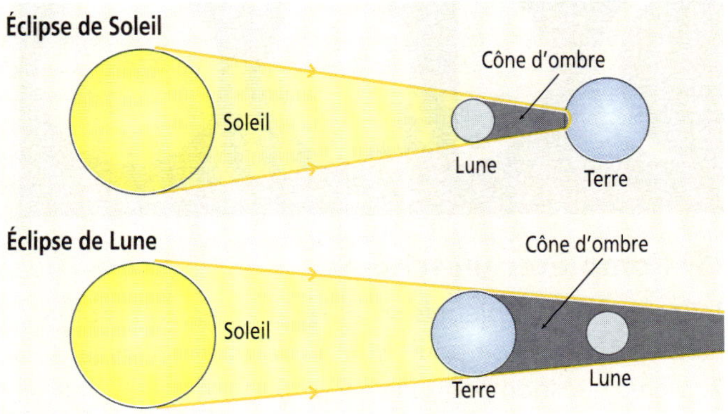

JE DOIS ÊTRE CAPABLE DE :

- **décrire** les mouvements de la Terre et de la Lune ;
- **interpréter** les phases de la Lune ;
- **décrire** les éclipses de Lune et de Soleil.

EXERCICES

Je vérifie mes connaissances

1 Connaître une définition

Comment appelle-t-on :

a. la durée que met un astre pour faire un tour autour d'un autre ?
b. un objet qui tourne autour d'une planète ?

2 Choisir la bonne réponse

L'alternance du jour et de la nuit est due :
a. au mouvement de la Terre autour du Soleil.
b. aux éclipses de Soleil.
c. à la rotation de la Terre sur elle-même.

3 Compléter un texte

Complète le texte à trous ci-dessous à l'aide des mots suivants : *365 jours, 27 jours, 24 heures*.

« La Terre tourne sur elle-même en ...... mais elle met environ ...... pour faire un tour autour du Soleil. Il faut ...... à la Lune pour qu'elle effectue un tour complet autour de la Terre. »

4 Choisir la bonne légende

Recopie chaque croquis de la Lune et associe une des légendes suivantes : *premier croissant ; lune gibbeuse croissante ; pleine lune ; dernier quartier.*

5 Compléter un schéma

1. Recopie et complète le schéma qui suit en plaçant la Lune au bon endroit pour avoir une éclipse de Soleil.
2. Même question pour une éclipse de Lune.

6 Utiliser des liens logiques

Recopie et complète les phrases ci-dessous avec **si**, **alors** ou **donc**.
1. ...... la Lune se trouve entre la Terre et le Soleil, ... il est possible que l'on puisse observer une éclipse de Soleil.
2. Je sais que la Terre met 24 h pour faire un tour sur elle-même, ... un jour a également une durée de 24 h. ...... la Terre ne mettait que 6 h pour faire ce tour, ... un jour durerait également 6 h.

J'applique...

7 Premier ou dernier

Pour repérer facilement les quartiers de la Lune, on essaye de former un **p** ou un **d** avec la Lune, comme ci-contre.
Lorsqu'on peut faire un **p** alors il s'agit du premier croissant ou premier quartier.
Lorsqu'on peut faire un **d** alors il s'agit du dernier croissant ou dernier quartier.
a. À l'aide de cette méthode, détermine les noms de chacune des phases ci-dessous.
b. Détermine ensuite l'ordre dans lequel les clichés ont été pris.

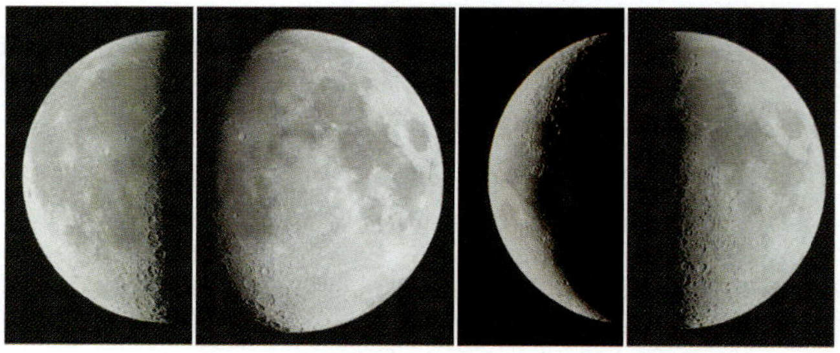

8 Le bon dessin

Quelques élèves ont tenté de dessiner une éclipse de Soleil. Quels sont les élèves dont le dessin est juste ?

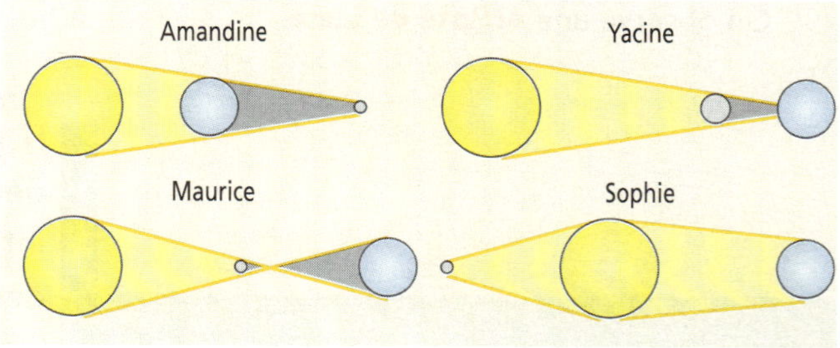

9 Simulation des phases de la Lune

Lors de l'expérience de l'activité 2 (p. 165), nous avons obtenu les clichés suivants :

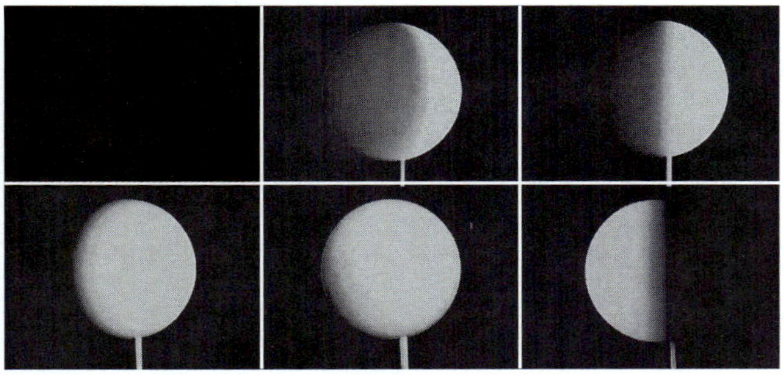

1. À quel cliché correspond :
   a. la nouvelle lune ?
   b. la pleine lune ?
   c. le premier croissant ?
   d. le dernier quartier ?
2. À quelles positions cela correspond-il sur le schéma ?

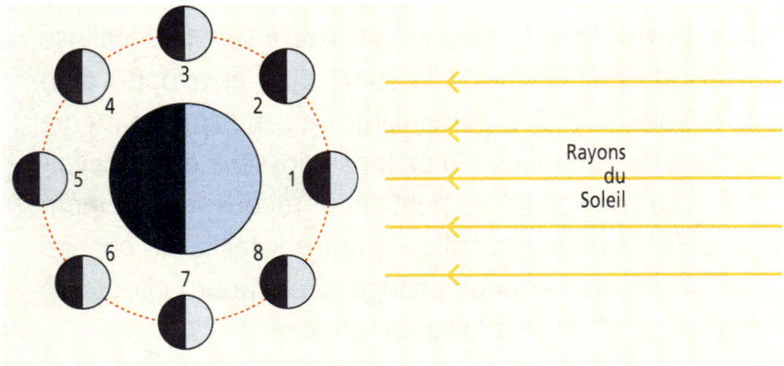

3. As-tu déjà vu la nouvelle lune ? Pourquoi ?

J'approfondis...

10 La face cachée de la Lune

La Lune met autant de temps pour faire un tour autour de la Terre que pour faire un tour sur elle-même. Avec deux objets de ton choix, essaye de simuler ce mouvement en tournant dans le sens des aiguilles d'une montre. Pourquoi parle-t-on de la *face cachée* de la Lune ?

11 @ Des modèles qui évoluent

Pendant des siècles, les astronomes ont cru que le système solaire était un système *géocentrique*. Utilise un moteur de recherche sur Internet et réponds aux questions suivantes.

1. Que veut dire *géocentrisme* ?
2. De nos jours, on qualifie notre système solaire d'*héliocentrique*, quelle est la différence avec le géocentrisme ?
3. Galilée (voir portrait ci-dessus) était-il un défenseur du modèle héliocentrique ou géocentrique ?

12 Années bissextiles

1. Quelle est la période de révolution exacte de la Terre autour du Soleil ?
2. Quelle différence y a-t-il avec la durée d'une année ordinaire comme 2007 ou 2009 ?
3. Au bout de combien d'années cette différence équivaut-elle à un jour ?
4. Que se passe-t-il sur notre calendrier tous les quatre ans ?

Une expérience simple et amusante

Simuler les phases de la Lune

Matériel
- *une lampe de chevet*
- *une boule (balle de ping-pong ou de tennis)*

→ Place-toi dans une pièce bien noire et dispose la lampe de chevet face à toi.

→ Tiens la boule à bout de bras et fais-la tourner autour de toi tout en la regardant.

1. Peux-tu observer les différentes phases de la Lune ?
2. Dans quel sens dois-tu tourner pour observer ces phases dans le bon ordre ?

SCIENCES mag

Les **éclipses**, admirées ou craintes

Une éclipse est un phénomène rare et étrange. Lors d'une éclipse du Soleil, l'obscurité se fait en plein jour de manière partielle ou totale. Lors d'une éclipse de Lune, celle-ci devient rouge sombre. Les scientifiques peuvent prévoir ces phénomènes avec une grande précision, mais cela n'a pas toujours été le cas…

ACTUALITÉ

Une éclipse pas comme les autres

Le 3 octobre 2005, le disque lunaire a croqué celui du Soleil. Vers 9 h 48, le disque solaire a commencé à se faire grignoter, lentement, comme un petit sablé. Autrement dit, la Lune est passée entre le Soleil et la Terre. Deux heures plus tard, l'alignement des trois astres était presque parfait. Les petits veinards situés sur la « zone de centralité » dans le nord de l'Espagne ont découvert une éclipse annulaire : un disque noir, celui de la Lune, était enveloppé d'un anneau de feu, le Soleil. C'était la particularité de cette année : même au cœur de la zone de centralité, il n'était pas possible d'apercevoir un Soleil tout noir. La Lune était trop petite pour recouvrir totalement le disque solaire. Évidemment la taille de notre satellite ne change pas, mais seule la distance qui le sépare de nous change. C'est pour cela que la Lune ne nous apparaît pas toujours de la même taille dans le ciel.

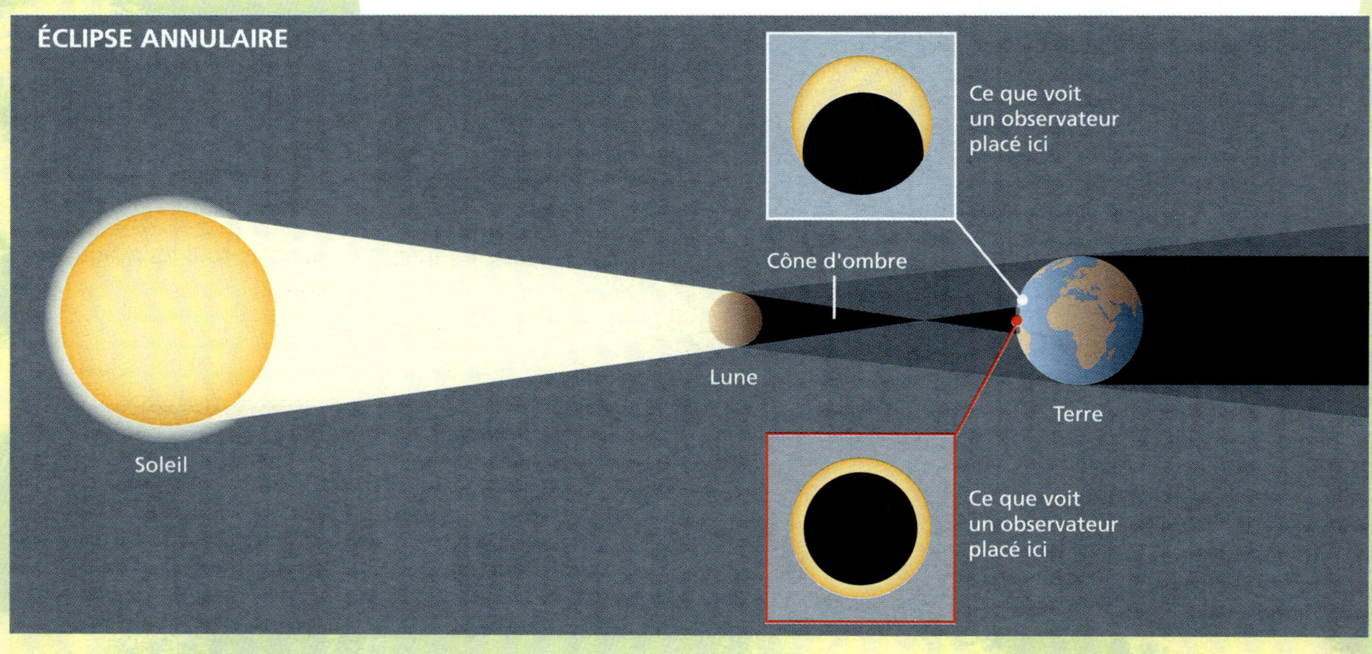

1. Pourquoi cette éclipse n'était-elle pas totale ?
2. Le texte parle d'un *anneau de feu*, mais est-ce réellement du feu ? Recherche sur une encyclopédie ce qui produit la lumière du Soleil.
3. Que veut dire *zone de centralité* ?
4. D'après toi, est-il possible d'observer une éclipse *annulaire* de Lune ?

ASTRONOMIE ET GÉOGRAPHIE

Des chasseurs d'éclipses

Une éclipse totale de Soleil est un événement prévisible. On peut en prévoir la date et le lieu exact de l'observation. Certaines personnes vont même jusqu'à parcourir le monde pour observer ces phénomènes rares. On les appelle les chasseurs d'éclipses.
Voici une carte qui indique la trajectoire des éclipses totales passées et à venir de 1999 à 2020.

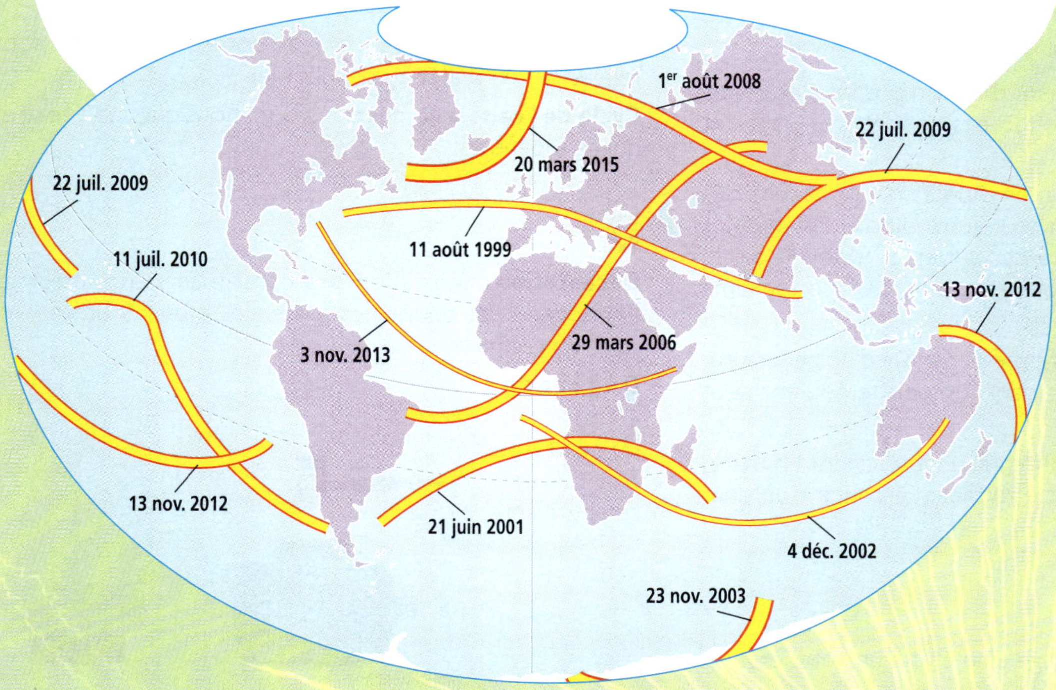

Source : Institut de Mécanique Céleste et de Calcul des Éphémérides.

1. Peut-on espérer observer une éclipse totale en France d'ici 2020 ?
2. L'éclipse du 3 octobre 2005 n'apparaît pas sur ce schéma, pourquoi ?
3. À quel endroit pourra-t-on observer la prochaine éclipse totale de Soleil ?

1. Qui était Christophe Colomb et à quelle époque vivait-il ?
2. Pourquoi était-il au courant de cet évènement contrairement aux Jamaïcains ?

HISTOIRE

Sciences et croyances

Le Soleil et la Lune ont toujours été considérés comme bienveillants et bienfaiteurs pour les hommes, il n'est donc pas étonnant que l'éventualité de leur disparition ait pu hanter l'imaginaire collectif pendant des millénaires.
Dans la plupart des récits, on retrouve le même type de scénario : ce serait un animal maléfique qui avale le Soleil ou la Lune lors d'une éclipse. Dans la majeure partie de l'Asie, c'est un dragon qui dévorait l'astre, en Amérique du Sud un jaguar, en Sibérie un vampire.
Les personnes capables de prédire de tels évènements pouvaient alors être considérées comme des demi-dieux. On raconte ainsi que Christophe Colomb s'en servit lorsqu'il se trouva à la merci des Jamaïcains. Il fit dire aux chefs qu'il allait les priver de la lumière de la Lune et les livrer à bien d'autres malheurs, et put ainsi obtenir tout ce qu'il désirait lorsque l'éclipse de Lune se produisit.

Lexique

A

Anhydre : qui ne contient pas d'eau.

Astre : objet naturel de masse importante que l'on trouve dans l'univers (étoile, planète ou satellite naturel).

B

Borne : point de branchement d'un composant électrique. Ex. : lames d'une pile plate (bornes « + » et « – »), plot et culot d'une lampe.

Boucle simple : association de dipôles dont chacune des bornes n'est reliée qu'à un seul autre dipôle. Les dipôles sont reliés les uns à la suite des autres et traversés par le même courant. Le circuit forme une boucle et son schéma normalisé forme un rectangle.

Boucle fermée : parcours fermé constitué d'un générateur et d'éléments conducteurs dans lesquels le courant peut circuler.

Boucle ouverte : boucle obtenue en intercalant un matériau isolant dans une boucle fermée. Le courant ne peut alors plus circuler.

C

Changement d'état : passage d'un état à un autre état.

Chromatographie : technique permettant de séparer les différents constituants d'un mélange.

Circuit électrique : association de dipôles constituée d'au moins un générateur et d'un ou plusieurs récepteurs. Il peut être constitué d'une ou plusieurs boucles.

Circuit fermé : circuit dans lequel le courant électrique circule.

Circuit ouvert : circuit dans lequel le courant électrique ne circule pas.

Circuit en boucle simple (circuit en série) : circuit ne comportant qu'une seule boucle.

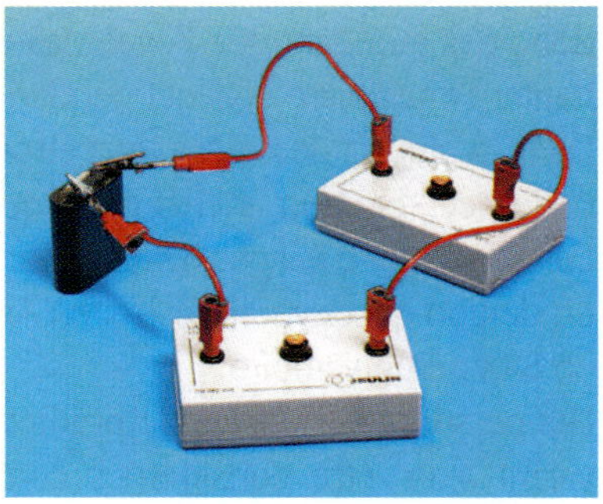

Circuit avec dérivation : circuit comportant plusieurs boucles.

Compressible : dont le volume peut diminuer.

Conducteur : matériau qui laisse passer le courant électrique.

Corps pur : corps constitué d'une seule substance.

Courant électrique : ce qui circule à travers les appareils électriques et permet de les faire fonctionner.

Court-circuit : lorsque les deux bornes d'un dipôle sont reliées par un matériau conducteur.

Cycle de l'eau : suite des transformations que subit l'eau et qui se répètent.

D

Décantation : séparation des constituants d'un mélange hétérogène par dépôt des particules plus « lourdes » au fond du récipient.

Dégazage : élimination du gaz dissous dans une boisson pétillante.

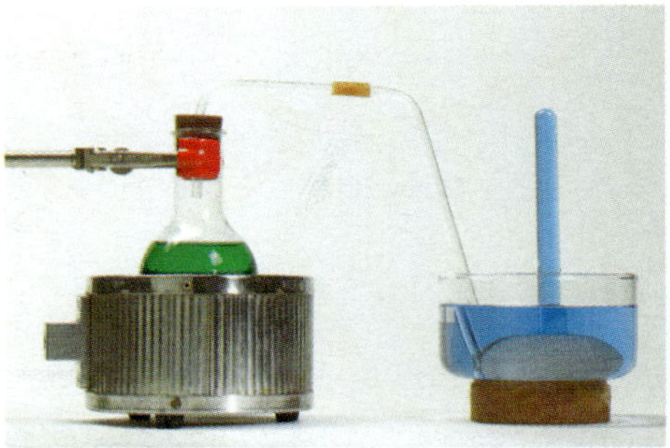

Diffuser : envoyer dans toutes les directions.

Dipôle : composant électrique comportant deux bornes.

Dipôle polarisé : dipôle dont le fonctionnement dépend de son sens de branchement dans le circuit électrique.

Dissolution : obtention d'un mélange homogène en ajoutant une substance à un liquide.

Dissoudre : amener une substance solide, liquide ou gazeuse à former un mélange homogène avec un liquide.

Distillat : liquide qu'on recueille à la sortie du réfrigérant dans une distillation.

Distillation : technique qui permet de séparer l'eau des autres constituants d'un mélange aqueux.

E

Ébullition : cas particulier de vaporisation caractérisé par l'apparition de bulles.

Éclipse : disparition totale ou partielle d'un astre derrière un autre.

Électrisation : passage du courant électrique à travers une personne.

Électrocution : électrisation mortelle.

Élution : déplacement du liquide sur le papier filtre.

État : forme prise par une substance (solide, liquide ou gaz).

Évaporation : cas particulier de vaporisation qui a lieu à température ambiante.

Expansible : dont le volume peut augmenter.

F

Faisceau de lumière : ensemble des rayons de lumière provenant d'une source.

Filtrat : liquide que l'on récupère à la sortie du filtre lors d'une filtration.

Filtration : action de retenir les particules solides d'un mélange hétérogène grâce à un filtre.

Filtre : objet percé de petits trous (appelés pores) qui permet, dans une filtration, de séparer les particules solides mélangées à un liquide, si ses pores ont une taille adaptée.

Fondre : passer de l'état solide à l'état liquide.

Forme propre : forme qui ne dépend pas du récipient qui contient la substance.

Fusion : passage de l'état solide à l'état liquide.

G

Gaz dissous : gaz présent dans un liquide. L'aspect de ce mélange (gaz plus liquide) est homogène.

Générateur : dipôle responsable de la circulation du courant électrique dans un circuit.

H

Hétérogène : voir mélange hétérogène.

Homogène : voir mélange homogène.

Hydraté : qui contient de l'eau.

I

Insoluble : qui n'est pas soluble.

Isolant : matériau qui ne laisse pas passer le courant électrique.

L

Limpide : clair et transparent.

Liquéfaction : passage de l'état vapeur (gazeux) à l'état liquide.

M

Masse : quantité de matière d'une substance (solide, liquide ou gaz) que l'on mesure avec une balance. L'unité légale de la masse est le kg.

Mélange : qui contient plusieurs substances.

Mélange hétérogène : mélange dont on peut distinguer au moins deux constituants à l'œil nu.

Mélange homogène : mélange dont on ne peut pas distinguer les constituants à l'œil nu.

Ménisque : surface incurvée du liquide en contact avec l'air.

Milieu diffusant : milieu qui contient de petites particules qui peuvent diffuser la lumière.

Miscible : deux liquides sont miscibles quand ils forment un mélange homogène.

Lexique

O

Objet diffusant (ou source secondaire) : objet qui renvoie une partie de la lumière qu'il a reçue d'une autre source.

Ombre portée : zone sombre qu'un objet éclairé fait apparaître sur un autre.

Ombre propre : zone sombre qui apparaît d'un côté d'un objet quand on l'éclaire.

P

Palier de température : durée pendant laquelle la température ne varie pas.

Période de révolution : durée que met un astre pour faire un tour autour d'un autre.

Phases de la Lune : diverses apparences de la Lune.

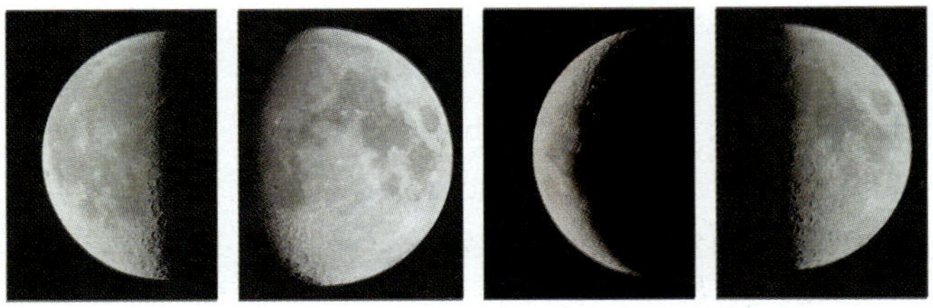

Précipité : substance solide qui apparaît dans un liquide.

Pression atmosphérique : force exercée par l'air qui nous entoure sur tous les objets, y compris sur nous.

R

Rayon de lumière : chemin suivi par la lumière d'un point à un autre.

Récepteur : dipôle qui utilise le courant électrique pour fonctionner.

Résidu : ce qui reste dans le ballon de distillation à la fin de la distillation.

Révolution : mouvement d'un astre autour d'un autre.

S

Saturé : voir solution saturée.

Schéma électrique : représentation très simplifiée d'un circuit électrique, contenant les informations essentielles à la compréhension du fonctionnement de ce circuit.

Solide compact : solide qu'on peut saisir et dont la forme ne dépend pas du récipient qui le contient.

Solide divisé : solide en poudre.

Solidification : passage de l'état liquide à l'état solide.

Soluble : qui peut être dissous dans un liquide.

Soluté : substance dissoute dans un solvant.

Solution : mélange homogène d'un liquide, appelé le solvant, et de substances dissoutes, appelées solutés.

Solution saturée : solution qui ne peut pas dissoudre une quantité supplémentaire de substance.

Solvant : liquide permettant de dissoudre des substances pour former un mélange homogène.

Source de lumière : objet qui envoie de la lumière autour de lui.

Source primaire : source de lumière qui crée elle-même la lumière qu'elle envoie.

Source secondaire : voir objet diffusant.

Surface libre : surface de séparation entre le liquide et l'air.

Symbole normalisé : représentation simplifiée d'un dipôle électrique que tous les physiciens utilisent. Elle obéit à une règle officielle (les symboles sont présentés à la fin du manuel).

T

Tare (faire la tare) : régler le zéro de la balance.

Température ambiante : température de la pièce où l'on fait l'expérience.

Tension d'un générateur : grandeur électrique, exprimée en volts (V). En général, plus un générateur possède une tension élevée, plus il peut délivrer un courant intense.

Trouble : qui n'est pas limpide.

V

Vaporisation : passage de l'état liquide à l'état vapeur (gazeux).

Volume : espace occupé par une substance. Son unité légale est le mètre cube (m^3).

Index

CRÉDITS PHOTOGRAPHIQUES

Couverture : Benoît Soualle – **p. 9** : © L. Aznal – **p. 10, 11, 12** : © F. Hanoteau – **p. 16** : © L. Aznal – **p. 17** : © P. Gleizes / Réa – **p. 18** : © Coll. Kharbine-Tapador (g), © Bridgeman Art Library (d) – **p. 19** : © C. Delestre (hd), © É. de Malglaive / Gamma (m) – **p.20** : © C. Delestre – **p. 21** : © P. Pavani / AFP – **p. 23, 26** : © F. Hanoteau – **p. 28** : © L. Aznal – **p. 31** : © Selva / Leemage (g), © Costa / Leemage (d) – **p. 32** : © C. Delestre – **p. 33** : © L. Aznal (h), © Corbis (b) – **p. 34, 35, 36** : © F. Hanoteau – **p. 38** : © F. Hanoteau (g, m), © L. Aznal (d) – **p. 39** : © F. Hanoteau (g), © L. Aznal (d) – **p. 41** : © Akg images – **p. 43** : © M. Wilson / Getty Images – **p. 46, 48, 49** : © F. Hanoteau – **p. 50** : © F. Hanoteau (g), © D. Leah / Mexsport / AFP (d) – **p. 52** : © C. Delestre – **p. 54** : © C. Heeb / Coll Hémisphères (g), © J. Tripelon / Top (d) – **p. 55** : © C. Lefebvre / Max PPP (h), © L. Aznal (b) – **p. 56, 58** : © F. Hanoteau – **p. 62** : © F. Hanoteau (g), © Ciel et Espace (d) – **p.62** : © M. Dadswell / Getty Images / AFP - **p. 63** : © ESA / DLR / FU Berlin (G. Neukum) (h), archives Magnard (b) – **p. 65** : © Ciel et espace – **p. 66** : © R. Damoret / Réa (g), © L. Aznal (d) – **p.67** : © L. Aznal – **p. 68** : © L. Aznal (h), © F. Hanoteau (m) – **p. 69, 70, 72, 75** : © F. Hanoteau – **p.77** : © Jeff Hunter/ Getty images – **p. 78** : J.C. Wetzel (g) et S. Pelly (d) © CNAM-Musée des Arts et Métiers – **p. 79** : © Aksaran Presse Image / Gamma (h), © Gaz de France (b) – **p. 80** : © L. Aznal – **p. 81** : © L. Aznal (h), © F. Lafargue / Gamma (b) – **p.82** : © L. Aznal – **p. 83** : © F. Hanoteau – **p. 88** : © L. Aznal – **p. 89** : © L. Aznal (h), © F. Hanoteau (m), © M. F. Chillmaid / SPL / Cosmos (bg), © A. Syred / SPL / Cosmos (bd) – **p. 90** : © B. Loper / Dallas Morning News / Corbis – **p. 91** : © F. Hanoteau (g, b), © M. Petzold (d) – **p. 92** : © Bridgeman Art Library – **p. 94** : © L. Aznal (g), © Perrier (d) – **p. 95** : © L. Aznal – **p. 96, 98, 99, 101, 103** : © F. Hanoteau – **p. 104** : © Coll. Kharbine-Tapador (g), © Birmingham City Archives (d) – **p. 105** : © S. Kinachtchouk / Getty Images (h), © L. Aznal (b) – **p. 106** : © L. Aznal – **p. 107** : © F. Hanoteau (h), © L. Aznal (b) – **p. 108, 110, 111** : © F. Hanoteau – **p. 113** : © L. Aznal – **p. 114** : © A. Cavalli / Age Fotostock / Hoa-Qui (hg), © INPES (bg), © J. Fistick / Reporters / Réa (d) – **p. 115** : © Les Éditions Albert René / Goscinny-Uderzo – **p. 116** : © Y. Arthus-Bertrand / Altitude – **p. 117** : © J. Tripelon / Top – **p. 118** : © R. Damoret / Réa – **p. 119** : © R. A. Clevenger / Corbis (hg), © L. Aznal (hd), © D. Casimira / Explorer / Hoa-Qui (b) – **p. 120, 122, 123** : © F. Hanoteau – **p. 128** : © F. Hanoteau (g), © C. Mc Person / Corbis Sygma (d), © L. Aznal (b) – **p. 129** : © Coll. Musée de La Poste – **p. 130** : © L. Aznal – **p. 131** : © F. Hanoteau (h), © Corbis (bd), © R. Decker / Photononstop (bg) – **p. 132, 133** : © F. Hanoteau – **p. 134** : © L. Aznal – **p. 139** : © H. Stabler / Corbis – **p.140** : © Les Éditions Albert René / Goscinny-Uderzo – **p. 141** : © L. Coudenys (h), © A. Kearney / Taxi / Getty Images (b) – **p. 143** : © F. Hanoteau – **p. 146** : © F. Hanoteau (g), © M. Hill / Age Fotostock / Hoa-Qui (d) – **p. 147** : © L. Aznal (g), © S. Zanier / CESIRE / UJF Grenoble (d) – **p. 148** : © F. Hanoteau – **p. 149** : © CRI Nancy Lorraine / Krafft / Hoa-Qui (h), © P. Herring / imagequestmarine.com (b) – **p. 150** : © B. Annebicque / Corbis Sygma (h), © M. Goddard / Getty Images (b) – **p. 151** : © Y. Arthus-Bertrand / Altitude – **p. 152, 153, 154** : © F. Hanoteau – **p. 158** : ProdDB ©Lucasfilm / D.R. (hg), © L. Aznal (mg), © M. Hilgert / Age Fotostck / Hoa-Qui (bg), © F. Hanoteau (bd) – **p. 159** : © Ph. Langlet (h), © F. Hanoteau (b) – **p. 161** : D.R. – **p. 162** : © L. Aznal – **p. 163** : © C. Arsidi / Ciel et Espace (h), © Ciel et Espace (b) – **p. 165** : © F. Hanoteau – **p. 166** : © R.Soummer (g), © F. Espenak / Ciel et Espace (d) – **p. 168** : © C. Arsidi / Ciel et Espace, © A. Fujii / Ciel et Espace – **p. 169** : F. Gravrand / archives Magnard (g), © E. Lessing / Akg images (d) – **p.170** : © S. Numazawa / APB / Ciel et Espace – **p. 171** : © Costa / Leemage – **p.172 :** © F. Hanoteau (g, hd, md), – **p. 173 :** © F. Hanoteau (g), C. Arsidi / Ciel et Espace – **p. 174 :** © F. Hanoteau, © A. Fujii / Ciel et Espace

h : haut, b : bas, g : gauche, d : droite, m : milieu

Infographies : Laurent Rullier
Dessins d'animation : Geoffroy Rudowski (p. 8, p. 19, p. 20, p. 21, p. 22, p. 23, p. 25, p. 28, p. 41, p. 42, p. 44, p. 52-53, p. 60, p. 67, p. 67, p. 69, p. 84, p. 90, p. 93, p. 104, p. 115, p. 117, p. 129, p. 131, p. 160, p. 131)

Les auteurs et les éditions Magnard reme[...] cient le lycée Janson de Sailly, pour so[...] accueil lors de la réalisation des photo[...] d'expériences, et plus particulièremen[...] Valérie et Nicolas, les techniciennes e[...] techniciens du laboratoire de chimie.

Maquette intérieure et couverture :
Véronique Lefebvre

Mise en page :
Barbara Tamadonpour et Béatrice Gallo

Iconographie :
Katia Davidoff

Cartographie :
Christel Parolini et Valérie Goncalves

Édition :
Marie Coulaud

Photogravure :
AGN

Dépôt légal : avril 2006 - N° Éditeur : 2007/265
Achevé d'imprimer en juillet 2007 par BONA (Italie)

Symboles normalisés en électricité

Les dipôles générateurs

Pile

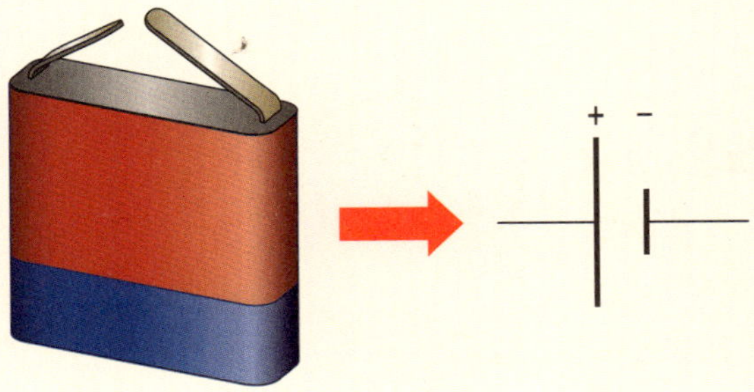

Alimentation

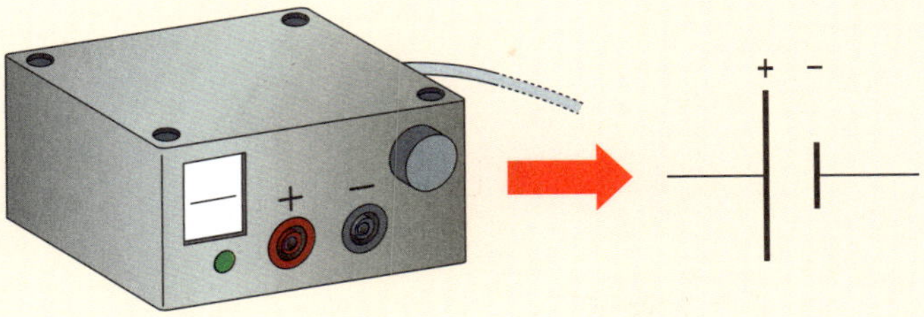

Les dipôles récepteurs

Lampe

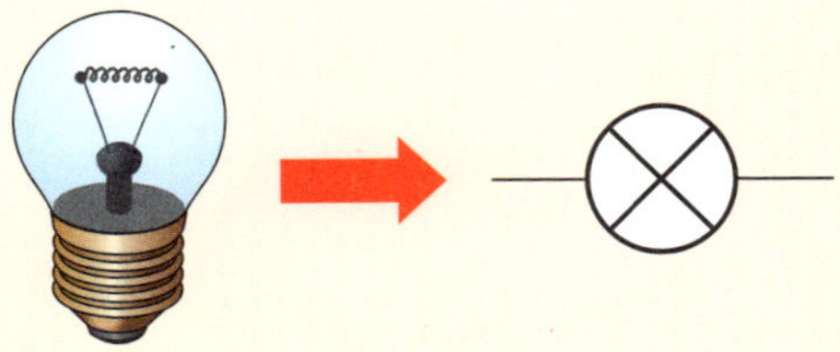

Moteur

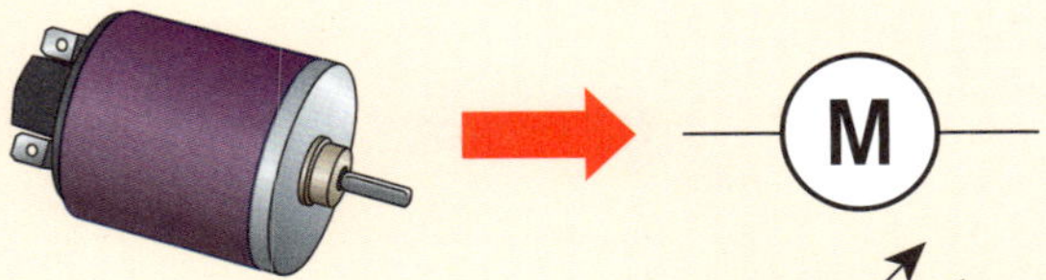

Diode

DEL

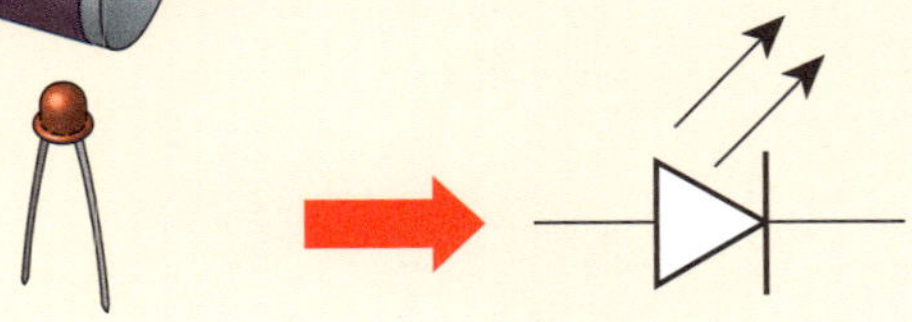

Les fils de connexion et les interrupteurs

Fils de connexion

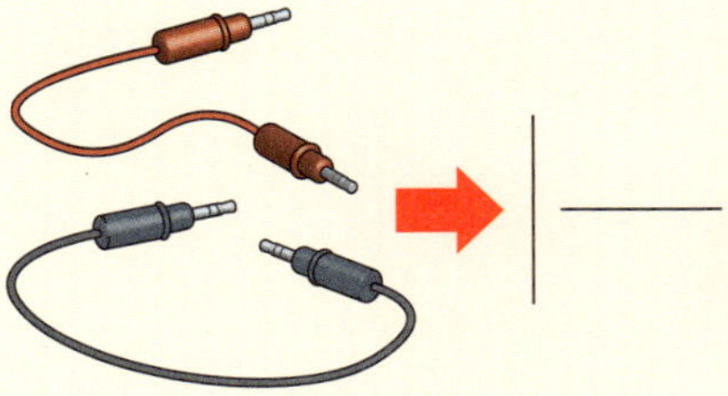

Interrupteur ouvert

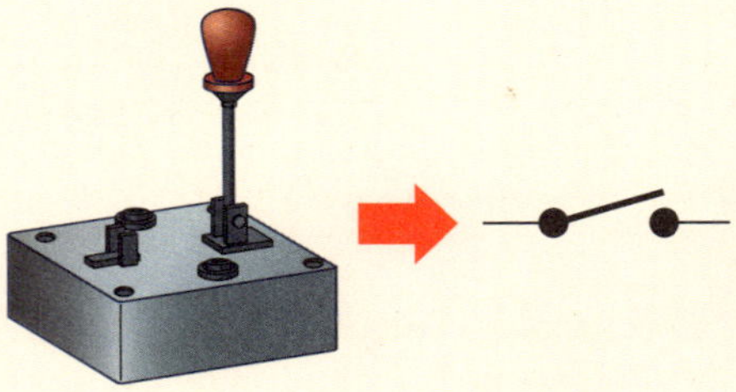

Interrupteur fermé

Schéma des rayons de lumière en optique

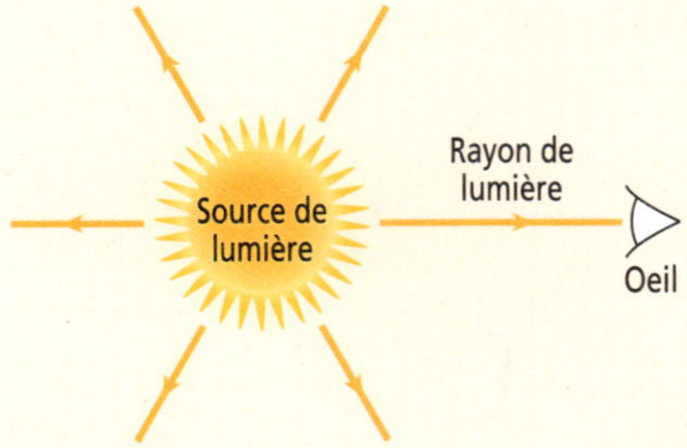

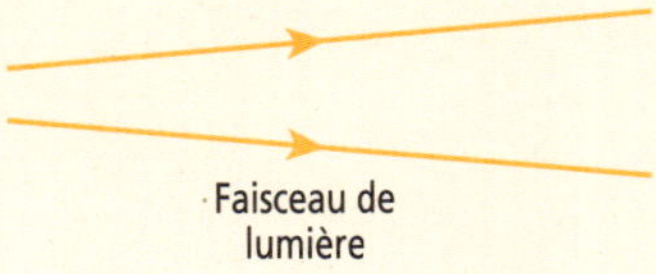

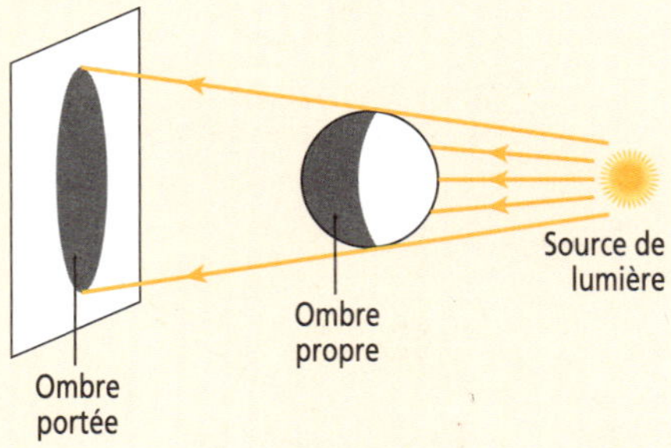